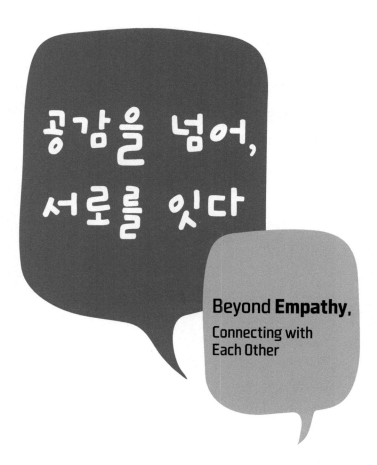

공감을 넘어,
서로를 잇다

Beyond **Empathy,**

Connecting with
Each Other

곽상인 · 전주람 · 김지일

박영story

일러두기

1. 이 책에 수록된 모든 이야기는 참가자들의 동의하에 수록한 것이며, 저자 3명과 게스트 김지은 교수 외에는 이름을 모두 가명으로 처리하였다.
2. 곽상인과 전주람은 〈긍정파워〉 모임에서 감수자 역할을 했으며, 탈북청년 최○○이 대표이자 회계를 맡았다.
3. 이 책의 녹취록 전사는 김지일이, 글 구성과 정리는 곽상인이 주로 맡아 진행하였다.
4. 이 책은 대화 형태를 취하고 있으며, 일부 내용은 사실과 일치하지 않을 수도 있다. 따라서 독자들은 수록된 내용만으로 북한사회와 북한문화를 일반화하거나 단정 짓지 않기를 바란다.

프롤로그

2022년 2월 〈한국여성정치연구소〉에서 '남북청년소모임'을 지원한다는 공지를 보고, 전주람과 곽상인은 '긍정파워'라는 이름을 만들어 이 사업에 지원했다. '긍정파워'라는 팀명을 만들 때는 여러 고민이 있었는데, 팀명에 '긍정'이라는 단어를 덧댄 것은 남북한 청년들이 서로의 강점과 자원을 소통하고 공유하면 발전적인 분위기가 형성되지 않을까 싶어서였다. 이러한 맥락에서 북한이탈청소년도 남한 사람에 대한 부정적인 편견을 걷어내고 자신이 지닌 자원에 초점을 맞추어 생활하면 좋겠다고 생각했다. 또 한편으로는 북한과 관련한 연구와 모임 등이 대부분 진지하게 진행되는 면이 있어서, 이번 '북한기록문학' 기획에서는 조금 가볍고 유쾌한 방향으로 글을 정리하고자 했다.

〈긍정파워〉팀을 구성할 때는 몇 가지 거창한 목적이 있었다. 첫째, 남북한 상호 이해를 위해 남북청년들이 대화의 장을 마련하고, 이로써 문화자본을 교류하면 서로의 벽을 허물 수 있겠다는 뜻이 있었다. 둘째, 남북청년의 시민의식과 리더십을 함양하여, 스스로 미래를 이끄는 잠재력을 키우는 계기가 마련되었으면 했다. 셋째, 상호 이해를 통해 북한이 남한에, 남한이 북한에 대해 지닌 편견과 선입견을 걷어내고자 했다. 마지막으로 기존 세대와 다르게 남북한의 젊은 청년들이 긍정적인 에너지를 어떤 지점에서 만들어낼 수 있는지, 그리하여 남과 북의 두 에너지가 만나면 어떠한 시너지가 발생하는지 살피려고 했다.

구체적으로 이 팀에서 활동할 수 있는 회원 10명을 구성하고자 했다. 특히 북한 사람이 팀 내에서 70%를 차지해야 하는 규정이 있어서, 기존에 알고 지냈던 북한 청년들에게 연락하여 관심을 이끌어냈다. 우리의 모임 취지를 설명했더니 그들은 바쁜 일상을 살면서도 흔쾌히 제안을 받아들였고 독서세미나에 동참하겠다는 의사를 밝혔다. 그래서 우리 모두에게 부담이 되지 않는 책 선정 작업을 했다. 여러 고민 끝에, 우리는 김열규의 『그대, 청춘』, 존 맥스웰의 『리더십, 불변의 법칙』, 이기범의 『남과 북 아이들에겐 국경이 없다』, 쥘리에트 모리요·도리앙 말로비크의 『100가지 질문으로 본 북한』, 김지은의 『당신은 선택할 수 있습니다』, 진천규의 『평양의 시간은 서울의 시간과 함께 흐른다』를 선택했다.

첫 번째 모임은 서울시립대학교 학생회관 세미나실에서 진행했다. 새로운 모임이라 그런지, 또한 남북한 청년들이 서로 만난다고 하니 설렜다. 처음 만나 인사를 하는 자리라서 어떤 얘기부터 꺼내야 할지 약간 긴장감이 들었다. 이때 곽상인과 전주람은 이 모임의 취지와 목적을 재차 설명하고 당일에 해야 할 워크시트를 배포했다. 간단히 자기소개를 한 다음, 시원한 커피 한 잔씩 마시면서 본격적으로 열띤 이야기를 전개했다. 첫 모임인데도 긴장한 탓인지 다들 진지했는데, 예컨대 이 모임에 어떤 계기로 참여하게 됐는지, 왜 남한으로 내려오게 되었는지, 앞으로 우리가 어떤 얘기를 나누면 좋을지, 선정된 책은 읽어봤는지 등등에 대해 자신의 소견을 말했다.

북한에서 넘어온 사람들은 한국에서 어떤 형태로 공존할까. 이 공간 안에서 북한 사람들은 남한 사람들과 충돌하며 자신의 의미를 되묻는

다. 북한이주민이라는 정치·사회적 위치가 그들에게 어떤 의미로 다가오는지를 이 책을 통해 탐색하고자 했다. 때로 그들은 자신과 유사한 사건을 접한 탈북 동료들을 통해 삶의 지혜를 찾고 자신이 어떻게 버텨왔는지에 대해 말했다. 궁극적으로 이 책은 북한이주민들이 한국 사회에 어떻게 적응해나가는지를 엮은 책이라기보다 그들이 지닌 고유한 자원과 강점을 엮은 것이라 보면 되겠다.

O.T. 때에는 〈긍정파워〉 남북 청년 소모임의 목적 등에 관해 설명했다. 팀원들을 이해하고 일종의 라포 형성을 위해 워크시트를 활용하여 자신의 강점을 기록하며 나누는 시간도 가졌다. 자신(self)을 이해하기 위해 심리학적 지식을 접목하여 '자신이 바라보는 나'와 '타인이 바라보는 나'라는 두 가지 축을 구성하게 했고, 이 두 가지 축으로 자기의 성격적 특징과 강점을 발견할 수 있게 했다. 그리고 앞서 언급한 독서세미나 대상도서 6권을 간략하게 소개했다. 2회기부터 7회기까지 독서세미나를 했던 내용 중, 의미가 있는 부분을 정리하여 '북한기록문학' 시리즈 1권 『공감을 넘어, 서로를 잇다』를 완성했다.

2회기는 김열규의 『그대, 청춘』에 수록된 '시간, 자아, 야망, 고독, 도전, 고통, 결핍, 방황, 슬픔, 죽음, 결단, 낭만, 교양, 사랑, 웃음' 등의 키워드에 대한 본인의 생각을 이야기하고 공유했다. '청춘'이라는 키워드를 통해 생각의 기회를 부여하고, 서로의 다른 시각을 검토하는 의미 있는 시간을 가졌다. 아울러 기성세대인 북한이주민 2인과 청년탈북자 간의 서로 다른 시선과 입장 차이를 통해 다양한 생각을 교류했던 점이 인상적이었다. 3회기는 리더십에 관한 내용을 다루었다. 구체적으로 존 맥스웰의 『리더십, 불변의 법칙』이라는 책을 기본으로 하되, 각자가 느끼는 리더의 자질, 조건, 품격 등에 대해 논했다. 탈북 전후로 리더십이라는 개념이 어떻게 변화되었는지를 비교하는 점은 흥미로웠다. '좋은 리더자'는 누구인지, 그리고 한국사회에서 리더자는 어떤 역량을 지녀야 하는지를 논했다. 이후, 보다 심도 있는 탐색으로 연결 지어 자신의 내면에 감춰진 다크사이트 스킬에 관해 성찰 및 논의하는 시간도 가졌다. 팀원들은 이 시간에서 자기 내면에 잠재된 리더십 역량을 발굴하고 성장시키겠다는 동기를 갖게 되었다. 아울러 한국 사회에서 보다 나은 미래로 나아가기 위한 방안을 모색해보는 기회를 가졌다.

4회기는 이기범의 『남과 북 아이들에겐 국경이 없다』는 책을 기본으로 세미나를 진행했다. 이때 북한 연구에 관심이 있는 외국인 게스트(호주 국적, 리사 링)를 초대했다. 호주인이 바라보는 북한 사회와 북한이주민에 대한 시각을 공유함으로써 다양성과 다문화 인식에 관한 관심을 고취시킬 수 있었다. 5회기는 쥘리에트모리요·도리앙말로비크의 『100가지 질문으로 본 북한』이라는 책을 함께 논의하였다. 이 책은 북한에 대해 왜곡되거나 편향된 정보를 지닌 일반인에게, 다소 객관적이면서도 낯선 북한의 실상을 보여주기 위해서 제작된 것이다. '지정학, 현실, 경제, 사회와 문화, 선전'이라는 7개의 열쇳말을 중심으로 질의응답 시간을 가졌으며, 탈북자 참여자의 이야기를 통해 북한사회에 대한 이해를 도모할 수가 있었다.

6회기 모임은 참여 동기를 강화하고 탈북청년들에게 보다 도전적인 정신을 강화하기 위해 게스트를 초대하였다. 탈북 출신 1호 한의사 김지은 교수를 모셨다. '탈북1호 한의사'라는 타이틀을 갖고 있는데, 개척정신을 발휘한 자신의 삶과 도전정신을 함께 나누는 자리를 마련하였다. 『당신은 선택할 수 있습니다』라는 책을 기본으로 하였고, 이로써 남북청년들은 김지은 교수의 삶에서 도전의식과 미래비전을 읽어냈고, 진로를 어떻게 설계해야 하는지에 대한 방법을 배웠다. 그리고 '선택'이 지닌 긍정적 효과와 동력에 대해서 함께 철학적으로 생각해보는 시간을 가져서 의미가 있었다. 마지막으로 7회기는 진천규의 『평양의 시간은 서울의 시간과 함께 흐른다』라는 책을 함께 읽으며 평야에 대해 깊이 탐구하는 시간을 가졌다. 이 책은 가장 최근의 평양풍경을 보여주고 있기에, 시각적 자료가 풍부해서 좋았다. 평양을 보다 쉽고 흥미롭게 접할 수 있게끔 사진 자료를 많이 제공하고 있어서 의미가 있었다.

이 책을 집필한 곽상인(국문학)과 전주람(가족학)은 남한출생 연구자이기에, '북한'에서 살았던 경험이 없고, 북한학을 전공하지도 않은 연구자다. 따라서 북한에 대한 지식이 너무 짧아 자료를 모으고 대화를 정리하는 데 있어 한계가 있었다. 이를 북한 기록문학에 관심을 지닌 평양 출신이자 김지일(북한학)이 동참하면서 내용(사실관계)을 상호 보완할 수 있었고 2년의 시간이 지난 후에야 결과물을 세상에 내놓게 됐다. 이 책이 나오기까지 '북한기록문학' 시리즈를 맡아 기획하고 진행해주신 조정빈 대리님, 그리고 무엇보다 즐거운 마음으로 소모임에 흔쾌히 참여해주신 〈긍정파워〉 팀원에게 깊은 감사의 마음을 전한다.

2024년 여름
곽상인, 전주람, 김지일

차례

나를 호출하는 시간
Time to call me

1

진 행 자: 전주람
진행방식: 집단토의
일   시: 2022년 3월 8일
시   간: 오전 10:00-11:30(약 1시간 30분)
참 가 자: 곽상인, 박한길, 이수경, 김경애

전주람 : 〈긍정파워〉 모임에 오신 것을 환영합니다. 이 모임에서 남한과 북한의 여러 문화를 허심탄회하게 이야기했으면 좋겠습니다. 우리 사회에는 아직도 북한이주민에 대한 편견이나 선입견, 고정관념 같은 것이 많이 있습니다. 그런 이유로 북한이주민들이 남한에서 적응하는 데 어려움을 겪고 있어요. 실제로 만나서 인터뷰를 했던 분들도 차별이나 멸시로부터 자유로울 수가 없었다고 말씀을 종종 하셨어요.

전공이 가족상담이라, 저는 평소 이런 쪽에 관심이 많습니다. 우리 내면에 지닌 강점이나 자원을 많이 발굴하고 꺼내서 같이 얘기하고 싶다는 바람을 7~8년 정도 해왔어요. 그래서 오늘 같은 모임이 있었으면 좋겠다고 늘 생각했습니다. 그러던 차에 한국여성정치연구소에서 소모임 공모를 했고, 우리 프로젝트가 선정되어 지원을 받아 이 모임을 진행하게 됐습니다.

곽상인 교수님은 저랑 같이 북한 연구도 했고, 2021년에는 탈북여성 5인을 대상으로 인터뷰한 내용을 담은 『절박한 삶』(글항아리)도 출간했습니다. 그런 이유로 이 모임에 합류하게 되셨습니다. 문학전공자

여서 텍스트를 분석하고 해석하는 능력이 뛰어나다고 판단했었죠. 또한 인문학적 마인드를 지니고 이 프로그램에 참여하셨기에, 일상의 포근한 이야기를 많이 해주시리라 믿습니다. 주로 학생들에게 '글쓰기'를 가르치시지만, 삶이 얼마나 따뜻하고 풍요로운지를 전도하는 교수님이라 생각하면 될 겁니다.

북한이주민은 북한이라는 지역을 이탈하여 보통은 제3국을 지나 한국으로 들어오는 경우가 많은 것 같아요. 그러다 보니 대체적으로 여러 나라를 경험할 겁니다. 그때 생존과 직결되는 극한의 상황에서도 여러분이 버틸 수 있었던 심리적 자원 같은 게 있지 않았을까 싶네요. 벼랑 끝에 매달린 상황에서도 생존하려는 인간 본연의 모습과 강점이 분명 있으리라 믿습니다. 이 모임에서는 그런 강점을 이야기해보고 싶어요. 이 모임을 통해서 여러분 스스로 리더가 됐으면 합니다. 그래서 입남하는 후배들에게도 좋은 가이드 역할을 해주셨으면 합니다.

대략의 취지는 이렇습니다. 〈긍정파워〉 모임에서는 총 8권의 도서를 선정하여 독서토론을 진행할까 합니다. 책을 선정하신 곽상인 교수님을 소개합니다.

곽상인: 반갑습니다. 저는 곽상인입니다. 지금 서울시립대학교 교양교육부에서 학생들에게 글쓰기와 인문학을 가르치고 있습니다. 전공은 국어국문학입니다. 전주람 교수님과는 행정실에서 서류를 복사하다가 우연히 만났습니다. 원래 일면식도 없었던 분이었어요. 간단히 인사를 하는 차원에서 이런저런 이야기를 하다가 전주람 교수님께서 하시는 일에 관심을 갖게 되었습니다. 저도 북한 관련해서 몇 편의 논문을 발표한 바가 있었고, 그 경험 덕분에 대화가 잘 풀렸던

듯싶어요. 시간이 흘러 우리가 〈긍정파워〉로 다시 만나게 된 것은 전주람 교수님이 모든 것을 기획한 덕분이라 생각합니다. 그것이 이 자리까지 오게 된 계기라 하겠습니다.

이런 자리가 마련이 돼서 저는 굉장히 기쁘게 생각하고 좋은 분들, 앞으로도 소모임이 확장돼서 훗날 좋은 책으로 좋은 결실을 보면 좋겠어요.

일단 우리 모임의 계획부터 살펴볼게요. 존 맥스웰부터 맨 아래에 김열규 선생님의 책까지, 그에 대한 정보가 나와 있습니다. 남북한 문제, 문화 문제, 그 다음에 리더십에 관한 책까지 소개가 되어 있는데요. 우선 『리더십 불변의 법칙』이라는 책을 소개하고자 합니다. 이 책에는 우리가 앞으로 살아가는 데 있어서 삶의 방향성이나 목표 등을 갖게 하는 지침이 담겨 있습니다. 리더에 대한 정리가 아주 잘 되어 있는 책입니다. 그 외에 모임에서 같이 읽을 8권의 책은 제가 직접 읽고 정한 것이라 의미가 있을 것입니다.

아주 쉽게 쓰인 책이라 우리 모임에서 이 책을 읽는 데 큰 어려움은 없을 거라 생각합니다. 이 책 다음부터는 여러 책이 소개가 될 것이고, 같이 읽을 겁니다. 우리가 확인하고 싶은 것은 북한을 묘사하고 있는 책을 신뢰할 수 있느냐 하는 것입니다. 북한과 관련한 책에 묘사되고 있는 북한의 모습이 과연 진짜인가라는 것이 궁금합니다. 박한길 선생님께서는 20년 전에 오셨기에, 그때의 북한과 최근 북한의 모습은 다르게 느끼실 거라 생각이 듭니다. 또한 과연 북한 분들이 북한 관련 책을 읽었을 때 어떤 느낌일지도 궁금해요. 또 수경이랑 경애는 최근에 남한으로 왔으니 시대적인 차이도 있겠고, 평양이든 다른 지역이든 간에 과연 이 책에 묘사되는 것이 팩트인가, 왜곡된

건 없는가, 과연 북한 분들이 북한 관련 책을 읽었을 때 어떤가, 그리고 혹시나 우리가 책에 묘사된 것 이외의 것들을 북한에서 살다 오신 분들의 스피커를 통해 직접 들을 수 있는가 하는 것이 중요하겠습니다. 책에 미처 담지 못했던 수많은 데이터가 있을 것 같은데요. 그런 것들을 한번 들어보는 시간을 갖는 것도 좋겠습니다.

그리고 이어령 선생님의 『지의 최전선』 이런 책도 굉장히 좋습니다. 이게 현대 한국 사회가 어떤 식으로 발전해가고 있는지를 잘 보여주는 책이라서 남북 문제에 국한된 것이 아니라 세계인 혹은 한국인으로서 살아가는 데 어떤 문화적인 코드를 가져야 할 것인가를 안내해주고 있어 의미가 있습니다. 우리가 어떤 부분을 개선해야 더 발전할 수 있는가에 대한 일종의 대안이나 해답을 제시하고 있어서 좋은 책이라 생각합니다. 그다음에 진천규 선생의 『평양의 시간은 서울의 시간과 함께 흐른다』는 책은 아나운서 손석희 씨가 추천한 것이기도 합니다. 북한의 모습이 잘 담긴 책이기도 하지요.

그다음 마지막에 『그대, 청춘』이라는 책도 추천합니다. 김열규 선생님은 경남 고성 출생이신데, 서강대 국문과 교수로 계시다가 퇴직한 지 오래되셨어요. 일단 우리가 모인 게 (한국여성정치연구소의) 남북청년소모임 지원사업 덕분이잖아요. 이 제목 자체가 청년들 혹은 청춘들을 향해서 던지고 있는 메시지이기에 주목할 필요가 있습니다. 노년의 학자가 젊은 친구들에게 던지는 메시지를 쉽게 받아들이기란 쉽지 않은 일이죠. 그런데 뭔가 궁극적인 의미가 담겨 있어서 그렇다고 할까요. 우리는 청춘, 어떤 열정을 갖고 살아가야 된다라고 하는 이야기가 담겨있는 책이라서 좋아요. 인생의 이야기가 담겨있어서 여러분과 같이 읽으면 좋겠다는 생각을 했습니다. 그래서 키워드는 크게 세 가지입니다. 리더십에 대한 것, 남북한의 문화 비교, 그 다음에 청춘에 대한 이야기입니다. 번거롭지만 굳이 그 다음 이야기를 덧붙이자면 한국 사회 혹은 한국인 혹은 세계인으로서 어떻게 삶의 방향성을 지니고 자기계발하면서 살아가야 될까 하는 것입니다. 이런 이야기가 담긴 책 8권을 제가 선정했고, 이 모임에서 심도 있게 함께 나눌 생각입니다.

전주람 : 우리가 팀을 꾸렸으니까 자기소개가 필요할 것 같은데요. 북한에서는 자기소개를 어떻게 하는지 궁금하거든요. 어때요?

김경애 : 북한에서는 그냥 이름하고 나이만 얘기해요.

전주람 : 이름, 나이? 그냥 끝?

김경애 : 네.

전주람 : 그러니까 자기 성격 같은 것은 묻지 않아요?

김경애 : 네, 아니에요.

전주람 : 북한에서는 자기소개가 짧았는데, 여기 와서도 자기소개를 하는 자리가 생기잖아요. 그러면 어땠어요? 처음에?

김경애 : 처음에는 어려웠어요. 자기소개를 한다는 게 뭔가라는 생각을 우선 했어요. 저도 저를 잘 모르거든요 그래서 어려웠어요. 자기소개를 하라고 하면 어떻게 얘기해야 될지, 나를 어떻게 표현해야 될지를 잘 몰랐어요.

전주람 : '나'에 대한 개념이 남한과 다를 것 같네요. 아무래도 북한

과 체제가 다르니까.

김경애 : 네 맞아요, 공동체 위주니까 나에 대해서 얘기하다 보면 뭔가 이름하고 나이밖에 할 얘기가 없어요.

전주람 : 그러셨구나, 경애는 몇 년도 왔죠?

김경애 : 2018년도에요.

전주람 : 거기서는 비판하는 거 뭐라고 그러죠?

곽상인 : '자아비판'이라고 하고 '생활총화'라고도 하죠.

박한길 : 여기서 말하면 '자아비판', 북한식으로 말하면 '생활총화'죠. 형식적인 거예요. 우리 당원이 아닌 민간인이 하는 것이 있고, 조선 노동당원이 하는 것 있고, 고등학교 등 청년동맹이 하는 방식이 있어요. 당원들하고 우리(비당원)가 하는 방식이 또 틀려요. 당원들은 진짜 제대로 해요. 형식적이지 않게 말입니다. 일반에서는 비당원 노동자나 농민들 같은 경우 그냥 '사로청'(사회주의로동청년동맹)에서 형식상 해요.

전주람 : 그리고 비판도 친해지면 서로 짜고 한다던데요?

박한길 : 네. 대부분 그래요.

전주람 : 그니까 얼마나 지겹겠어요. 맨날 1주일에 한 번 그걸 하면은.

박한길 : 한 말 또 하고 또 하는 그런 형식이죠.

전주람 : 그래서 자기소개에 대해 조금 다른 개념을 갖고 계실 것 같았어요.

곽상인 : 지금도 생활총화가 여전히 있어요?

박한길 : 불변의 법칙입니다. 김정일을 거쳐 김정은 시대에도 계속 진행되잖아요. 그건 세습이에요.

전주람 : 어떻게 보면 의무적으로 했던 걸 남한에서는 안 하잖아요. 어때요?

김경애 : 좋죠. (웃음)

전주람 : 자 그러면 일단 간단하게 돌아가면서 자기소개를 좀 해보면 어떨까 싶은데요. 박한길 선생님은 〈연합뉴스〉뿐만 아니라 여기저기 기사에 많이 실렸던데요.

박한길 : 〈연합뉴스〉에서 토요일마다 하는 '하모니'라는 게 있어요. 여러 음악 소리를 합쳐서 하모니라 하잖아요. 그게 재작년 4월인가 3월인가에 2회를 방송했어요.

전주람 : 방송 많이 타셨어요. 봉사 많이 하셔서. 거의 북한이주민 신분으로 봉사 중에는 거의 1등이라고 해야 될까요?

박한길 : 뭐 지금 헌혈을 한 145회 정도 했고, 봉사모임 회장을 6년 했으니까요.

전주람 : 근데 헌혈 그렇게 많이 해도 괜찮은 거예요?

박한길 : 여자 남자가 다른 게 뭐냐 하면요. 몸무게가 45킬로그램 이상이 돼야 해요. 그 이하는 안 돼요. 그리고 맥박이 100 이상이면 안 돼요. 그리고 철(Fe) 검사를 해요. 철 성분이 없으면 빈혈이 와서 헌혈을 못해요. 그리고 헌혈도 세 가지 종류가 있어요. 전혈(피전체), 혈소판만, 적혈구만 등등.

전주람 : 네. 그러면 이수경도 자기소개 좀 해주세요.

이수경 : 안녕하세요. 저는 23살 이수경이라고 하구요. 북한에서는 2014년도에 왔고, 지금 8년째 한국에서 살고 있어요. 고등학교도 한국에서 나왔고 대학교도 지금 유아교육을 전공해서 다니고 있구요. 저는 요새 영어에 관심이 생겨가지고 영어 공부하고 내년에는 워킹홀리데이도 떠나볼 계획 중에 있어요. 현재 휴학을 했거든요. 이번에 그래가지구 아마 휴학을 올해랑 내년 이렇게 2년 동안 할 건데, 여러 가지 해보고 싶은 게 많아 가지고, 이것저것 다 해볼 예정입니다.

전주람 : 해보고 싶은 게 많네. 그죠?

박한길 : 고향은 어디에요?

이수경 : 저는 혜산에서 왔어요

곽상인 : 혜산이면 바닷가 쪽인가요?

이수경 : 바다는 아니고 압록강 쪽 중국 바로 옆에서 있어요.

곽상인 : 네. 그럼 단둥하고 가까워요?

박한길 : 단동은 신의주 맞은 편이죠.

곽상인 : 단동이 중국하고 접경 지역이잖아요?

박한길 : 네. 여기도 뭐 지금 말씀하신 것처럼 혜산은 강폭이 안 넓어요. 개울 정도에요. 그런데 지금은 걸(혜산 쪽)로밖에 못 온 돼요. 근데 지금 부르는 게 3,000만 원(코로나 이전) 상태로 엄청 올랐어요. 우리 때만 해도 200만 원 내지 300만 원에 데려왔거든요.

이수경 : 네?. 그렇게 하셨어요? 언니는 얼마 줬어요?

김경애 : 나는 그냥 돈 안 들이고 왔어. 그게 제가 중국에서 잠깐 살았거든요.

박한길 : 딴 사람 이름으로, 그러니까 중국에서 민증 만들어서 살다가 여권 만들어서 비행기 타고 한국으로 왔겠네요.

이수경 : 언니는 그럼 태국, 라오스 다 안 거치고 온 거에요?

박한길 : 옆에서 도와주잖아요. 거기서 살았으니까 원치 않는 삶을 살았겠죠.

전주람 : 드라마 같아요. 이름이 뭐였냐고 물어보면 안 되겠네. 가명을 써서 오니까. 수경이는 하고 싶은 게 엄청 많네요. 그죠?

곽상인 : 영어 공부는 학원 다니시면서 하는 거예요? 어떻게 하는 거예요?

이수경 : 혹시 북한 친구들이 있는 엠지아이라고 아세요?

박한길 : 엠지아이는 모르겠고 지금 영어 배울라면 '서울런' 있잖아요. 그거 신청하세요.

이수경 : 그래요?

박한길 : 서울런, 거기 탈북 학생도 신청이 되고 수급자 가족들 14세 이상부터 24세까지인가, 조건이 있어요. 알아보세요.

이수경 : NGO 단체에서 탈북 학생들을 대상으로 영어를 가르쳐주는 분이 있었는데, 거기서 같이 공부했었거든요. 저는 그거 끝나고 2월에는 하는 게 없어서 좀 쉬다가 3월부터 여러 가지 해서 북한 학생들 영어 배워주는 그런 데가 많거든요. 그래서 한 5개 정도 신청해 놓고 3월부터 할 거 같아요.

박한길 : 그런데 여기서는 영어를 그냥 배우잖아요. 근데 북한은 한문이건, 영어건, 러시아어건 꼭 거기에 '리스펙트(respect)', '경애하는', '그레이트 리더' 뭐 이런 걸 붙여요. 어떤 언어를 배우는 것도 김일성, 김정일의 위대성을 선전하려는 용도로 활용해요. 영어든 러시아어든 몽땅 다 처음부터 선전용으로 활용해요. 모든 걸 다 김부자 선전으로 하는데 완전 웃기죠.

전주람 : 그러면 박 선생님. 거기서도 '이거 진짜 웃기다.' 이렇게 생각하셨어요?

박한길 : 응당 배워야 하는 줄로 알았죠.

곽상인 : 그렇죠. 다른 세계를 경험하지 못했으니까요.

박한길 : 시험에서 성적을 잘 받으려면 할 수 없죠. 시험에도 그렇게 나와요. 완전히 세뇌시키는 거죠.

김경애 : 영어 하나도 모르는데 ABC나 겨우 아는데, 영어 철자를 그림처럼 기계식으로 암기해요.

곽상인 : 그러면 이수경은 워킹홀리데이를 어디로 가는 거예요?

이수경 : 호주요. 그쪽으로 가고 싶어요. 그런데 저는 사람들이 제가 북한에서 온 걸 잘 몰라요. 북한 사람들과 교류? 뭐 이런 것도 없었고요. 그러면서 '나는 여기 왔으니까 북한 사람하고는 진짜 완전 단절하고, 나만의 삶 속에서 적응하고 살아가려고 합니다.' 그렇게 생각해도 북한 사람들한테 느끼는 감정이랑 남한 사람들한테 느끼는 감정이 또 다른 거예요. 그리고 고향이 북쪽이다 보니, 북한 사람들만이 느끼는 깊은 유대감이 좋은 거예요. 남한 친구들이랑 제가 진짜로 친한 친구들이 있어도 깊이가 다른 거죠.

전주람 : 거리감이 있나요?

이수경 : 네. 진짜 친하게 지내도 마음속에서 깊이? 이게 느껴지는 거예요. 그래서 저는 옛날에는 '북한 사람들이랑 안 만나야지'라고 생각했어요. '북한이랑은 이제 모르는 일이야.' 이렇게 생각했었는데, 요즘 들어서 그래도 내가 북한 사람이고 하니 북한 사람만이 느끼는 이거(친근함)를 느끼고 싶은 거예요.

김경애 : 저도 꼭 같아요.

이수경 : 북한 사람들 대부분이 그렇게 느끼더라고요.

전주람 : 그럴 거 같아요. 내 고향이고 내 뿌리가 거긴데. 아무리 여기에 자유가 있고 그래도.

박한길 : 그런데 북한 사람들끼리 만나는 건 좋아요. 서로 이렇게 조언도 하고 도움도 주고 또 데이트도 하고 이런데, 탈북민들이 사기 치는 게 있어요. 서로가 진심으로 조언해주고 도와줄 건 도와줘야 되는데 남을 이용해 먹으려고 할 때가 있어요. 그건 안 돼요.

곽상인 : 외국에 나가면 한인이 한인을 대상으로 사기를 치는 경우가 있죠. 되레 말이 잘 통하니까 안심하다가 당하는 것 같아요.

전주람 : 한국 사람끼리도 다 친한 게 아닌 것처럼, 북한 사람이라고 다 친한 건 아니네요.

이수경 : 근데 우리 북한 여성들이 남한 사람들하고 사는 게 많아요. 남한 남자들하고 사는 게 많은데 어떤 여자들은 미쳐 죽겠대요. 북한 남자하고 북한 여자하고 같이 살면 싸우는 것도 한 번 싸우고 다음 날에는 풀어지는데, 남한 남성들은 그렇지 않고 사람을 말려 죽인대요.

전주람 : 그 얘기 많이 들었거든요. 북한은 그냥 머리 쥐어뜯고 싸우면 그만인데, 남한은 뭐가 복잡하다고 하더라구요.

박한길 : 문화적 차이예요.

전주람 : 그러니까 관계에 대해서도 다르게 인식하더라고요. 한국 사람들은 피곤하대요. 북에서는 회사 다니면 몸은 힘들어도 편했는데 여기서는 교양 다 떨면서도 뒤에서는 호박씨 까고 있다고 하더라구

요.

김경애 : 북한에서는 앞에서 대부분 얘기하면서 싸울 건 싸우는데, 여긴 뒤에서 하니까요.

전주람 : 진짜 북한 아줌마들 싸우는 거 한번 봤거든요. 김장하다가 머리를 묶더니 발차기하고 그랬어요. 뭔가 너무 당황스러웠어요. 우리는 의자 던지질 않거든. 그런 데서 살다가 여기선 뭐 너무 복잡하니까요.

곽상인 : 치열하게 싸우고 나서 뒤끝은 없는 거잖아요. 그죠?

김경애 : 네. 또 잘 지내요.

전주람 : 북한아줌마들이 은근히 욕도 잘해요. 욕도 못 들어본 욕이에요. 속사포 같이 나오는 거예요.

이수경 : 여기 한국도 욕이 진짜 많잖아요. 북한도 욕이 진짜 많거든요.

박한길 : 북한 욕보다 중국 욕이 더 심하죠.

이수경 : 북한 욕 중에 '갈빗대 순서를 혁명적으로 바꿔볼래?' 이런 것들이 있는데, 한국 친구들도 요즘 막 하더라고요.

전주람 : 직접 몸의 신체 부위를 갖다가 어떻게 하겠다고 말하는 거죠? 너무 웃겼어요. 웃으면 안 되는데.

이수경 : 네. 뭐 이런 거에 대해서도 같이 생각해 볼 수 있고. 또 이

런 모임을 해서 북한에 대한 인식도 남한 사람들이 알고 어느 정도 편견을 바뀔 수 있으면 좋겠어요. 지금 적어도 교수님 두 분한테라도 이렇게 북한 실상을 잘 알릴 수 있고 하면 바뀔 수 있잖아요. 그러다 보면 사람들 인식이 좀 바뀌지 않을까 싶어요. 제 친구들 또래는 제가 북한에서 온 걸 모르는데 가끔 북한 얘기하면은 실제 엄청 다르게 기억하고 있는 것들이 너무 많은 거예요. 남한 사람들이 우리를 제대로 알게 되는 데 조금이라도 도움이 되지 않을까 해요.

전주람 : 유럽 같으면 가보기라고 하는데, 북한은 마음대로 갈 수가 없는 곳이니까. 다음으로 박한길 선생님 소개해주세요.

박한길 : 네. 저는 2004년에 왔고요. 고향은 청진이고 살던 곳은 회령이고요. 어쨌든 원치 않은 탈북이었지만 한국에서 18년 정도 살았거든요. 저도 대한민국에 와서 어쨌든 뭐 열심히 살려고 노력은 했어요. 공부도 하려고 서울사이버대학 입학했다가 만 35세가 되니까 남한 정부에서 지원을 안 해주더라고요. 그래서 그만두고 북한에서 배운 것만으로 해도 나는 되니까, 열심히 또 일했죠. 그다음에 또 가정도 가졌고, 우리 딸이 1998년생이고 아들은 지금 2001년생이니까. 뭐 그러면서 행복하게 살았죠. 그리고 조금 가슴 아픈 일은, 뭐 그거는 말할 필요가 없고. 근데 저는 대한민국에 와서 살면서 보니까 제일 좋은 게 돈이 문제가 아니더라고요. 자본주의사회에서 돈이 최고라 하는데, 그게 아니고 건강 자체가 최고죠. 그다음에 우리 북한 사람들 중 많은 분들이 단점인 게 자그마한 것이라도 감사할 줄 모르더라고요. 제가 진짜 행복하고 그냥 돈 잘 벌고 이럴 땐 모르겠더라고요. 그런데 다음날에 불행이 오니까 '야. 나도 감사를 몰랐구나.'

하는 생각이 들더라구요. 그래서 내 스스로 봉사하려고 대한적십자사 인터넷에 들어가서 '난 탈북민인데 봉사하고 싶다.'고 했더니, 3일 만에 다이렉트로 그쪽 회장님이 전화했더라구요. 그래서 그때부터 봉사했는데, 1년 후에도 우리 봉사회가 지금 한 20명 돼요. 다 남한 분들이고 그런데, 1년 후에 제가 회장 돼서 지금까지 6년 동안 하다가 이제 회장직은 내려났구요. 저는 여기에 오게 된 게 전주람 교수님하고 인터뷰하면서 많이 가까워져서죠. 이런 프로그램 있다고 해서, 보니까 제가 제일 나이도 많더라고요. 저는 후배들한테 조언이라든가 이런 것들로 많이 도와줄거구요. 이상입니다.

전주람 : 네. 연세가 있으시죠. 청년들의 모임에서 리더를 두 명 세웠거든요. 박한길 선생님하고 이수경 어머니. 그래서 세대차가 나지만, 그때는 어떻고 지금은 어떻고, 이런 대화가 좀 필요할 것 같아요. 이런 것들을 같이 대화해보는 게 도움이 될 겁니다.

곽상인 : 네. 저도 그런 점에서 좋다고 봐요. 어떻게 보면 20년 전에 북한과 최근 북한의 모습을 비교할 수 있으니까요. 훨씬 좋은 비교 연구가 될 것 같다는 기대감이 들고요. 청년들은 대부분 2018년에 입남(入南)했으니까 완전 최근이라 볼 수가 있겠네요.

김경애 : 저는 북한에서 나온 거는 2015년이었어요.

박한길 : 중국에서 3년을 살았잖아요. 그런데 내가 수경 씨랑 경애 씨한테 묻고 싶은 게 있어. 우리 때는 북한 전역의 요충지마다 군량미라고 이렇게 '2호미'라고 쌓아놨어요. 김정은이 그거를 없앤 게 맞아요?

김경애 : 그런 거 모르는데요.

박한길 : 몰라요? 북한에서 54호, 55호, 52호 그다음에 '2호' 식량 창고란 게 있어요. 전쟁 물자라고 해가지고, 3년 동안 그 먹을 식량을 저장해 두는데 그거를 김정은이가 필요없다고 해가지고 없앴다 그러더라고요. 풀어버렸다고 하던데, 거 몰라요?

곽상인 : 흥미롭네요. 같은 공간에서 살았지만 박한길 선생님 세대와 김경애 학생 세대가 경험한 북한의 풍경이 다르네요. 같은 북한이면서도 다른 북한이네요.

박한길 : 전쟁물자라고 해가지고 회령 쪽에서 본 건데, 54, 53, 52 이렇게 나가는데. 그러니까 55는 의약품 창고, 그다음에 소금, 쌀 등 전쟁물자예요.

김경애 : 들어는 봤어요. 그런데 정확히 어떻게 굴러가는지는 잘 몰라가지고요.

박한길 : 근데 김정은이가 올라와서는 그걸 필요 없다 해가지고 싹 풀었다고 하더라고요.

김경애 : 필요 없는 게 아니고 먹을 게 없어서 푼 거죠.

곽상인 : 그렇죠. 더 이상 먹을 게 없어서 풀었겠죠. 말씀하신 군량미조차도 축적해 놓을 수 있는 상황이 안 되는 거죠. 식량이 없는 거죠. 그러니 이걸 풀 수밖에 없는 거네요.

박한길 : 그리고 또, 그때 내가 여기 오기 전만 해도 우리 병원, 혜산

시에 시병원이 있죠. 그다음에 도병원도 있고요. 그다음에 군마다 또 병원 있고 뭐 그렇잖아요. 근데 내가 살은(살았던) 1990년대는 병원에 약이 없었어요. UN에서 약이 들어오는데, 그 약을 의사들이 다 꺼내다가 시장에 파는 거예요. 시장 자체가 약국이래요.

이수경 : 맞아요. 지금도 그렇지 않나요? 병원 가서 약 안 받아요.

박한길 : 페니실린, 진통제 같은 약품들은 다 시장 가서 사 먹어요. 그러니까 병원 가면 의사가 내릴 수 있는 게 뭔가 하면요, 처방전이에요. 그럼 시장에 가서 돈 주고 그 약을 사서 먹거나 주사 맞아요.

전주람 : 그럼 사가지고 다시 병원에 가요?

박한길 : 아니요. 그럼 끝나는 거죠.

전주람 : 그럼 주사를 누가 놔줘요?

박한길 : 본인이 알면 본인이 알아서 하고, 아니면 스스로 동네에서 놔주는 사람들 찾아서 맞든가 해야죠.

전주람 : 그럼, 또 돈 줘야 돼요?

박한길 : 식사라도 한 끼 시켜줘야 돼요. 내가 온 다음에는 더했다고 글더라고요. 학교도 뭐 혜산 쪽이라면 어떤지 모르는데. 요즘은 뭐 학생들이 마약 한다고 들었어요.

김경애 : 지금은 마약 해요.

박한길 : 내 있을 때만 해도 안 했어요. 없었어요. 내가 2004년도 오

기 전까지만 해도 김정일이가 공개적으로 도라지 심었어요. 백도라지요, 아편을 심었잖아요. 경사각에 있어 가지고. 그러니까 진을 받아다가 그것을 해외로 밀수했단 말이에요 공공연하게. 그 아편이 좋았어요. 아플 때 그걸 먹어요.

이수경 : 치료용으로 많이 해요.

박한길 : 여기서는 대마초라고 하고 마약이라고 하잖아요. 북한은 길 바로 옆에 심어요. 그게 환각제인지 알았으면 북한에서 피웠겠죠.

전주람 : 그러면 다 피워보신 거예요?

박한길 : 아니요. 길가 옆에 있어요. 역삼이라고.

김경애 : 우리 학교 때 그거 바쳤는데. 그걸로 기름 짠다고 하던데요.

전주람 : 역삼이 아편이에요?

곽상인 : 아니요. 북한에서는 대마초를 역삼이라고 하죠.

박한길 : 역삼 씨로 기름을 짜는데, 기름도 안 돼요. 식용도 안 되고.

곽상인 : 북한의 주 수입원이 대마초 밀매라고 볼 수도 있어요. 북한에서 중국으로 넘기고 대마초가 환각제니까, 아편 이런 것이 북한의 경제 활동에 있어 중요한 수입원이라고 합니다.

박한길 : 그다음에 가짜 담배, 여기 양담배 있잖아요. 말보로나 마일드세븐 같은 거, 북한에서 만들어서 팔아먹는 거예요. 그다음에 화폐 달러 위조, 위조달러도 심해요.

김경애 : 그러니까 우리 달러 받으면 그게 진짜인지 가짜인지 계속 확인하잖아요.

박한길 : 또 김정일이 북한에 '감자혁명'을 일으킨다 해가지고 북한 군인들을 3,000명 정도 배치시켰어요. 제대시켜서 대홍단에 여자들이 없었어요.

전주람 : 감자혁명? 역사책에 나올 만한 스토리네요.

곽상인 : 책에 다 나올 거예요. 저도 살펴보니까 옛날 사진이나 내용이 책에 다 있더라구요. 어쨌든 구체적인 이야기는 나중에 박한길 선생님께 직접 들으면 되겠습니다. 재미있을 것 같아요.

전주람 : 그러면 이제 김경애 학생 소개해주세요.

김경애 : 저는 김경애라고 하구요. 올해 28살이고 대학교 신입생입니다. 제 취미는 산책하는 거고, 제가 좋아하는 거는 사람들이랑 같이 이러한 생각을 나누고 새로운 것을 배우고 하는 것입니다. 그래서 이 모임을 통해 뭔가 배우고 싶어요. 그래서 제가 원래 예전부터 이런 독서모임 같은 걸 해보고 싶었거든요. 그런데 책을 좋아하다 보니까 책 한 권을 읽어도 자기만의 생각만 있잖아요. 보는 관점이 다른데, 다른 사람의 생각이 듣고 싶더라구요. 저는 그게 되게 재밌는 거예요. 저는 이렇게 생각하는데, 다른 분들은 저렇게 생각하는구나, 하는 것이 재밌어요. 저한테는 그게 너무 다가왔어요. 그런 걸 좋아해서 이 모임에 참가하게 됐습니다.

전주람 : 좋네요. 자 우리 또 곽 교수님 소개 좀요.

곽상인 : 저는 곽상인이고, 서울시립대학교 교양교육부에서 인문학과 글쓰기를 가르치고 있습니다. 우리 대학교에는 2017년에 왔으니 한 5년 됐네요. 원래 고향은 전라남도 진도에요. 진도가 어디냐면 우리 나라 지도상으로 봤을 때 서해쪽으로 남쪽 제일 끝이에요. 땅끝 마을 아래로 내려가면 섬이 있거든요. 그곳에서 제가 태어났어요.

박한길 : 진도 대파로 유명한 가수가 있던데, 누구였더라?

곽상인 : 송가인이요? 저도 알아요. 실제로 우리 넷째 이모하고 친한 관계에 있는 집 딸이에요. 잘 알아요. 우리집에서 송가인 집까지 차로 10분 정도 가요. 그 정도로 거리가 가까워요. 거기서 살다가 지금까지 서울 생활하고 있습니다. 공주대학교에서 강의전담교수로 5년 정도 있다가 다시 이곳 서울시립대학교로 오게 됐습니다. 살고 있는 집도 이 근처라서 출퇴근이 편해요. 아주 우연한 기회에 전주람 박사와 만나서 지금 이 자리까지 오게 됐네요. 우연히 북한 책들을 보니까 제 생각하고 많이 다른 부분이 있고 해서 생생한 목소리를 듣고 싶어서 이 모임에 참여하게 됐습니다. 저도 개인적 독서모임을 하고 있어서 관심을 갖게 됐습니다. 이런 좋은 모임이 있다고 하니까 좋네요. 아무튼 감수자로 와있는 상태지만 그래도 강의할 부분이 있으면, 해야 하고요. 또 여기서 북한 분들을 실제로 만나서 얘기해보는 기회도 생겼으니 좋습니다. 아까 박한길 선생님께서 예전 북한과 또 최근에 넘어온 젊은 친구들이 느낀 북한이 어떻게 다른지, 그리고 책 속에 묘사된 북한의 모습이 어떻게 다른지, 이런 것들을 비교하는 것이 교양 차원이든 학술 차원이든 간에 '재미있겠다.'는 생각이 들었어요. 사실 대학원 석사 시절에 어떤 분을 우연하게 알게

됐어요. 이름은 기억이 안 나는데, 김일성대학 교수님이었어요. 통일부인가 국방부인가? 하여튼 그쪽과 관련해서 뭔가를 하시는 분이었는데, 자세하게 말씀을 안 해주시더라구요. 그때가 북한에 관심을 갖게 된 첫 계기가 아닐까 싶네요. 다시 원점으로 돌아와서, 이번 모임을 통해서 토론도 하면서 생각의 스펙트럼을 좀 넓히고 싶네요. 북한과 남한이 어떻게 다른지, 그리고 이런 문화적인 코드를 어떻게 다르게 이해하고 있는지 이런 것들을 비교하고 연결하면 참 좋겠다라는 생각이 드네요. 기쁜 마음으로 참여하게 됐고, 개인 심층 인터뷰 같은 거 하면 좋은 인터뷰 자료집으로도 활용될 수 있겠네요. 〈긍정파워〉가 부디 일회성으로 끝나는 게 아니라 지속성을 갖고 관계를 맺으면서 좋은 결실을 맺기를 희망합니다. 아직 통일이 안 됐잖아요. 풀리지 않는 과제를 공유하고 고민하면 어떤 대안이 마련되지 않을까요? 통일에 대한 문제, 남북한의 문제는 끊임없이 고민해야 할 부분임에 틀림없습니다.

전주람 : 네. 되게 재밌을 것 같아요. 교수님 스토리도 많잖아요.

박한길 : 진도, 참 좋더라고요. 동백이 얼마나 많은지.

곽상인 : 어? 동백이 진도를 상징하는 꽃입니다. 보통 군화라고 하는데, 박한길 선생님은 아시는 게 많으시네요.

박한길 : 우리 막내 삼촌이 북한에서 오신 분인데, 딸이 거기서 살아요. 자기 아빠는 서울에서 돌아가셨는데. 딸이 장례를 거기에서 잔디장으로 했어요. 거기 수목원에다 했거든요. 그래서 두 번 갔다 왔거든요. 거기에 이순신이 칼 차고 있는 동상도 있잖아요.

전주람 : 자, 좋습니다. 좋은 모임이 될 것 같습니다. 일단 분위기도 좋구요. 서로 자기소개하고 나니까 친해진 느낌도 있구요. 이런 모임을 저도 오랫동안 안 해봐서 어떻게 될지 모르겠는데 그냥 재미있게 하시죠. 부담 없이. 그러면 본격적으로 시작해볼까요?

이 모임을 통해 무엇을 기대하는가? 거기에 이제 철학자의 문화 자본에 관한 얘기를 조금 해왔고 이거 활동만 조금 같이 해보면 좋을 것 같아요. 내가 갖고 있는 물건, 지금 갖고 있을 수도 있고 집에 있을 수도 있고 내가 갖고 있는 물건 중 중요한 것 세 가지를 적어볼까요? 그리고 그 이유에 대해서 나눠보면 좋을 것 같아요. 곽 교수님이 먼저 스타트를 끊으시죠.

곽상인 : 저는 물건이라고 하기는 그렇고, 저한테 소중한 것은 컴퓨터 속에 있는 파일입니다. 저는 지적재산, 그러니까 이 파일이 없어지면 지금까지 했던 모든 연구(결과)가 다 없어지는 거나 다름없어요. 이거는 뭐 소중할 수밖에 없고, 두 번째는 역시 책이에요. 책이 많은 편이에요. 연구실에도 많고 집에도 많고, 하물며 고향에까지도 책이 많아요. 책을 버리는 것이 저는 어렵더라구요. 그래서 집사람과 가끔 다툴 때도 있어요. 집안에 공간을 많이 차지하니까 좀 버리라고. 그리고 새 책좀 그만 사라고. 그래서 잔소리 듣기 싫어 일년에 한 번 정도, 서재를 정리해요. 그때 주로 버리는 것은 연속간행물이나 잡지 이런 거예요. 그리고 이것은 직업병 같은 건데, 제가 원하는 위치에 그 책이 없으면 스트레스를 너무 많이 받아요. 책을 가끔 집사람이 정리할 때가 있거든요. 그럴 때 이런 일이 생기더라구요. 그 다음에 포스트잇 같은 경우도 제가 붙여둔 위치에 없거나 하면 그것도 스트레스입니다.

김경애 : 퍼시오요?

전주람 : 경애야. 그것은 포스트잇이야. 메모지란 얘기지. 그러니까 교수님은 일과 관련된 게 소중한 거네요.

곽상인 : 그다음에는 가족이죠. 좀 구체적으로는 딸이 되겠네요. 저는 완전히 딸바보예요. 그래서 저는 세상에서 제일 부러운 게 제 딸이에요. 왜냐하면 제가 그만큼 사랑을 많이 주거든요. 저도 어머니 아버지한테 사랑을 많이 받고 자랐지만요. 집사람도 저도 모두 딸이 해달라는 건 거의 다 해주는 스타일이에요. 공부에 대한 스트레스도 안 주려고 "공부해라." 이런 얘기도 안 해요. 저는 딸아이가 그냥 행복하게 살았으면 좋겠어요. 그냥 행복한 사람이 됐으면 좋겠어요. 그래서 딸에게 이런 말을 자주 해요. "어떤 직업을 갖고 사는 것도 중요한데, 어떻게 하면 네가 행복할 수 있을지에 대해서 더 고민하라."고 그래요. 꿈을 갖지 말라고가 아니라, 행복해지는 것에 꿈을 꾸라고 얘기해요. 아까 박한길 선생님께서도 말씀하셨다시피 자본주의사회에서는 돈보다 건강이 제일 중요하다 이런 얘기를 하셨는데 거기에 저는 절대적으로 공감해요. 저희 어머니도 신장이 안 좋아서 투석을 오래 하시다가 돌아가셨거든요. 건강만큼 중요한 것도 없죠. 그래서 딸이 무언가를 얻기 위해 경쟁하고 성취하는 과정에서 스트레스를 받아 몸이 상하는 것보다 본인이 어떻게 하면 조금 더 행복하게 살 수 있는가, 어떻게 하면 더 건강하게 살 수 있는가 이런 것들을 가르치려고 노력합니다. 비현실적이고 배부른 소리인지는 모르겠지만 저는 그렇게 생각해요.

전주람 : 그러면 하나의 물건을 내가 더 가질 수 있다면 교수님은 뭐

를 선택할 것 같아요?

곽상인 : 이것도 어려운 질문이네요. 그러면 평생 친구로 할게요. 평생 친구가 있었으면 좋겠네요. 속내도 잘 받아주고, 어떤 이야기를 해도 잘 받아주고, 상처도 잘 보듬어 줄 수 있는 평생 친구 말입니다. 물건은 어떤 형태로든 다 소진되거나 낡거나 망가지게 되잖아요. 사람도 다 마찬가지로 하루하루 살아간다고 하는 것 자체가 역설적으로 얘기하면 하루하루 죽어가는 거랑 똑같은 말이거든요. 그래서 늘 우리는 현재를 열심히 살아갈 수밖에 없는 운명인 거죠. 여기에 요술램프가 있어서 지니가 물건을 고르라고 하면 좋은 성능을 갖고 있는 노트북을 고르겠어요? 그것도 쓰다 보면 다 낡게 되잖아요. 저는 시간이 오래 흘를지라도 더 빛날 수 있고 더 가치가 있는, 말이 잘 통하는 친구가 있으면 좋겠어요.

전주람 : 교수님이랑 그간 많이 얘기했어도 이렇게 들으니까 또 새로운 부분도 있네요. 경애는?

김경애 : 저는 가장 소중한 세 가지를 꼽는다면 첫 번째로 핸드폰요. 저한테는 '제2의 나'라고 생각해요. 왜냐하면 제가 궁금해하는 걸 다 찾아주잖아요. 검색하면 다 나오잖아요. 저한테는 그래서 제일 소중한 게 핸드폰이구요. 두 번째로는 내 옆에 있어 주는 사람들요. 저의 존재 가치를 인정해주고 수용하기 때문에 옆에 있는 사람이요. 그런 사람들이 너무 소중한 거 같아요. 세 번째로는 내가 가진 능력입니다. 제가 뭔가를 할 때 이 능력들이 나를 더 잘하게 만들어줄 수 있기 때문이에요. 마지막으로 요술 램프가 있다고 생각하면 저는 만족감을 택하고 싶어요. 왜냐하면 제가 만족을 느끼는 거를 너무 어려

33

워해요. 뭔가 만족해야 하니까 인간관계든 아니면 무슨 일을 하든 과제를 하든 간에 만족을 잘 못해요. 뭔가 더 잘해야 할 것 같고 해서 힘들거든요. 그래서 좀 만족을 느끼면서 삶을 즐겁게 살고 싶어요.

전주람 : 좋아요. 다음으로 박한길 선생님?

박한길 : 저는 소중한 세 가지 중 제일 첫 번째로, 행복한 가정이요. 이때까지는 뭐가 행복한 가정인지 잘 몰랐어요. 집사람이 갑자기 하늘로 떠나고 나니까 그 생각이 더 드는 거죠. 해피 패밀리. 그다음 두 번째로는 봉사, 세 번째로 신앙입니다. 신앙이 참 좋더라고요. 가지고 있으면 좋고, 그다음에 좀 아까 또 곽상인 교수님 말씀한 것처럼 프렌드, 친구 있잖아요. 그 함께할 수 있는 친구가 한 명이 아니라 두 명 정도? 이번에 집사람 장례식을 하면서 딱 느껴지는 게 있었어요. 한 명은 '바빠서 못 오겠다' 하고 200만 원을 통장에 딱 넣어주더라구요. 한 명은 3일 동안 같이 장례식에 있었고요. 그다음에 장례가 끝나고도 친구들한테 밥 먹는 비용을 다 계산해주는 친구를 봤어요. 그것을 계기로 제가 2014년부터 봉사하고 헌혈했어요. 헌혈했는데 오늘 계산해보니 145번째예요. 제가 집사람 돌아가고 이렇게 그 환경에서 느끼게 된 게 아무래도 봉사를 더 해야되겠다, 그런 마음이 들었어요. 그리고 아까 교수님도 말씀하셨지만 저는 책을 사랑해요. 책을 사랑하고 글쓰기도 제가 좋아하고요.

전주람 : 네. 그러니까 소중한 것이 사라지면 마음이 아프죠. 혹시 지니 요술램프가 선생님한테 소원을 들어준다고 하면 어떤 것을 빌겠어요?

34

박한길 : 소원은 통일입니다. 근데 저는 통일이 안 될 거라고 생각해요. 저는 〈남북통합문화센터〉에서 봉사도 하고, 그다음에 강서구에서도 해요. 위안부 소녀상이 있잖아요. 장애인하고 남한주민, 북한주민이 모여 지금도 한 달에 한 번씩 가서 청소해주고 그래요. 바람개비 닦아주고. 저는 소통이 중요하다고 생각해요. 봉사하면 탈북민들끼리만 하고 남한사람들끼리만 하고. 그래서 남과 북의 주민들이 함께 소통, 즉 작은 통일이라는 소리죠. 그런 것을 많이 했으면 좋겠다고 생각합니다.

전주람 : 수경이는?

이수경 : 저는 가족이요. 제일 소중하기도 하고, 제 삶의 모든 이유가 여기에 있어요. 두 번째로는 친구, 세 번째로는 추억인 것 같아요. 물론 추억이라면 되게 많은데 북한에서의 추억들도 있고, 고향에 대한 추억도 있고, 그런 추억도 있지만 여기 와서도 친구들이랑 같이 여행 다녔던 추억 등이 있어요. 저는 힘들 때마다 여행 갔던 것들 생각하고, 사진 보고 하면서 그때 생각을 떠올리면은 기분이 좋아지고 굉장히 행복해지고 그래요. 북한에서 나와 정말 친하던 친구들이랑 같이 놀던 때를 떠올리면 기분이 좋아져요. 제가 교수님이랑 상담하면서 좋았던 게 그때 얘기를 할 수 있는 거였어요. 그때가 나를 행복하게 만들고 또 제가 살아왔던 모든 추억이 들어있으니까요. 다 소중한 것 같아요.

전주람 : 그래. 지니가 소원을 들어준다면 어떤 거를 말하고 싶어?

이수경 : 저는 끈기 있는 노력. 저는 그게 가장 부족하거든요. 저는

하고 싶은 것도 많고 열정도 많은데 그만큼 노력을 안 해요. 근데 저는 노력은 배신하지 않는다고 생각하는데 또 아직 어려서인지 그렇게 많은 노력을 하지는 않거든요. 어딘가에 내 열정을 쏟아부었다는 생각을 해본 적이 없어서요.

전주람 : 저도 1번이 노트북이고 핸드폰이에요. 저도 일이 되게 소중한가 봐요. 그러니까 이 노트북 안에 파일을 늘어놓고 '이걸 어떻게 엮을까?' 생각해요. 일을 너무 많이 하면 드는 생각이에요. 눈뜨면 연구하고, 일하고, 강의하고, 상담하고. 정말 이렇게 살아도 되나 싶어요. 제 삶은 어찌 보면 내가 쌓아 올렸던 성 같거든요. 이 성이 무너질까 봐, 또 하나를 더 쌓는 심정이에요. 이러면서도 내가 너무 욕심을 안 내는 것 같다는 생각도 들고. 가치를 만들어내고 의미를 만들고, 사회적으로 인정받고 싶고 하는 것에 관심이 많았던 것 같아요. 두 번째는 집이라고 적었는데요. 내 집은 아니지만, 집이라면 뭔가 숨을 편히 쉴 수 있는 공간이어야 한다고 생각해요. 그리고 세 번째는 할머니가 준 금이에요. 무슨 얘기인가 싶죠? 그러니까 할머니 돌아가셨을 때 제 어머니한테 주셨는데 어머니가 결혼할 때 이걸 다시 저한테 줬단 말이에요. 지금 그거 팔면 얼마가 되겠어요. 근데 물건 중에, 그러니까 물건을 내가 갖고 있는 게 별로 없는 것 같아요. 물건 중에 생각하다 보니까 별로 중요한 게 없네요. 저도 고백하지만 이런 게 그냥 떠올라서 적었네요. 이 요술램프에 제가 빌었던 소원은 100층짜리 건물주거든요. 돈이 좀 필요해 가지고. (웃음)

곽상인 : 그러니까 나를 인식하는 것은 두 가지가 통합돼서 자아를 인식하는 것 같아요.

김경애 : 내가 어떻게 다른 사람이 되는지, 스스로 저를 어떻게 생각하는지 모르겠어요.

전주람 : 그러면 친구들한테 물어보면 좋을 것 같아요. 카톡이라든지. 오늘 여기서 다 할 수는 없지만요.

김경애 : 이걸 다 채워야되는 거예요?

전주람 : 다른 아이들도 채울 수 있는 만큼 한번 채워보세요. 일단 여기서 한번 연습을 해볼까요? 먼저 해볼게요. 저는 어떤 사람인 것 같아요?

김경애 : 되게 따뜻한 사람? 뭔가 다가가기 쉽고?

전주람 : 근데 저는 따뜻한 사람이 아니에요. 그러면은 곽 교수님은 어떤 것 같아요?

김경애 : 능력을 중시하는 사람 같아요.

전주람 : 뭘 보고 그렇게 느꼈어요?

김경애 : 소개하시는 데서 느꼈어요.

전주람 : 그러면 곽 교수님은 박한길 선생님을 오늘 처음 봤을 텐데, 어떤 분 같아요?

곽상인 : 박한길 선생님은 항상 말씀하신 것처럼, 봉사 이미지가 강하셔요. 생에 대한 열정이 참 많으신 분 같습니다. 생에 대한 열정이 많으시니까 이것도 하고 싶고 이것도 하고 싶은 거죠.

전주람 : 좋아요. 수경이는 내가 어떻게 보여? 형용사로 표현한다면?

이수경 : 열정이 많으신 분?

전주람 : 열정이 많은? 그래 열정이 많은, 좋다. 그런데 나는 되게 게으르거든요. 진짜 게을러요.

박한길 : 아니에요. 전주람 교수님은 시간을 잘 지키시는 것 같아요.

전주람 : 제가요? 사실 제가 시간을 잘 지켜요. (웃음)

박한길 : 보니까 방화6종합사회복지관 거리가 있거든요. 근데도 시간 딱 지키시더라고요.

전주람 : 맞아요. 시간을 잘 지켜요. 시간 안 지키는 사람은 싫어요.

박한길 : 저도 시간은 잘 지켜요. 타인이 남들하고 만날 때 약속은 신뢰예요. 경애 씨는 다음에 이 말을 잘 참작해서 시간 잘 지키세요. (웃음)

전주람 : 박한길 선생님, 그렇다면 곽 교수님은 어때 보였어요?

박한길 : 멋져브러요. (웃음) 아까 말씀하신 것처럼 에너지가 있고, 그 다음에 말씀마다 리더십이 있어요.

전주람 : 곽 교수님은 힘이 있죠. 저도 에너지가 있는, 긍정적인 힘을 많이 느꼈거든요. 교수님 저는 어때요?

곽상인 : '정신없는'이에요. 내 말은 이런 겁니다. 전주람 교수님은 늘 하고 싶은 게 많아요. 그래서 무엇부터 해야 할지 순서를 정하기 어

려워하는 것처럼 보여요. 그래서 이것도 해야 하고, 저것도 해야 하고. 본인이 늘 정신이 없어요. 잡을 수 있는 것만 잡으면 돼요. 두 마리 토끼를 다 잡을 수는 없으니까 하나하나 정리해야 합니다.

전주람 : 산만한 지 10년 됐어요, 어떻게 해야 하죠?

박한길 : 고쳐야죠.

김경애 : 버릴 건 버리고 포기도 하면서 살아야 해요.

초록빛의 '청춘'

Green Youth

2

진 행 자: 곽상인
진행방식: 집단토의
일   시: 2022년 3월 25일
시   간: 오후 8:00–9:30(약 1시간 30분)
참 가 자: 전주람, 박한길, 최국희, 김경애, 소아진, 김해준

곽상인 : 반갑습니다. 곽상인입니다. 잘 지내셨죠? 오늘 제가 여러분과 같이 읽고 토론할 책은 『그대, 청춘』입니다. 김열규 교수님께서 쓰신 책이고 제가 채팅창에 이 파일 정리한 걸 올려드렸고, 또 우리 단톡방에 보면 제가 정리한 파일이 올라와 있습니다. 그거를 보시면서 나중에 활용하셔도 돼요. 제가 정리한 거니까 얼마든지 활용하셔도 되고요. 여기에 나와 있는 인상적인 글, 우리가 그래도 책을 읽고나서 어떤 식으로 정리하는지 이런 것들을 좀 알려드리고 싶어서 요약본을 만들었어요. 이 안에 들어가 있는 수많은 키워드와 메시지가있는데, 이런 거를 우리가 일상생활을 하며 어떻게 느끼고 받아들이고 있는지, 이런 이야기를 쭉 진행해볼까 합니다. 자, 시작하도록 하겠습니다. 김열규 교수님의 『그대, 청춘』을 아마 다들 읽어보셨을거라고 생각합니다.

이 책을 언급하기 전에, 원래 저는 김열규 교수님이 쓰신 다른 책을 좋아하는데 우리 모임과 방향이 맞지 않아서 선택하지 못한 부분이 있네요. 어쨌든 여러 책 중에 '청춘'이라는 단어가 들어간 책을 선택했는데 막상 읽어보니까 상식적인 수준에 머문 듯한 느낌이 들어 아쉬웠습니다. 그럼에도 불구하고, 이분이 우리에게 전달하고자 하는 메시지가 무엇인지 충분히 가늠할 수 있었습니다. 중요한 건 이런 것이죠. 첫 번째 글에 나와 있는 청춘은 '여명이자 희망이고 미래다.', '청춘은 긍지이고 명예이고 도전이고 고행이다.', '청춘은 열정이고 의욕이고 투지의 완곡이다.' 이렇게 되어 있습니다. 저는 여기에 전반적으로 동의합니다.

밝고 희망이 넘치지만 한편으로는 '젊다.'라고 하는 것 때문에 우리가 많은 것에 도전해야 하고 또 그것 자체가 한쪽으로는 고행이다라고 하는 것들, 이런 것들은 충분히 의미가 있었던 지점이라고 볼 수 있겠습니다. 그래서 제가 15가지 키워드로 이 책을 정리했고요. 다섯 가지 정도의 키워드가 끝날 때마다 같이 한번 고민해 볼 문제점을 나열했습니다. 첫 번째는 시간에 대한 이야기가 나와요. 읽어보시면 알겠지만 시간의 주인이 되는 것은 중요합니다. 로마 철학자 세네카는 시간의 부자가 되는 것이 재산이나 명예를 많이 얻는 것보다 중요하다고 역설했어요.

소중한 시간을 손가락 사이로 마구 흘려보내는 사람들은 스스로 인생을 짧게 만드는 것이며 하루하루를 마치 삶의 마지막인 날처럼 활용하는 사람들에게는 인생이 충분히 길 수도 있다라는 얘기를 했었어요. 우리들은 각자 나름의 시간이 있고 우리는 시간을 통제하기도 하고 또 조절하기도 한다라는 점, 그래서 각자가 어느 정도는 시간의 주체가 되어야 된다고 하는 이야기가 첫 번째로 나왔어요. 저는 이걸 보면서 나는 과연 시간의 주체가 될 수 있는가? 그리고 여기 줌(zoom)에 접속한 여러분도 마찬가지입니다. 내가 시간을 마음대로 통제할 수 있는 그런 주체로서의 삶을 살아가고 있는지 한 번쯤은 고민해 볼 필요가 있다라는 생각이 들었어요.

모두에게 시간은 24시간 똑같이 주어지는데, 이거를 어떻게 활용하느냐에 따라서 시간의 길이는 상대적으로 길어질 수도 있고 짧아질 수 있다는 느낌을 받았습니다. 저번에 저랑 오프라인으로 만났던 박한길 선생님 같은 경우도 그렇습니다. 자원봉사라든가 재능기부를 많이 하시는 걸로 알고 있습니다. '박한길 선생님께서는 시간이 굉장히 소중하게 느껴지겠구나' 하고 생각했습니다. 이 책에 나와 있는 여러 가지 이야기가 있습니다만, 첫 번째로 김열규 선생님께서 여러분께 '시간'에 대해서 생각해보라고 하신 것 같아요.

두 번째는 '자아'에 대한 이야기입니다. 남들과 절대로 같을 수 없는 자아, 나만의 나인 자아, 그것도 높디높은 자기다운 이상과 값지고 또 값진 자기다운 이념을 실천하는 주체로서의 자아에 대한 것입니다. 우리는 살면서 남과 비교를 많이 하게 됩니다. 참 재미있는 게 무엇이냐면, 내가 100원이 있고 상대방이 1,000원이 있으면 나는 1,000원보다 못 가졌기 때문에 가난하다는 느낌을 받아요. 그런 반면에 10원을 갖고 있는 친구가 있다면, 나는 상대적으로 100원을 갖고 있어서 부자라는 느낌이 들어요. 그런데 자꾸 이렇게 비교하게 되면, 다른 타자와 자꾸 자신을 비교하게 되면 진정한 자아를 찾을 수 없다라는 거죠.

조금 더 생명력을 가지고 오래 살려면 남과 차별화된, 그야말로 나로 오롯이 서는 주체로서 살아가는 그런 자아를 만들 필요가 있다는 생각이 들어요. 조금 어려운 이야기가 될 수도 있습니다만 제 기억에 〈장자〉에 보면 주체로서 살아가는 자아의 모습이 어떤 것인가를 나무에 빗대서 얘기하는 부분이 있습니다. 소나무인데 이런 얘기가 나와요. 소나무 숲에 갔더니 대체적으로 나무가 올곧게 일자로 쭉쭉 잘 자라는데, 특정한 소나무는 일자로 자라는 게 아니라 삐뚤삐뚤 자기 마음대로 자랍니다. 근데 나무를 베어가는 이 벌목꾼들이 일자로 크게 뻗은 소나무를 우선적으로 자릅니다. 쓸모가 있잖아요. 쓸모가 있기 때문에 그런 것들을 다 베어갑니다. 그런데 곡선마냥 삐뚤삐뚤하게 자란 나무는 아무도 베어가지 않더라는 거죠. 왜냐하면 나무를 가공해서 목재로 써야 하는데, 쓸모가 없기 때문에 그래요. 그러다 보니까 나중에는 넓은 소나무 숲을 유일하게 자기 멋대로 자라난 소나무가 지키게 된다는 것입니다. 유일하게 자기의 주체성을 가지고 살아갔던 소나무는 아무도 베어가지 않는다는 거죠. 주체성을 가지고 살아간다는 것은 참 쉬운 일이 아니에요.

우리는 많은 환경에 놓입니다. 내가 가지고 있는 어떤 사회적 위치에 따라서 호명되는 방식도 다르구요. 이 모든 것을 우리가 다 챙기면서 살 수는 없어요. 또 남들이 나를 어떻게 볼 것인가에 대한 시선을 인식하거나 그다음에 자꾸 남과 자신을 비교하게 되면 진정한 자아를 찾기가 어렵겠죠. 방금 제가 장자의 비유를 얘기해드린 것처럼 그게 틀린 건 아니잖아요. 남과 내가 다른 모습으로 살아가는 것이지. 내가 남들이 만들어 놓은 정답을 찾지 못했다고 해서 틀린 건 아니니까 자기 주체로서의 삶을 사는 것이 중요하지 않을까요?

그 다음에 야망에 대한 이야기가 또 나와요. 야망이란 꿈을 갖는 거죠. 야망이 사라져버리면 젊음은 그야말로 벌거숭이가 돼버립니다. 야망, 이것 때문에 청춘은 익어간다라고 되어 있습니다. 이것도 어떻게 볼 때는 참 어려운 얘기인 것 같습니다. 특히 여기 줌(zoom)에 접속해 있는 대부분이 북한이주민이시기 때문에 과연 스스로 돌이

켜봤을 때, 그러니까 북쪽에 있을 때 야망이라고 하는 것을 갖고 살았는지 궁금합니다. 남쪽에 와서는 야망이라고 하는 것을 갖게 됐는지도요. 그래서 저도 이 책, 『그대, 청춘』을 읽으면서 나는 20대에 어떤 야망을 갖고 살았는지 돌아보게 됐어요. 좌충우돌하고 있지만 나만의 모습으로 살아가려고 했던 것은 분명해요. 수천수만의 각자로 살아가는 것이기에, 아주 유일무이한 존재이기 때문에 절대 남과 비교하지 않았으면 좋겠다는 생각이 듭니다.

그다음에 고독한 것과 관련한 얘기가 있었습니다. 그대가 고독하다고 느낄 때, 삶의 길이 지독히도 외롭고 힘겹다고 생각할 때, 그대를 우주보다도 소중하게 생각하고 간절하게 지지하는 사람이 한 명은 있기 마련이다는 것이죠. 부모님이 돼도 좋고, 형 동생 누나도 좋고. 그러니 절대로 사람의 사랑을 잊거나 외면하지 말라는 것입니다. 그리고 순수한 고독, 이것은 내가 오직 나로서 나만을 위해서 나혼자만을 지켜보는 순간에 이룩된다고 합니다. 완성된다고 하는 건데, 그대가 고독하다고 느낄 때 나를 지지해주는 한 사람은 있을 거라는 생각? 이것 때문에 우리는 살아갈 수 있는 힘을 갖게 되는 것 같아요.

가족이라고 하는 울타리가 가장 이것과 유사하지 않은가 생각이 듭니다. '자기 자신을 지지해주는 한 사람은 있을 거다.' 저도 마찬가지로 집에 가면 집사람과 초등학교 6학년 딸이 있습니다. 이렇게 세 식구가 한 가정을 이뤄서 살아가고 있는데 일과를 마치고 집에 가면 저를 반갑게 맞이해 줄 집사람과 딸아이가 있기 때문에 하루하루를 활기차게 살아가고 있지 않나 생각합니다. 그럼에도 불구하고 인간은 참 고독합니다. 신 앞에 서 있는 것처럼, 늘 삶과 죽음이라고 하는 절체절명의 위기 순간에 직면해 있으면서 순수한 고독자로 살아 갑니다.

지금 내가 혼자 살아가고 있음에도 불구하고 내 심장이 어디를 향해서 뛰고 있는지 삶의 방향성을 정확하게 짚어보고, 그때 느끼는 고독과 고민에 직면해서 대안을 마련하는 것이 좋겠습니다. 많은 고민을 좀 했으면 좋겠어요. 이 고독과 고민이 자기에 대한 성찰로 연결되겠죠. 그리고 젊으니까 도전해야죠. 『그대, 청춘』을 보면 이런 얘기가 있습니다. '청년이여, 기회를 놓치지 마라. 지금 여기서 할 수 없다면 어디서도 영원히 할 수 없다. 비옥한 땅? 더 적절한 시간이란 없다.' 이는 곧 남과 차별화된 자기만의 필살기가 있는지 또는 자기계발을 위해 매일 하는 것이 있는지를 한번 생각해 보라는 것이겠죠. 우리는 살아가면서 참 많은 꿈을 꾸고 삽니다. 저도 마찬가지예요.

저도 교수가 되면 좋겠다는 생각을 하고 산 건 아니었어요. 원래 제가 꿈꿨던 것은 야구선수였어요. 초등학교 6학년 무렵에 제가 야구를 잘했어요. 동네 형들보다도 훨씬. 워낙 운동을 좋아했고, 그중에서도 야구를 잘했어요. 그 무렵 아버지가 공무원이셨는데, 반대를 많이 했어요. 부모님의 생각이 그렇잖아요. 자식이 뭔가를 한다고 하면, 밝은 미래보다 걱정스런 미래를 항상 염두에 두고 계세요. 그래서 야구선수로서 잘됐을 때보다 부상당해서 무언가조차도 할 수 없는 저를 생각하시더라구요. 그래서 공부하기를 원하셨죠. 물론 지금의 저를 보면 야구선수를 할 만한 신체 사이즈가 아니고, 그런 체격도 안 됩니다. 다행이라고 해야 할까요? (웃음) 그래서 야구선수 다음에 할 수 있는 건 뭘까 고민하다가 제가 책을 좋아한다는 것을 알

앉죠. 저는 책을 좋아합니다. 글 쓰는 것도 좋아하구요. 그래서 국어 국문학을 박사 때까지 전공했고, 그와 관련한 과목을 지금 우리 대학교에서 가르치고 있네요.

지금 내가 갖고 있는 꿈은 무엇이고, 그 꿈을 향해서 나는 하루에 한 발짝이라도 다가가고 있는지, 아니면 꿈은 꿈일 뿐 나는 다른 방향의 삶을 살아가고 있는 것은 아닌지 돌아볼 필요가 있겠습니다. 『그대, 청춘』에 나와 있는 내용 중, 1번부터 5번까지 간략하게 정리를 했습니다. 그러면 이 두 가지에 대해서 한번 간략하게 얘기를 나눠보면 좋겠습니다. 남과 차별화될 수 있는 자기만의 필살기가 있는 것인지, 그러니까 '이거 정도는 내가 남보다는 좀 잘해.'라든가 하는 것이 있으면 나눠봅시다. 그리고 두 번째는 '진짜 내가 고독했던 때가 있었는가?'입니다. 일단 박한길 선생님께서 먼저 말씀을 해주시면 좋겠습니다. 저번에도 만났습니다만, 선생님께서는 재주가 많으셔서 하실 말씀도 많을 것 같아요. 봉사도 많이 하시고, 긍정에너지를 남들에게 많이 전해주는 분이셔서요. 혹시 선생님께서 갖고 있는 필살기가 있어요? 자신만의 동력이 있나요?

박한길 : 예, 교수님. 저는 남한에 2004년도에 왔거든요. 원하지 않는 탈북을 했어요. 삼촌 소개로 왔는데 그때 3살, 5살짜리 아이들과 와이프를 두고 제가 먼저 왔어요. 그 후로 1년 후에 제가 다 데려왔어요. 여기 올 때 제가 35살 정도였는데, 좀 아쉬운 게 많아요. 지금 생각해보면 그때 제가 서울**대에 입학했는데 교육비가 지원이 안 되더라고요. 그래서 1차적으로 배움의 꿈을 접었어요. 와이프하고 애들을 데리고 왔으니까 돈을 벌어야 되잖아요. 그래서 죽기 살기로 일했어요. 그런데 진짜 돈이 전부가 아니더라고요. 마음의 풍요가

더 좋고, 건강이 최고인 것 같아요. 제가 한 회사에서 과장으로 일했는데, 허리 디스크가 와 버린 거예요. 그때 돈이 전부가 아니구나 하는 생각을 했죠.

그래서 첫 번째가 건강이더라고요. 일이 잘 될 때는 몰라도 일이 안 되면 꼭 한두 개의 악재가 겹쳐요. 내가 일이 안 될 때, 집사람도 우울증이 왔어요. 가족이 없으니까, 여기 와서 많이 외롭고 그랬나 봐요. 지금 생각해보면 작년에 우리 집사람이 갑자기 심정지로 11월에 하늘로 갔어요. 저 스스로는 남을 위해서 봉사하고 나누고 그런 걸 많이 했는데 정작 제 와이프한테는 사랑을 주지 못하고 잘 못 해준 것 같아서 그게 지금 항상 마음에 걸리고 아파요.

곽상인 : 가슴 아픈 얘기를 듣게 되네요. 말씀하신 것 중에서 못다 이룬 꿈, 가족에 대한 사랑, 부인께 사랑을 더 줬더라면 하는 아쉬움이 인상적이었습니다. 그리고 건강에 대한 소중함과 자원봉사의 힘 정도가 기억에 남네요. 어떻게 보면 이러한 요인들이 박한길 선생님의 인생길을 여는 것이 아니겠습니까. 성숙한 인격체로 가는 필살기가 말씀하신 내용들 아니겠습니까. 다음으로 최국희 선생님께서 혹시 남과 차별화될 수 있는 자기만의 필살기가 있으신지요?

최국희 : 그러게요. 저도 여기에 정착할 때 나이가 45살이었거든요. 40대 중반이면 중년기죠. 우리 고향에서 40대 중반이면 아무것도 하지 못하고 그냥 살아가야 되는 나이고, 어떤 도전이라는 것도 생각 못하는 나이에요. 근데 여기 와서 제가 제일 걱정한 게 딸이었어요. 딸이 앞으로 어떻게 살아갈 것인가 하고요. 그래서 생각한 게 자녀에게 부모로서 올바른 행동을 보여주고 싶다는 생각을 했어요. 자식

들이 부모의 행동을 보고 자라잖아요. 그래서 제가 남한으로 오자마자 학원을 다녔어요. 컴퓨터라는 게 뭔지 알고 싶어서였죠. 딸은 나보다 한 3개월 후에 남한으로 들어온 거예요. 딸한테 '여기서 성공한 사람이 됐으면 좋겠다.'고 했죠.

그런데 딸이나 저도 여기에서 적응하기가 힘들더라고요. 그래서 내가 행동으로 보여줘야 되겠다 해서 공부를 했죠. 내가 그때부터 밤에 집에 오면 책을 펼쳐놓고 공부했고, 학원에서도 열심히 해서 6개월 동안에 자격증을 7개 딴 거예요. 나하고 상관 없는 교육이래도 참가해봤고, 지금도 어떤 데서 뭔가를 가르친다 하면 대부분 무료교육이니까 조그만 시간 내서 학원 다니고 졸업한 거예요. 두 달 동안 아파트 경리학원도 다녔구요. 이런 것들이 다 '내가 좀 늦추면 우리 딸도 그렇게 될까 봐.'였어요. 다행히 딸이 내 영향을 받아서인지 열심히 살고 있어요.

곽상인 : 알겠습니다. 참 배울 점이 많네요. 갑자기 이수경 학생이 부럽네요. 멋지고 아주 열정적인 엄마를 옆에 두고 있으니까요. 자녀는 부모의 행동을 보고 성장하고 인격적으로도 성장하죠. 그런데 놀라운 것은 어떻게 6개월 동안 자격증을 7개나 따셨는지 직접 대면으로 만나게 되면 비법도 저에게 좀 알려주셨으면 좋겠어요. 그럼에도 불구하고, 최국희 선생님의 중요한 메시지는 '배움에는 끝이 없다.'였습니다. 물론 표현을 무료교육이라고 하셨지만, 이 교육이라 하는 것은 거의 평생교육이죠. 평생교육인데 만학도의 나이에도 불구하고 배움으로 향하는 열정이 남달랐어요. 우리 젊은 세대가 배워야 할 점이기도 하구요. 최국희 선생님의 메시지를 우리가 좀 배워야 되지 않을까요? 앞으로 또 얼마나 더 많은 자격증을 따시고 새로운 도전

을 하실지 기대가 됩니다.

전주람 : 저도 궁금한 게 있는데요. 교수님께 질문드려도 될까요? 교수님의 필살기는 어떤 걸까요?

곽상인 : 저는 개인적으로 인문학을 했기 때문에, 일단은 남들과 소통할 때 공감 능력이 조금 뛰어나다고 생각해요. 좀 쑥스럽네요. 자기 자랑을 하려니까. 상대방의 마음을 헤아리는 것, 그다음에 저는 말하는 것보다 듣는 걸 좋아하는 편이에요. 지금은 어쩔 수 없이 제가 강의를 해야 하는 상황이기에 마이크를 잡고 있습니다만, 저는 듣는 걸 좋아해요. 그리고 저 사람의 마음에는 어떤 에너지가 있을까 생각하는 것도 재밌구요. 강의 시간에도 학생들에게 질문을 많이 하는데, 이유는 그들의 이야기를 듣는 게 좋고 저 스스로는 공감능력을 키우기 위해서죠. 직업이 이런 쪽이다 보니 그렇네요. 글을 쓰는 것도 달란트이기도 합니다. 예전에는 제가 제가 쓰고 싶은 것에만 초점을 두었는데, 이제는 제가 쓴 글을 상대방이 어떻게 하면 유익하게 읽을 수 있을까에 더 고민을 합니다. 독자가 뭘 읽고 싶어하는지에 초점을 맞춰 글을 쓰고 있어요. 그래서 저는 교수라는 직함보다도 '글쟁이'는 말이 좋아요. 글과 말로 상대방과 소통하려고 하고 공감하려는 능력이 제가 갖고 있는 동력이 아닐까 싶습니다.

전주람 : 내가 봤을 때, 교수님의 필살기는 관계 맺는 기술인 것 같아요. 사람을 좋아하시는 게 교수님한테는 꽹장한 자산 같습니다. 저는 보통 사람을 가려서 만나는 경우가 있어요. 어떤 사람은 오픈 마인드로 만나고 어떤 사람은 클로즈마인드로 만나잖아요. 근데 교수님은 누구든 다방면으로 편하게 잘 만나시는 것 같아요. 참 좋은

인성을 지녔다고 생각해요. 그래서 그것들을 좀 배우고 싶다 생각하는데.

곽상인 : 에이, 과찬입니다. 저도 사실 관계가 좀 어렵습니다. 아무튼 최국희 선생님께서도 말씀하셨잖아요. 자녀는 부모의 행동을 보고 성장한다는 것요. 사실 저도 아버지와 어머니를 보고 자랐죠. 특히 제 어머니, 지금은 돌아가셨지만요. 어머니는 우리 집 앞을 지나가는 사람을 불러다가 밥도 먹이고, 이야기도 나눴던 분이셨어요. 아버지는 공무원이셨는데, 틀에 박혀 있지 않으시고, 남 배려를 많이 하셨고, 마을에서도 효자로도 소문이 났던 분이셔요. 그런 부모님의 성품을 닮았을 겁니다.

그렇다면 계속 이야기를 이어가도록 하겠습니다. 6번의 '고통', 7번의 '결핍', 8번의 '방황', 9번의 '슬픔', 10번의 '죽음' 이렇게 두 번째 챕터의 키워드가 나와 있는데요. 고통부터 살펴봅시다. '칠전팔기(七顚八起)'라는 말을 많이 들어봤을 겁니다. 칠전이 없으면, 그러니까 일곱 번의 넘어짐이 있어야 여덟 번째 일어난다는 얘기죠. 넘어지고 깨지고 엎어져야 재기라는 것이 있겠죠. 그래서 내 몸 안에 새겨진 수많은 상처를 어떻게 하면 긍정적인 에너지, 긍정적인 삶의 방향으로 이끌어갈 것인가에 대해 고민해야 합니다. 아직 젊은 상태니까 고통과 상처를 달갑게 받을 필요도 있어요. 그래야 심신에 내성이 생기지 않을까요? 상처가 많아야 자기 몸에 새겨진 고통을 해결할 수 있는 방안도 많이 마련이 되겠죠.

앤 설리번 선생님이 가르쳤던 헬렌 켈러가 있어요. 알다시피 장애를 안고 살아가는 인물이었잖아요. 헬렌 켈러가 이런 말을 했죠. '세상이 고통스러운 것으로 가득 차 있지만, 그 고통스러움을 해결한 사람도 가득하다.'고요. 그래서 현재 나에게 주어지는 수많은 아킬레스건이나 장애가 될 만한 요소들을 피하지 말고 현명하고 슬기롭게 헤쳐나가는 것도 중요하겠죠. 과연 고단하지 않은 삶이 있을까요? 돈과 명예와 권력을 많이 가진 자라도 고단함이 있을 겁니다. 정신적 또는 육체적인 고통이 있다 하더라도 그것을 극복할 수 있는 힘을 갖는 것이 더 중요할 겁니다. 세상에는 헬렌 켈러도 많지만 설리번 선생님도 많거든요. 다양한 방식으로 나름의 방식으로 고통과 상처를 극복해가는 지혜가 필요하겠죠.

일곱 번째는 '결핍'입니다. 자, 우리에게 부족한 게 뭐죠? 풍족함이나 궁핍함은 하나의 환경일 뿐입니다. 그리고 인간은 환경을 개척하며 살아가는 존재입니다. 비록 가난하다 해도 자존과 여유를 잃지 말라고 김열규 선생님이 우리에게 말씀하십니다. 가난하지만 오히려 긍지와 자존심을 기르는 데 게으르지 말라고 전합니다. 100배 1,000배 더 열성껏 일하자는 결의, 반드시 남을 도우며 사는 의로운 사람이 되자는 각오가 필요하겠죠.

앤드루 카네기를 예로 들어봅시다. 카네기는 크게 '긍지, 자존심, 다짐, 결의'를 자기 인생의 키워드로 삼고 있던 인물입니다. 이 네 가지 성품에 독서를 가하면 일종의 의로운 사람이 될 수 있다고 믿었던 것이죠. 그래서 의로운 사람이 되자는 각오로 살았던 사람입니다. 평소 워낙에 책 읽는 걸 좋아해서 훗날에는 미국 전역에 도서관을 무려 2,811개나 건립했던 인물이기도 합니다. 카네기의 인생 성공담을 담은 책들이 너무나도 많죠. 카네기의 『인간관계론』은 워낙에 유명한 책이기도 하니까 한 번 읽어보는 것도 좋겠습니다. 어쨌든 우리는 태어나는 순간, 삶에서 죽음으로 나아가잖아요. 죽는 순간까지 이거 하나 정도는 내가 세상에 긍정적인 에너지, 밝은 빛 정도를 뿌리고 가겠다는 포부가 있었으면 좋겠어요. 그런 의미 있는 행동들을 하나 정도는 설정해서 그쪽으로 삶의 방향을 맞춰가는 것도 좋겠습니다.

여덟 번째는 방황입니다. 방황은 즐거움이고 또 삶의 보람이죠. 우리가 모두 인생의 방랑자이듯이 일상에서 보람과 희망을 찾는 것이 중요하겠죠. 저는 그런 경우도 있었어요. 버스를 타고 가다가 일부러 제가 서고자 하는 목적지에 내리지 않고 그냥 몇 정거장 지나치기도 했어요. 그래서 이상한 공간, 낯선 공간에 내려보기도 했어요. 그 덕에 낯선 곳에서 추억을 쌓는 거죠. 한번 가보는 거죠. 일부러 방황했던 그런 적도 있어요. 남들이 볼 때는 정신이상자라고 생각할 수 있겠습니다만, 가끔 자기 자신을 낯선 공간으로 인도해 보는 것도 좋다고 생각합니다. 그러면 삶의 방향을 설정하지 못했던 것들이 낯선 공간에서 해결되는 경우도 있거든요. 그런 희망의 빛을 보는 경우도 간혹 있더라 이런 얘기를 드리고 싶습니다.

그다음에 아홉 번째는 슬픔에 대한 거예요. 실패나 좌절을 두려워하지 말고 소망과 희망과 의도가 바람직하다면 담담하게 전진해야 된다라고 하는 이야기를 김열규 선생님이 하고 계신 거죠. 박한길 선생님이나 최국희 선생님은 연세가 있습니다만 그래도 아직까지는 제2, 제3의 인생을 사실 수 있는 열정이 있으리라 생각합니다. 그래서 실패나 좌절을 두려워하지 말고, 희망과 어떤 밝음의 빛이 있다면 담담하게 전진할 필요가 있다고 봅니다. 저는 여기에 충분히 동의하는 바이고 여러분도 그랬으면 좋겠어요. 무언가를 할 뻔한 인생보다도, 후회가 남더라도 뭔가를 했던 인생을 살았으면 좋겠어요.

'할 뻔했는데'라는 말은 늘 아쉬움만을 남기기 때문이죠. 후회 말고는 남는 게 없잖아요. 그러나 뭔가를 했던 인생은 비록 그것이 틀렸다고 하더라도 실패의 경험이라도 남게 되는 거잖아요. 실패의 경험도 남은 거니까 좋은 거죠. 실패를 하더라도 좌절이 나에게 남겨진 것이기에 삶의 지혜가 생긴 것이죠. 그래서 무엇인가를 할 뻔한 인생이 되지 말고 후회가 되더라도 무언가를 한 인생이 됐으면 좋겠다는 얘기입니다.

마지막은 죽음에 대한 겁니다. 이 주제만큼 어렵고 복잡한 게 있을까 싶습니다. 저희 장모님께서 심장판막 수술을 했어요. 지금 강북삼성병원에 입원해 계셔요. 수술 당시에 집사람이 병원에 가서 장모님 수술하기 전에 사망동의서 같은 걸 작성했나 봐요. 만약에 수술하다가 잘못되면 이의제기를 하지 않겠다는 서약 같은 것이겠죠. 집사람이 그 서류를 작성하면서 죽음을 다시 한 번 생각해보게 됐다고 하더라구요. 무겁지만 우리가 살아가면서 경험해야 될 것들을 받아들여야 하는 때가 있는 거죠. 무겁고 불편한 것을 피하고 싶은데 어디 인생이 우리 마음대로 되는 건 아니잖아요. 여기서 한번 여러분께 물어보고 싶습니다. 자기계발을 하고 있으신지 아니면 방황만 하고 있으신지, 또는 방황했던 적은 언제이고 원인은 무엇이었는지 이런 부분에 대해서 이야기기할 수 있으면 좋겠습니다. 혹시 김해준 학생은 어땠나요?

김해준 : 방황했던 적은 대학교 처음 들어와서 '학과를 잘못 선택한 게 아닌가?'라는 생각을 했을 때에요.

곽상인 : 자기계발 같은 걸 하고 있나요? 자격증을 딴다든가 운동을

하고 있다든가.

김해준 : 네. 하고 있습니다. 자격증은 장교 준비할 때 필요해서 영어 자격증, 정보처리기능사, 태권도 3단 이런 것들을 따고 있어요. 가산점 준다고 해서.

곽상인 : 멋있네요. 저는 합기도 2단입니다. 저도 운동을 워낙 좋아해서요. 지금은 족구, 로드자전거, 테니스, 탁구, 등산을 합니다. 예전에 운동했던 경험까지 치자면 수영과 검도도 했죠. 어쨌든 장교가 되기 위해서 나름대로 자기계발을 하고 있어서 자랑스럽네요. 소아진 학생은 어떻습니까? 혹시 여기 나와 있는 자기계발이라든가 뭐 방황했던 적이 있나요?

소아진 : 저는 방황을 좀 많이 했어요. 그냥 한마디로 꾀부렸던 것 같아요. 지금 생각하면 '이게 힘들다, 저게 힘들다.' 하는 식으로 트집 잡고 다들 겪는 건데도 나만 힘들어 보인다는 식으로 해석해서 비관하고 그랬죠. 이때 방황을 좀 했던 것 같아요.

곽상인 : 지금도 방황을 많이 하고 있나요?

소아진 : 지금은 아니에요.

곽상인 : 어쨌든 너무나 개인적인 이야기라서 힘듦에 대해 더 묻고 싶은데 옛날 생각을 할까 봐, 힘들었던 시절로 돌아갈까 봐 여기서 멈춰 보겠습니다. 혹시 소아진 학생? 그러면 지금 자기계발 같은 걸 하고 있나요?

소아진 : 일단 솔직히 상담 쪽을 제일 해보고 싶었거든요. 제가 항상

착하다는 말을 많이 들었어요. 남을 도와줄 때 좀 뭐랄까 내 마음이 편안함을 얻어요. 처음에 봉사자가 되어 봉사를 하고 사회복지사를 하고 싶었는데, 이런 쪽을 찾다 보니까 보건복지학과에 자연스럽게 지원한 것 같아요. 나중에 꿈이 어떻게 바뀔지는 모르겠지만요.

곽상인 : 알겠습니다. 그리고 되게 좋은 에너지를 또 사회에 환원하려고 하는 느낌이 있습니다. 상담하는 것도, 그러니까 상담하러 오는 사람들의 에너지들은 대체적으로 부정적인 부분이 많잖아요. 내가 기분 좋다고 해서 '기분 좋습니다.'라고 상담하러 오는 사람은 거의 없어요. 내가 지금 어떤 절체절명의 위기에 놓여있거나 어딘가 아픈 상태로 오거든요. 근데 아픈 언어들, 상처받은 언어들을 내가 공감한다고 했을 때 아진 학생의 마음이 굉장히 넓어져야 되지 않을까라는 생각이 듭니다. 상대방이 나에게 던지는 비수 같은 많은 상처의 언어를 아진 학생이 많이 받아들이면 나중에 전주람 박사님 같은 훌륭하신 분이 되지 않을까라는 생각도 듭니다.

그다음에 봉사에 관심이 있다고 했는데, 그렇다면 우리 박한길 선생님께 그 분야와 관련해 전문가이시니 서로 도움을 주고 받았으면 좋겠네요. 중요한 것은 긍정적인 에너지를 어떻게 하면 사회에 환원할 수 있을 것인가 하는 문제가 되겠네요. 좋은 에너지, 선한 영향력을 어떻게 퍼트릴 것인가, 그런 것들을 느끼려면 상대방들에게 베풀 수 있는 것이 무엇인지 고민하는 것 자체가 의미가 있겠네요.

그다음 열한 번째는 결단입니다. 인생의 길은 굉장히 길고 멀어요. 고령화 사회로 인해 인생길은 더욱 길어졌습니다. 오늘날의 젊은이에게는 새로운 길을 개척하려는 도전 정신과 결단력이 필요합니다. 도전과 실패를 반복해 본 사람이 근본적인 실패에 빠지지 않는다고 합니다. 원하는 일이 무엇인지 명확히 깨닫고 방향을 바로잡아 용기를 내서 일을 하면 흔들림이 없이 잘 풀리겠죠. 남들이 보기에 좋은 것을 하는 게 아니라, 제 마음이 진정 원하는 걸 찾으면 행복해지지 않을까 싶습니다.

그다음에 마음의 소리에 귀를 기울이라고 하는 것도 좋아요. 다른 것보다 내 마음이 진정 원하는 걸 찾았더니 쉽게 행복해지더라 하는 것이 좋아요. 죽음을 앞둔 많은 재벌에게 물어보면, 죽기 전에 아쉬운 게 뭐냐라고 물어보면 가까운 사람들과 행복하게 식사 자리(좋은 자리)를 더 못 가진 게 아쉽다고 합니다. 예컨대, 여러분도 아실 만한 삼성 이건희 회장 같은 분도 돌아가실 때쯤 "조금 더 돈을 많이 벌 걸", "조금 더 내가 권력이나 명예를 가질 걸", 이렇게 대답하지 않았다는 거예요. 주변사람들에게 조금 더 살갑고 친절하게 대했더라면 하는 아쉬움이 가득하다는 거죠. 그동안 소외시켰거나 배제시켰거나 상처를 줬던 사람들이 있으면 그 자리로 다시 가서 선한 관계 혹은 원만한 관계를 유지하고 싶다는 얘기들을 많이 하더라 이거예요. 사회에 내가 갖고 있는 영향력을 더 베풀고 갔으면 좋았을 법한데, 그런 얘기를 거의 말년에 많이 하더라 이겁니다.

우리도 마찬가지입니다. 어떻게 하면 돈을 많이 벌까에 대해 궁리하는 것보다는 어떻게 하면 내가 스스로 행복해질 수 있을까에 자기 자신을 갈아 넣는 것이 우울이나 불안으로부터 자유로울 수 있는 방법이 아닐까 싶네요. 저는 인문학자이기 때문에 이런 식으로밖에 표현을 못하겠어요. 제가 기술을 갖고 있는 엔지니어였다면 먹고 살 방법을 알려드리겠습니다만, 인문학자이기에 두루뭉술하게 말할 수밖에 없네요. 내 몸 안에 많은 상처도 있겠습니다만 행복이라고 하는 단어로 혹은 기쁨, 사랑, 즐거움 이런 단어로 내 육체가 완성됐으면 좋겠다는 생각이 들어요. 그러면 어떤 고난과 역경이 오더라도 슬기롭게, 즐겁게 헤쳐나갈 수 있는 삶의 지혜가 생기지 않을까 합니다.

두 번째는 낭만이에요. 우리는 로망이라고도 하죠. 낭만 안에는 낭만, 공상, 모험, 방황, 열정의 다섯 가지 요소가 있다고 합니다. 이론적으로 볼 때 여러분의 경우, 어쩌면 지금 이 남쪽에서 사는 것 자체가 낭만적이지 않을까요? 여러 가지 자기 경험치가 다 있을 법한데 이 공상과 모험과 방황과 열정과 감상을 자유롭게 할 수 있는 생각의 끝 간 데 없음이 실현되는 남한에서의 삶이 더 낭만적이지 않나요? 생각의 스펙트럼을 확장하는 과정 속에서 이 낭만의 다섯 가지 요소가 무한대로 뻗어 나가지 않을까라는 생각이 들었습니다.

그리고 젊은이는 이 화려한 공상의 설계도를 그릴 필요가 있습니다. 현재 살아가는 것도 중요합니다만 지금의 시간이 여러분의 평생 시간이 아닌 것처럼 5년 후, 10년 후, 20년 후의 자신의 모습이 어떠할지를 긍정적으로 설계할 필요가 있겠습니다. 그리고 교양은 역시 갖추는 게 좋습니다. 기본적으로 교양을 갖추라는 얘기는 제 개인적으로 생각했을 때 인간성을 갖추라는 말로 해석이 돼요. 젊은 시절에는 좌충우돌하고 복합적인 감정에 휩싸여 이성을 잃는 경우도 있는데, 되레 젊은 세대일수록 교양을 쌓아 인간다운 품성을 다질 필요가 있어요. 우리는 육체만을 성장시키는 것이 아니라 정신과 영혼도 함께 성장시킬 필요가 있기 때문입니다. 올곧은 인격체가 되어야 미래가 보다 희망 차지 않을까요. 그래서 교양은 넓고 크고 우람하게 갈고 닦을 필요가 있겠습니다.

오늘은 『그대, 청춘』을 가지고 제가 얘기를 하고 있습니다만 나중에 또 기회가 된다면 인문학적인 마인드, 제가 갖고 있는 수많은 교양 이야기를 전달해 드리겠습니다. 첫 번째 모임이니까 가볍게 넘어갑니다만 나중에는 제가 알고 있는 수많은 지식을 전해드리도록 하겠습니다. 그리고 제가 참 좋아하는 단어는 사랑입니다. 사랑만큼 좋은 단어가 있을까요. 개인적으로 사랑을 발음할 때, 그 느낌 자체가 좋아요. 그냥 사랑이라는 단어가 입 밖으로 내뱉어질 때 느낌이 좋다는 얘기입니다. '삶'이나 '사람'처럼 'ㅁ'(미음) 때문에 닫힌 느낌이 드는 게 아니라 사랑이라고 할 때의 'ㅇ'(이응) 자체가 메아리처럼 커지는 느낌이 들어요. 그래서 사랑에는 심리가 따르기 마련이고, 서로 간의 믿음도 중요하겠죠. 상대방에게 믿음을 바치는 것으로 사랑은 굳건해질 수 있다고 합니다.

그런데 참 아이러니컬한 얘기입니다만, 우리는 가족을 사랑한다고 얘기하면서도 가족에게 많은 비수를 꽂죠. 상처가 될 만한 단어들을 쏙쏙 뽑아서 던지죠. 오히려 밖에 나가서 만났던 수많은 사람에게는 사랑한다고 얘기하면서 정작 사랑을 많이 받아야 할 가족에게는 더 상처를 주고 살아가는 건 아닌지 반성할 필요가 있겠습니다. 내 삶의 태도를 다시 한 번 생각해 봤으면 좋겠고요.

그다음에 마지막은 웃음입니다. 얼마나 좋아요. 웃음, 웃는 거. 찰리 채플린이라고 아실 겁니다. 영화 〈모던타임즈〉에 나왔던 배우죠. 희극배우인데요. 유머는 인간의 정상적인 행동에서 공감할 수 있는 행동의 미묘한 불일치 또는 어긋남이 일어날 때 발생합니다. '인생은 가까이서 보면 비극이지만 멀리에서 보면 희극이다.'라는 명언도 남겼죠. 어려운 처지에 놓였거나 위기에 직면했을 때 웃음으로 넘길 수 있는 여유를 갖는 것이란 참 어려운 겁니다. 이게 가능할까, 그런 얘기죠. 이건 아마 박한길 선생님이나 최국희 선생님 정도의 연배가 되어야지만 이 말에 동의를 할 수 있지 않을까 싶네요.

마지막은 젊음에 대한 이야기입니다. 도량도 넓어지고 마음이 널따란 젊음을 가져야 사랑과 웃음 같은 긍정적인 키워드를 갖게 되겠지요. 오늘도 이렇게 간략히 김열규 선생님의 책을 대략 정리했습니다. 모든 내용을 다 집어넣으면 여러분이 부담스러울 것 같아서 필요한 키워드를 중심으로 살폈습니다. 마지막 챕터를 정리하면서 두 가지 물음을 던져봅니다. 자기 자신의 모습을 상상해 본 적이 있는가? 그리고 가장 최근에 유쾌했던 일이 있었는가? 이것에 대해서 한 번 여쭤보려고 합니다. 이수경 학생? 혹시 이와 관련해서 할 얘기가 있는지, 미래의 자기 모습을 상상해 본 적이 있는지, 유쾌한 얘기든 뭐든 좋습니다. 한마디 할 수 있겠어요?

이수경 : 미래의 모습을 상상해보기는 하는데, 그냥 이루고 싶은 미래에 대해서 상상해보는 것 같아요. 이룰 수 있을지는 정확히 모르겠지만, 제가 그냥 이루고 싶은 미래에 대해서 상상을 해본 것 같아요.

곽상인 : 이루고 싶은 미래? 그게 뭔지 구체적으로 얘기해 줄 수 있나요?

이수경 : 사실 그게 정확한 미래도 아니고 그냥 뭐 어떤 직업을 갖든 그 위치에서 인정받고 싶다는 것 정도예요. 그런 사람이 되는 미래에 대해서 생각을 해본 것 같아요.

곽상인 : 그러니까 남에게 인정받는 직업을 갖고 있으면서 나름대로 사회적으로 영향력이 있었으면 좋겠다는 얘기죠? 남들이 나를 무시하지 않았으면 좋겠고? 이 말에 대해서 어머니가 흡족해하실지 아니면 불안해하실지 모르겠습니다만. 그러면 혹시 최근에 재미나는 일이 있었나요? 웃을 만한 일이 있었는지?

이수경 : 저는 사실 항상 웃고 있어서요. 저는 북한 사투리가 갑자기 생각나면 웃기도 하고, 버스 벨을 잘못 눌러서 웃을 때도 있구요. 매일 웃으면서 사는 것 같아요.

곽상인 : 되게 멋지다. 난처한 상황에서도 웃는다는 거잖아요. 사건이 될 수도 있는 것을 하나의 에피소드로 가볍게 넘길 수 있는 여유로움이 좋네요. 오프라인으로 만났을 때도 수경 학생 보면서 당당하게 자기 자신의 모습으로 살아간다라는 생각을 했거든요. 좋아요. 그러면 경애 학생은 어떻습니까?

김경애 : 저도 상상해본 적은 많습니다. 그게 이루어질까라는 생각이 들고, 저도 수경이랑 같이 사회적으로 영향을 끼칠 수 있는 긍정적인 생각을 하고 있고, 지금도 노력하고 있지만 될지 안 될지는 기다려 봐야 할 것 같아요. 좋은 영향력을 사람들에게 끼치고 싶습니다.

곽상인 : 알겠습니다. 혹시 최근에 정말 재미있었던 일이 있었는지?

김경애 : 아니요, 집에만 있다 보니 없더라고요.

곽상인 : 아이고, 이 부분이 좀 안타깝네요. 알겠습니다. 이 책에 나와 있는 다섯 번째나 여섯 번째 키워드, 특히 다섯 번째가 좀 인상

적인 것 같습니다. 미래의 자기 모습을 상상해 본 적이 있는가? 제 얘기를 해드리자면, 저는 20대 때 중고등학교 교사가 되고 싶었어요. 그때는 선생님이 되면 질풍노도 사춘기 애들과 어떻게 소통해야 할까, 그 친구들의 방황을 내가 어떻게 잡지? 고민했거든요. 그런데 어쩌다 대학에 와서 교수가 되어, 지금 대학생들과 만나고 있잖아요. 이루지 못했지만 원래는 야구선수가 꿈이었는데, 책 읽고 글 쓰는 것도 좋아요.

제가 갖고 있는 낭만적인 노후는 대학교에서 강의를 더 이상 하지 못하게 될 시기가 오면, 시골집에 가서 햇볕과 바람을 벗 삼아 글을 쓰는 거예요. 제 집은 섬인데도 읍내에 있어요. 그래서 바다가 보이는 곳에 작은 팬션 하나를 짓고 그곳에서 하루 종일 글을 쓰다가 석양이 찾아오면 별을 안주 삼아 막걸리 한 잔 마시면서 하루를 마무리하고 싶어요. 그러다가 죽을 날이 다가올 때 홀연히 하늘로 떠나는 것, 그냥 그 자리에서 죽는 것이 제 소원이죠. 낭만적으로 죽고 싶어요. 제가 숨을 멈추는 순간에, 바람이 멈추고 파도가 잠시 잠잠해지고, 새소리가 조용해지는, 그리하여 모든 자연이 내 죽음을 같이 추모하고 슬퍼해주는 것, 어떨까요? 낭만적이지 않나요? 저는 글 쓰는 사람이기 때문에, 병에 걸리더라도 산소호흡기에 의존하면서 죽고 싶은 생각이 없어요. 파도가 일렁이는 바다 근처에서 글을 쓰다가 생을 마감하고 싶어요. 그러면 이 책에 나와 있는 6번의 질문처럼, 비록 내가 죽었지만 가장 크게 잘 살았다라고 웃을 것 같네요. 그래서 오늘 참 많은 생각을 했습니다. 『그대, 청춘』이라는 책을 발제하면서 저도 많이 배웠습니다. 제가 일방적으로 질문하고 또 답변하는 번거로움이 있었습니다만 그래도 자유롭고 자연스러운 대화가 된 것 같아 흥미로웠습니다. 제가 좀 오버한 거 아니에요?

전주람 : 아니요. 교수님 말씀 들으면서 여러 가지 생각을 하게 됐어요. 짧게 정리해주신 내용을 들으면서, 그리고 교수님의 마지막 그 부분이 되게 슬프게 느껴지네요. 인생의 시작점이 있고 끝점이 있는 거잖아요. 그거는 내가 원할 뿐이지, 어떻게 될지는 또 모르고요. 그래서 인생에 대해 여러 가지 생각을 하게 됐어요. 저희들은 어떤 것이 느껴졌는지에 관해 돌아가면서 얘기하고 마무리하면 좋을 것 같아요. 곽 교수님이 정리해주신 내용 들으면서 느낀 점이 뭘까요? 자유롭게...

소아진 : 제가 책을 읽은 거를 다시 정리해주신 거잖아요. 설명해주신 건데 제가 읽었던 거랑 해석이 달랐던 부분도 있어서 좋았어요. 근데 제가 제일 처음에 얘기했던 거는 시간에 대한 것이었어요. 시간에 대해서 어떤 책에서는 '시간을 아낀 자가 부자다. 그러니 시간을 중요하게 생각해라.'라는 부분이 있었거든요. 우리에겐 다 똑같이 주어진 시간인데 이를 잘 활용해야겠다는 생각이 들었어요. 누구는 이렇게 살고 누구는 이렇게 살고. 이러한 것은 모두 자신이 그렇게 선택한 거잖아요. 책을 보면서 전 너무 좋았어요. 인생은 자신이 선택한 시간 속에서 산다는 것이요.

그리고 '고독'이라는 단어가 눈에 들어왔어요. 나는 고독할 틈이 좀 없었어요. 남들과 다르게 고독할 틈이 없었다는 얘기는 한편으로 제가 사교성이 좋았단 말로도 해석이 돼요. 제가 사교성이 좋았던 것은 누군가를 대할 때 진심으로 다가갔기 때문이라고 생각해요. 저는 가식적인 마인드로 사람을 대하지 않거든요. 저는 항상 뭔가 진심으로 좀 다가가거든요. 그렇다 해서 모든 사람이 저한테 진심으로 다가오거나 하지는 않겠죠. 그렇지만 그중에서도 진짜 남아있는 친구는 진짜 끝까지 남아있더라고요. 저한테 저는 고독할 새가 없었던 것 같아요.

전주람 : 와. 대단하네요. 고독은 인간이 견디기 힘든 것 중의 하나일 텐데, 그것을 아직 경험하지 못했다는 것 자체가 굉장히 커보이네요. 그러면 박한길 선생님은 어떠셨어요?

박한길 : 저는 김난도 교수의 '아프니까 청춘이다.' 그 말이 되게 실감나더라고요. 그리고 오늘 곽 교수님이 말씀하신 것 중에, '글을 쓰다가 죽고 싶다.'는 표현이 부러웠습니다. 저도 그런 욕심이 생겼어요. 그리고 아까 '웃음'이라고 곽 교수님이 말씀하셨는데, 제가 북한에서 읽은 책에 그런 게 있더라고요. '제주도에서 비바리들은 말똥이 굴러가도 웃는다.' 비바리가 제주도 사투리로 처녀란 소리예요. 저는 봉사하면 웃죠.

곽상인 : 좋습니다. 그러면 김경애 학생?

김경애 : 저는 최근 고통스러운 일이 많았어요. 혼자서 견뎌야 했고, 많이 힘들었어요. 그래서 세상은 고통으로 가득 찼다는 생각뿐이었어요. 제 머릿속에는 그런 것밖에는 없었거든요. 근데 요즘 환경도 많이 좋아지고 하니까 괜찮아졌어요. 그리고 세상은 고통스러운 곳이 아니구나라는 생각도 하게 됐어요. 오늘 특히 곽 교수님이 말씀하신 것 중에서, '세상은 고통으로 가득 차 있지만, 고통을 극복한 사람도 가득하다'는 말씀을 딱 들었을 때 '진짜 그렇구나.' 하는 생각

이 들었어요. 예전에는 몰랐는데 오늘 그걸 새롭게 알게 되어서 너무 마음에 와닿아서 감동 한번 받고 갑니다.

전주람 : 맞아요. 진짜 감동적인 이야기를 또 해주셔가지고. 어떻게 보면 세상을 내가 어떤 식으로 보는지도 중요한 것 같습니다. 고통스럽다고 보면 한없이 고통스럽고, 이겨낼 수 있다고 생각하면 아무 일도 아닌 것 같고. 그죠? 좋아요. 수경 학생?

이수경 : 저는 오늘 곽 교수님 강의 들으면서 일단 공감되는 부분이 '야망에 빠지면 젊음은 벌거숭이가 된다.', '야망, 그것 때문에 청춘은 익어간다.' 이 부분이었거든요. 저는 일단 20대~30대이니까, 미래가 확정되지 않은 청춘에 속하잖아요. 다들 야망 하나로 버티면서 일상을 살아갑니다. 내가 아직 뭐가 될지 모르겠지만, 야망 하나로 살아간다고 생각해요. 어쩌면 이런 야망은 모든 인간이 가지고 있는 것이 아닐까 해요. 야망 하나만 가지고도 성공할 수 있다고 생각하거든요.

전주람 : 근데 꿈하고 차이점은 뭘까요?

이수경 : 저는 비슷한 거라고 생각해요. 꿈을 이루기 위해서는 야망이 필요하고 야망이 있으면 꿈이 없을 리가 없다고 생각하기 때문에 공존하는 관계가 아닐까 생각해요.

전주람 : 교수님, 어떻게 되는 거예요?

곽상인 : 쉬운 말로 두 마리 토끼를 잡으려고 하다가 둘 다 놓친다? 사실 어려운 이야기이기는 한데요. 최대한 실현 가능하게 어떤 방법

을 모색해야겠죠. 욕심의 크기나 실현 가능성의 크기, 이런 걸로 꿈과 야망이 좀 나뉘지 않는가 생각해요. 꿈이라고 하면 희망적이고 긍정적인 의미가 들어가 있는 것 같지만 야망이라고 하면 어떤 야욕이라든가 명예욕, 좀 더 개인의 욕망 내지는 탐욕과 관련이 되어 있어 보여서요. 무언가를 쟁취하겠다는 느낌이 강하게 들어요. 강도의 차이에서 꿈과 야망이 구분되는 느낌이 드네요. 그러니까 꿈에 비해 야망이 좀 더 무언가를 이루고자 하는 강도가 큰 느낌입니다.

전주람 : 야망이 부족해도 문제일 수가 있겠지만, 너무 많아도 피곤할 수 있겠네요. 욕심을 내려놓아야 되는데 이런 생각도 들고, 왜 나는 이럴까? 좀 고민되기도 하고 그런 부분이 있네요. 어떻게 살아야 되지? 이런 생각이 들어서 큰일이네요. 자, 좋습니다. 다음은 우리 최국희 선생님?

최국희 : 이런 방법으로 하는 건 처음 해봤어요. 다른 곳에 비해서 흥미롭고, 새롭기도 하고 좋았던 것 같아요. 제일 인상에 남은 것은 저도 곽 교수님처럼 '사랑'에 대한 부분이었는데요. 제가 사랑이라고 말하지만, 그 사랑이 다른 사람들에게는 상처가 되지 않았을까 싶네요. 이런 걸 돌이켜 보는 시간으로 되었구요. 그리고 여러 가지를 통해서 좋은 시간이 되었어요. 웃음이 많아야 될 젊은 친구들이 웃을 일이 없었다는 게 참 안쓰럽네요.

전주람 : 네. 많이 웃고 살아야 되는데. 언제 크게 웃어봤지? 하는 생각이 드네요. 잘 웃는 수경이가 방법을 전수해줘야 하나 싶네요. (웃음) 서로 이렇게 얘기를 나누다 보면 웃을 일이 생기지 않을까요? 다음으로 김해준?

김해준 : 일단 수업을 들으면서 여기 참석하신 분들 인생사라든가 각자 사연들, 삶에 대해 느낀 점을 공유할 수 있어서 좋았습니다. 사연들의 고통을 제가 100% 헤아릴 수가 없겠지만 또한 힘든 적도 많았기에 공감했던 부분도 있었어요. 또 교수님 말씀이 따뜻하게 느껴졌던 것 같아요. 이상입니다.

곽상인 : 네, 감사합니다. 서로서로 참여자들끼리 공감해주시고, 지지도 해주시고 했던 부분이 인상 깊습니다. 저도 오랜만에 따뜻한 마음을 느낄 수 있었어요. 여러 가지 키워드를 제시해주셨는데, 저는 '죽음'이라는 단어가 청춘과 동떨어져 있지만 언젠가는 만나야 할 단어라고 생각되었기에 인상 깊게 다가왔습니다. 마주하고 싶지는 않지만 누구에게나 닥쳐올 단어잖아요. 저도 중년을 살아가면서 느끼는 것이 있어요. 내 마음의 소리를 듣는 것이 제일 중요하다는 것이죠. 그래서 내가 원하는 게 뭘까? 내가 뭐를 할 때 행복할까? 뭐를 했을 때 내가 중년 이후에 노년기 삶을 더 풍요롭게 살아갈 수 있을까? 이런 고민을 하고 있거든요. 앞으로도 자주 만나 여러 인생의 고민을 같이 공유해봐요.

리더(leader)를 리드(lead)하기

Leading the Leader

3

진 행 자: 전주람, 이수경
진행방식: 집단토의
일　　시: 2022년 4월 27일
시　　간: 오후 3:30–5:40(약 2시간 10분)
참 가 자: 곽상인, 박한길, 최국희, 김경애, 소아진

전주람 : 안녕하세요. 벌써 3회기입니다. 오늘은 존 맥스웰의 『리더십, 불변의 법칙』이라는 책으로 세미나를 진행해볼까 합니다. 책은 좀 읽어보셨어요? 이 책은 키워드가 목차에 잘 정리돼 있네요. 구체적으로 '한계의 법칙, 영향력의 법칙, 과정의 법칙, 항해, 덧셈, 신뢰의 법칙, 존경의 법, 직관의 법칙, 끌어당김의 법칙, 관계의 법칙, 이너서클의 법칙, 권한, 위임의 법칙, 모범, 수용, 승리' 이렇게 일목요연하게 잘 정리가 돼 있어서 저는 좀 개인적으로 읽기가 좋았고요. 이걸 읽으면서 나도 학교에서 학생들 가르치는 사람인데 리더로서의 역량을 잘 갖추고 있나 되짚어 보게 됐어요. 여기서 말하는 법칙들 중, 나에게 부족한 부분이 무엇인지, 또는 내가 잘하고 있는 것은 무엇인지 고민해보게 됐습니다. 내 인생의 우선순위가 뭘까? 이런 생각도 해보게 됐어요. 개인적으로는 봉사나 희생정신 같은 것이 제게 부족한 부분이라고 생각해서 반성도 했습니다. 이런 부족한 부분을 향상시킬 수 있는 방법을 좀 찾아봐야겠다고 생각도 했고요. 그런데 존 맥스웰이 미국분이잖아요. 그래서 한국의 문화와 다른 부분도 분명히 있었어요. 물론 동일한 부분도 있을 거고, 조금 다른 부

분도 있을 거고. 이런 생각하면서 제 주변에 소위 '리더'라고 하는 사람들을 머릿속으로 떠올려 봤어요. 예컨대 제 경우에는 대학 공간이 떠오르더라구요. 제가 생각하는 리더십을 갖춘 사람들은 주로 대학에 있는 분이 많았어요. 직업상 어쩔 수가 없겠죠. 그리고 이 책에서는 관계적인 측면을 중시하는 것 같아요. 상대방을 이해할 수 있는 넓은 아량을 갖춘 리더자, 좋은 품성을 지닌 리더자도 필요하겠죠. 그러면 우리가 본격적으로 이 책의 주된 내용을 살피기 전에 각자 본인이 읽은 내용에 대해 느낀 점을 간단히 말하고 질문하는 형태로 세미나를 진행할까 합니다. 누구 먼저 해볼까요? 아진이 먼저 해볼까요? 책 읽으면서 어땠는지 느낀 점을 자유롭게 나눠주시면 좋겠어요.

소아진 : 저, 아직 못 읽었어요. 죄송합니다.

전주람 : 그러면 경애는 책 읽었어요?

김경애 : 저도 못 읽었습니다. 중간고사 시험 준비하느라고 시간이 없었어요. 죄송합니다.

전주람 : 아이고, 바쁜데 세미나까지 겹쳐서 제가 미안하네요. 그러면 혹시 최국희 선생님 조금이라도 읽으셨을까요?

최국희 : 완독은 못 했어도 대강 책을 보긴 봤어요.

전주람 : 어떠셨어요? 존 맥스웰이라는 사람이 여러 가지 법칙을 제안하면서 리더십에 관해 얘기하고 있는데 어떤 점이 좋았어요?

최국희 : 리더를 해본 적이 한 번도 없었지만 내 인생의 리더나, 가정적으로 엄마로서, 아내로서의 역할도 다 리더십에 속하지 않을까

이런 생각을 해봤어요. 내 인생에서도 내가 리더가 돼가지고 나를 이끄는 것도 리더십이 아닐까 이런 생각도 해봤어요.

전주람 : 그런 의미에서는 선생님이 충분히 어떤 리더의 역할을 하고 계신 거네요.

최국희 : 아니요. 부족한 게 많다고 생각합니다.

전주람 : '리더'하면 어떤 것이 떠오르셨어요?

최국희 : 이 책을 보면서 제가 부족하다고 느낀 거는 '수용의 법칙'을 보면서였어요. 제가 수용하는 능력이 부족했던 것 같다는 생각을 많이 해봤어요. 수용 능력, 그러니까 리더는 반드시 모든 면에서 앞장을 서야 된다고 생각해요. 리더뿐만이 아니라 사람들이 어떤 현상이 벌어지면 다름과 틀림을 이해하지 못하는 면이 좀 많았던 것 같아요. 누가 지각을 하면 "좀 더 일찍 나오면 되는데, 왜 그랬냐?" 그래요. 그러니까 그 사람이 왜 늦었는지에 대한 본질을 생각하지 않고 결과에 대해서 제가 꾸짖어요. '조금만 더 빨리하면 지각을 안 할 수 있는데 왜 저 사람은 지각을 하지?' 그렇게 단정을 지어버리는 거죠. 이런 게 수용이 좀 부족했다는 생각이 많이 들어요. 그래서 앞으로도 리더는 못 할 것 같아요. 부족한 게 더 많더라고요.

전주람 : 판단을 먼저 하시는 경우네요.

최국희 : 그게 아마 북한 사회의 모순이었는지는 모르겠는데요. 좀 그런 게 많았던 것 같아요.

전주람 : 근데 우리는 늘 남을 평가하고 판단하면서 사는 것 같기는

해요. 그죠?

최국희 : 근데 그걸 평가하지 말고 수용해버리면 되는데, 그게 어렵네요. 그러니까 딱 단정을 지어서, 호상(상호) 비판을 자주 해서 그러는지는 모르겠는데, 상대방이 그럴 수도 있다는 변수를 안 두고 그냥 단정을 지어요.

전주람 : 알겠습니다. 그러면 다른 체제에서 생각했던 리더는 어떤 사람일까요? 북한에서 좋은 리더란 어떤 사람이라고 생각하셨을까요? 그리고 한국에 오셔서 리더관에 대해서 뭔가 변화한 부분이 있을까요? 리더의 개념에 대한 생각 같은 거요. 일단 북한에 계실 때 좋은 리더가 어떤 사람이라고 생각하셨는지 나눠주실 수 있을까요?

최국희 : 북한에 있을 때 리더는 무한한 사랑, 현명한 판단, 그다음에 완결한 결단을 지닌 사람이라고 생각했어요. 언제나 대오에 앞장 서서 사람들을 이끄는 사람으로 생각한 거죠.

전주람 : 어떻게 보면 이상형은 김일성? 그 사람을 리더라고 생각하는 거잖아요. 그죠?

최국희 : 네, 맞아요.

전주람 : 북한에서도 리더라는 말을 쓰나요? 어때요?

최국희 : 리더라는 말을 많이 안 써요. 선구자 정도?

전주람 : 또 어떤 단어들을 써요?

최국희 : 여기 온 지 9년 차니까 생각이 안 나네요.

소아진 : 예를 들자면, 학교에서 '반장' 그런 거죠.

김경애 : 그리고 '책임자'라는 말을 많이 썼어요.

전주람 : 책임자? 그러니까 어떻게 보면 리더라는 말은 영어라서 북한에서는 많이 안 쓰는 단어일 수도 있겠네요. 이런 단어 들었을 때 어떠셨어요?

김경애 : 단어 자체가 너무 멋있는 것 같아요. '리더' 하면 북한에서는 그냥 책임을 많이 지는 사람이라고만 생각했어요. 그 사람이 잘못 판단하면 일이 잘못될 수 있으니까요. 그런데 여기 와서 '리더'라 하면 모든 능력, 진짜 많은 능력을 다 갖춰야지 될 수 있는 사람이라는 생각이 들었어요.

전주람 : 어떤 능력을 갖추면 리더라고 생각해요?

김경애 : 너무 많아서 다 꼽지는 못할 것 같은데요. 일단 제가 몇 가지 생각하는 거는 수용 여부? 다른 사람들을 받아줄 수 있는 그러한 수용력과 사람의 마음을 품어주는 넓은 마음? 그리고 뭔가 카리스마도 있어야 될 것 같고 그래요. 그 아우라가 그 사람한테서 풍기는 그런 게 있잖아요. 뭐라고 해야지? 뭔가 사람들을 잘 다루는 사람이요. 성격도 되게 나근나근하면 안 되고요.

전주람 : 뭔가 우리가 갖고 있는 그런 이미지들이 있는 것 같아요. 그죠? 또 TV나 매체를 보고, 우리 주변에서 되게 멋있다 이렇게 느끼는 사람이 있잖아요. 경애의 입장에서 봤을 때는 우리가 다 아는 사람 중에 '저 사람 진짜 리더야, 멋있어.' 이렇게 생각하는 사람 있

어요?

김경애 : 어디서요? 여기 지금 모임에서요?

전주람 : 모임에서도 좋고 TV에서도 좋고, 연예인도 좋고.

김경애 : 저는 아직 없는 것 같아요. 제가 기준이 너무 높아서 그런 것 같아요. 근데 뭔가 저 사람은 장점이 있긴 한데 또 다른 단점들이 많으면 단점이 더 크게 보이더라고요. 그래서 저는 아직 '저 사람은 진짜 리더다.' 이런 사람은 아직 없는 것 같아요.

전주람 : 경애는 리더가 되고 싶어요?

김경애 : 저는 안 되고 싶어요.

전주람 : 왜요?

김경애 : 너무 부담스러워요. 솔직히 되고는 싶은데, 그 역량들을 많이 키워야 되니까 조금 시간이 많이 걸릴 것 같아요. 공부도 많이 해야 하고.

전주람 : 박한길 선생님께서 생각하는 리더의 모습이 있나요?

박한길 : 사람을 리드할 줄 알고, 그다음에 카리스마라는 게 있는 사람요. 뭔가 그 사람한테 울리는 힘 같은 게 있는 것? 그걸 카리스마라고 하는데, 북한에서는 리더라는 말을 잘 안 쓰잖아요. 근데 가끔 쓰긴 써요. 그게 왜 그러냐면, 한국하고 달라서 영어를 배울 때 '그레이트 리더 김정일'이라고 하거든요. 그러니까 "위대한 령도자". 그래서 저는 리더가 된다는 게, 북한에서는 책임자, 반장, 학급 회장

정도라고 하잖아요. 근데 제가 리더십이 있다고 하더라도 북한에서는 리더가 안 돼요. 북한 체제에서는 그러니까 정치적으로도 출신 성분, 사회 성분이 좋아야 되고, 솔직히 말해 공부도 잘 못하는데도 그 사람이 정치 빽이 있고 돈이 있으면 리더가 되는 거예요. 그러니까 우리가 여기 와서 생각한 리더의 모습하고는 달라요. 내가 리더십이 있다고 해서 리더가 되는 게 아니고 그 나라는 돈이나 또 권력이 있어야 되는 거예요. 그게 좀 안타깝더라고요. 그리고 북한에서는 책임자 또 그다음에 선구자 그다음에 또 기수라는 말을 많이 써요.

전주람 : 기수요?

박한길 : 기수요. 깃발을 든 사람이라는 소리잖아요. 그런 말을 많이 써요.

전주람 : 여기랑 너무 다르네요. 여기 와서는 내가 개발할 수 있고 돈이나 권력이 없어도 성분이 별로 좋지 않아도 내가 할 수 있는 여지가 있거든요.

박한길 : 여기서는 내가 열심히 봉사하고 일하면 다 봐주잖아요. 그리고 리더로 또 만들어주기도 하구요. 제가 6년 동안 적십자 ***동 회장을 했어요. 우리가 총 20명인데, 다 한국 분이고 저만 북한에서 왔고요. 근데 또 정작 리더가 되어 보니까 모든 봉사를 할 때 모범이 돼야 해요. 그리고 말 한마디나 행동을 함에 있어서도 조심해야 되고요. 그다음에 타이밍의 법칙이라고 해가지고, 이 책에 보니까 시간적 개념도 있어야 되고요. 그다음에 우리 회원들한테 내가 이런

걸 할 수 있다는 신뢰를 또 줘야 돼요. 그리고 또 때로는 편하게 말하듯이 커피라도 한 잔 사고 하는 게 많이 중요하더라고요.

전주람 : 그러니까 솔선수범이 되어야 하고, 신뢰도 높아야 하고, 또 손도 먼저 내밀어야 하네요.

박한길 : 자기를 희생할 줄도 알아야 되고요.

전주람 : 내가 앞으로 리더로서 살아가고 싶은 마음이 있는지도 좀 궁금하고 리더를 어떻게 생각하는지 좀 궁금하거든요. 수경이는 어때?

이수경 : 명령하지 않아도 구성원들이 따르고 믿고 싶게끔 만드는 영향력을 가진 사람이 리더라고 생각해요. 선택이나 결정을 해야 하는 상황에서 가장 최고의 선택과 판단을 할 수 있는 사람이 최고의 리더죠.

전주람 : 좋아요. 그럼, 다음 문제로 넘어가 볼까요? 좋은 리더의 요건을 알아봅시다. 리더의 삼각형을 그린다면 어떤 요소를 넣고 싶은지 각자 얘기해보면 좋겠네요. 일단 아진이부터?

소아진 : 저는 일단 모범적인 모습, 그러니까 진짜 내 모습을 넣고 싶어요. 그냥 다른 사람한테 내 진심을 보여주는 게 좋을 것 같아요. 그다음에는 책임감이고, 마지막은 부지런함이요.

전주람 : 부지런함? 게으르지 않고 부지런히 뭔가를 하는 이미지. 좋아요. 최국희 선생님, 혹시 말씀하실 수 있나요? 괜찮으세요? 리더의 세 가지 요소를 정리해서 말씀해주실 수 있나요?

최국희 : 제가 생각하는 리더의 요소는 '현명한 판단력'이요. 그러니까 어떤 일에 대해서 정확한 판단력이 있어야 되는 거거든요. 리더가 판단을 잘못하면 안 된다고 생각해요. 리더의 말과 행동에 따라 모든 조직은 움직이는데, 그 판단력이 흐려지면 리더로서의 기본이 안 돼 있다고 저는 생각하거든요. 그리고 두 번째로는 '따뜻한 사랑'. 아무리 현명하고 아우라가 있다고 해도 집단을 위한 따뜻한 사랑이 없으면, 그 사람을 리더로 보기 어렵죠. 아무리 좋은 리더십을 가졌다고 해도 사람에 대한 따뜻한 사랑이 없으면, 리더 자격이 없는 거죠. 세 번째로, 추진력이라고 생각해요. 어떤 일에 대해서 우리 조직이 처한 환경을 생각하고, 앞으로 나가야 될 기로에 섰을 때 완강히 밀어붙이고, 이거를 밀고 나가야 되냐를 생각하면서 정확하게 판단하는 능력이요. 맞다고 생각하면 그냥 완고하게 밀고 나가는 사람이 리더라고 생각해요. 조직원이 100명이면 100명이 다 리더의 말을 존중하고 따른다고는 생각하지 않아요. 근데 리더는 소수자가 어떤 불만이 있더라도 자기의 판단을 믿고 따를 수 있도록 사람들에게 신뢰를 줘야 해요. 그런 리더의 자세가 있어야 밀고 나가는 추진력도 생기겠죠.

전주람 : 맞아요. 리더가 우유부단하고 흐지부지하면 안 되겠죠. 문제가 발생하면 대안을 마련하고 그것이 결정되면 추진력 있게 밀어붙이고 현명하게 판단하는 능력을 갖추어야 되겠죠. 의사결정을 할 때에도 영민한 면도 보여야 하구요. 그러면서도 따뜻한 성품과 더불어 추진력이 있어야 하구요. 여기에 인간적인 면까지 갖추어야 하구요. 리더는 참 어려운 것 같아요.

최국희 : 인간적이지 못하면 리더가 될 수 없죠.

전주람 : 사람을 생각하는 자세가 필요하겠네요. 그리고 또 수경이는?

이수경 : 어떤 무리에도 리더는 있어요. 첫 번째로는, 어떤 선한 영향력이 필요해요. 그리고 구성원들에게 최고의 이익을 줄 수 있는 판단력, 그리고 리더가 먼저 해야 하는 솔선수범한 자세가 필요해요. 추진력도 되게 좋고 일도 잘 해야 해요. 따뜻한 성품이 리더에게 굉장히 중요하구나라고 느낍니다.

전주람 : 그다음으로 경애는?

김경애 : 저는 리더라면 좀 이성적인 사람이어야 한다고 생각해요. 감성적으로 일을 하면 그르치니까 이성적인 사람이어야 될 것 같고. 그리고 자기를 성찰할 줄 아는 사람이어야 될 것 같아요. 마지막으로는 한 명 한 명을 잘 이끌어갈 수 있는 인간관계를 잘 할 줄 아는 사람이 리더의 자질이라고 생각해요.

전주람 : 이성적이고, 합리적이고, 감정에 치우치지 않는 사람이네.

김경애 : 책임과 무게가 있으니까 실수할 때도 많겠지만, 그 위치에 올라가면 또 오만함이 생길 수도 있잖아요. 그러니까 계속 자신이 잘못한 것이 있다면 계속 반성할 줄 아는 게 중요한 것 같아요

전주람 : 자기 성찰 능력이 어떤 거예요?

김경애 : 저도 좀 어렵죠. 조직을 잘 이끌려면 한 사람 한 사람이 다 리더를 따라줘야 되잖아요. 한 사람 한 사람과의 관계를 잘 맺는 게

진짜 중요하겠죠. 그러니까 사람을 다룰 줄 아는 능력을 지니는 게 중요하죠.

전주람 : 사람을 다루는 능력은 타고나는 거예요? 아니면 내가 훈련을 통해서 익힐 수 있는 거예요?

김경애 : 타고날 수도 있는데, 대부분은 연습이나 배움을 통해서 될 수 있다고 생각합니다.

전주람 : 좋아요. 그러면 교수님은 어때요?

곽상인 : 제 경우는 리더라면 진실성이 맨 꼭대기 지점에 있어야 한다고 생각해요. 그 다음에 신뢰, 마지막으로는 관계요. 리더가 되려면 미래 비전을 제시할 줄 알아야 되고, 현재의 상황을 파악할 수 있는 객관적인 분석력이라든가 판단력이 필요하겠죠. 그러니까 영향력과 신뢰가 있어야 대중이 나를 따르겠죠. 그다음에 관계를 좀 적절하게 유지하면 좋겠죠.

전주람 : 좋습니다. 그러면 교수님께 궁금한 점이 있어요. 스스로 리더라고 생각하시는지요? 자가평가를 했을 때 내가 이런 부분에서는 강점이 있고, 다른 부분은 좀 부족한 것 같다는 게 있어요?

곽상인 : 저는 '좋은 리더'가 되려면 최소한 두 가지는 있어야 한다고 생각해요. 하나는 관계, 이 책에서도 21가지 법칙 중 인간관계를 제일 중요시하는 것 같습니다. 관계, 신뢰, 영향력, 관계, 덧셈, 곱셈, 모범 등 여러 가지가 있는데 저는 관계를 좀 중요시하기 때문에 리더가 되려면 반드시 관계에 신경을 써야 한다고 생각해요. 그리고

제가 또 교육하는 사람이잖아요. 교육이라고 하는 것은 아까도 말씀 드렸다시피 어떤 미래 비전을 제시할 줄 알아야 되고, 그다음에 현재 상황에 대한 냉철한 해석이 가능해야 하지 않을까 싶네요. 세상을 바라보는 스펙트럼을 확장할 수 있는 계기나 비전을 마련해주는 것, 변화무쌍한 삶의 내용을 해석할 수 있는 통찰력을 지니는 것이 필요하겠죠. 이런 것들이 또 교육을 통해서 이루어져야 되지 않을까 하는 생각이 들어요. 그런 면에서 '저는 스스로 좋은 리더다'라고 답하기는 곤란합니다. 좋은 리더가 될 수 있는 자격 요건을 갖추지 않았다고 생각하기 때문입니다. 다만 개인적으로 좋은 리더의 역할을 하려고 노력은 합니다.

그리고 제 부족한 점이 있다고 한다면, 존 맥스웰의 책을 따라가면 '모범의 법칙'이 아닐까 합니다. '모범의 법칙' 다음에 '우선순위의 법칙', 그다음에 '타이밍의 법칙'이 저한테는 부족한 것 같아요. 개인적으로 저에게 13살 초등학교 6학년 딸이 있어요. 아이를 키우다 보니까 "이것 해라, 저것 해라."하면서 지시만 했지, 정작 그 지시한 내용을 제가 하고 있지 않을 때가 많았어요. '모범의 법칙'에 어긋나는 얘기잖아요. 그 다음으로는 '우선순위의 법칙'도 마찬가지입니다. 제가 여러 가지 연구를 하고 있는데, 가령 정말로 중요한 것들은 시기가 다가올 때 닥쳐서 하는 경우가 많고, 간단히 처리할 수 있는 것들을 먼저 처리하려고 하는 습성이 있어요. 중요하지만 시간이 있는 것들은 그냥 데드라인까지 갔다가 대강 제출하는 경우가 있거든요. 그래서 우선순위를 좀 바꿔야 하지 않을까 반성해봅니다. 또 '타이밍의 법칙'이 있어요. 그 타이밍을 좀 여유롭게 가져가는 게 아니라 마지막까지 가져가서 처리하거든요. 이 세 가지가 항상 부족하다고 생각해요. 이 정도입니다.

전주람 : 교수님도 일을 하시다 보면 밤 12시 마감에 처리하는 경우가 많군요. 그런데 연구자들은 대체적으로 그런 것 같아요. 어떻게 보면 다 책임감 있게 마무리를 하려다 보니, 점검하고 또 점검해야 해서 그렇게 되는 것 같기는 해요. 성격적인 면도 있지만요. 어쨌든 리더자는 갖춰야 할 게 굉장히 많네요. 정말 누가 리더지? 난 리더인가? 내 주변에 소위 리더라고 하는 사람들은 왜 리더라는 호칭을 들을 수 있는 건가? 어떤 요소들이 있는 건가? 제4차 산업혁명 시대에 살아남을 수 있는 리더는 어떤 모습을 해야 하는가? 등이 궁금합니다. 아까 수경이의 답변을 듣고 공감하는 부분이 많았어요. 구성원들이 선하고 올바름을 위해 활동하는 선한 영향력이 미래사회에 필요하겠죠. 선한 영향력이란 선을 위해 판단하고 행동하는 것일 겁니다. 동의합니다. 선의 기준이 사람마다 다 다르겠지만 뭔가 좋은 일에 자신의 영향력을 쓰는 것이 좋은 것 아니겠어요?

자, 그러면 다음 주제로 넘어가 볼까요? 주변에 좋은 리더라고 떠오르는 사람이 있는지 궁금했고요. 그 사람들은 어떤 특징을 가지는지, 그리고 고향에 있었을 때 '저 사람처럼 되고 싶어.'라고 느꼈던 때가 있었는지요. 남한에서도 리더의 모델이 생겼는지도 궁금하구요. 진이는 어때요? 담고 싶은 모델이 있어요?

소아진 : 저는 어릴 때 남한으로 왔어요. 그러다 보니까 북한에서 닮고 싶은 모델이 없기는 한데, 꼭 골라야 한다면 제일 많이 만났던 이모요. 이모가 글을 좀 되게 잘 써요.[1] 컴퓨터보다 좀 더 예쁘게

---

1) 북한에서 '잘 쓴다'는 말에는 두 가지 의미가 있다. 하나는 핸드라이팅을 잘 한다는 말이고, 또 하나는 문학적 글쓰기를 잘한다는 의미로 사용한다.

쓴다고 해야 되나? 글자체 자체가 예뻐요. 이모의 글씨체를 닮고 싶다는 생각이 있어요.

전주람 : 그러니까 롤모델에 대해서 깊이 있게 생각할 어떤 기회가 없었네요. 나이가 어리기도 했고요.

소아진 : 사람들이 와서 이모한테 뭐좀 써달라고 막 그랬던 기억이 있어요. 그리고 회사에서도 글을 이렇게 썼던 것도 기억나요. 사람들이 이모한테 다 시키고 그랬었거든요. 이모가 무슨 직업인지는 잘 몰랐는데 뭔가 글을 쓰는 직업이었어요. 여하튼 계속 글만 썼어요. 이모가 진짜 계속 글만 쓰고 있는 것만 봤어요.[2]

전주람 : 사람들이 이모한테 뭔가 좀 써달라고 하고 그랬네요.

소아진 : 이모만의 장기가 있구나 생각했죠. 되게 그게 너무 부러운 거예요.

전주람 : 근데 어떻게 보면 아진이는 굉장히 행운아네요. 왜냐면 롤모델이 가까이에 있었잖아요. 내가 닮고 싶고 다른 사람들도 필요로 하는 사람이 가까이에 있었으니 얼마나 좋아요. 그렇게 언어로 표현하지 않아도 옆에서 보고 느낀 것만으로도 행복하죠. 여기 와서는 어때요?

소아진 : 여기 와서는 기숙사 사감 쌤?

전주람 : 왜 닮고 싶어요?

---

[2] 북한에서는 컴퓨터 타자가 활성화되지 않아 글 잘 쓰는 사람도 '서기', '부기'등 좋은 직업을 얻을 수 없다.

소아진 : 뭐라 할까. 사람을 참 좋아해요. 그냥 되게 끌리게 하는 매력이 있어요. 매력을 가지신 분?

전주람 : 그 선생님의 어떤 특징 때문일까요?

소아진 : 내가 죄를 지었거나 잘못했을 때, 혼을 내거나 꾸지람을 주시면 차라리 마음이 좀 편하거든요. 그런데 선생님은 짜증을 안 내고, 저를 이해해주세요. 이런 식이에요. "그래, 너 그럴 만하지. 그럴 수 있어. 사람이 실수도 할 수 있어." 이러시거든요. 그러니까 제가 실수를 한두 번 반복했을 때는 "미안해요." 이러고 한두 번은 넘어갈 수 있는데, 제가 실수를 반복해도 "이럴 때도 있고 저럴 때도 있어. 너한테 매번 이런 사정이 생길 수도 있지." 이러면서 계속 넘어가 주시는 거예요. 그러면 제가 점점 죄송해지잖아요. 그러니까 비난하거나 평가하거나 그러기보다는 좀 편하게 대해주니까 더 미안해지고 그런 거죠. 그래서 감사함을 느끼게 되더라고요.

전주람 : 그런 스타일의 선생님들이 계시네요.

소아진 : 우리 대학교 교수님들도 다 그렇게 해주세요. 그래서 너무 좋아요.

전주람 : 어떻게 보면 되게 좋은 분들을 주변에 두고 있는 거네요.

소아진 : 학교 잘 간 것 같아요.

전주람 : 경애는 주변에 좋은 리더가 있나요? 닮고 싶은 사람이 있을까요?

김경애 : 저는 주변에 없습니다. 그런데 책이나 드라마를 많이 봤는데 조선시대 정조 같은 사람이 되고 싶어요.

전주람 : 어떤 모습 때문에 닮고 싶어요?

김경애 : 제가 그 시대를 못 살아봐서 모르겠는데 책이나 드라마를 보면 '사람인데 어떻게 저렇게 할 수 있지?' 이런 생각이 많이 들었어요. 저는 정조가 리더가 될 수 있는 능력을 다 갖춘 것 같아서 너무 부러웠어요. 많은 능력을 가지신 것 같아요. 그래서 저는 그분을 닮고 싶다 이렇게 생각해요.

전주람 : 능력이라고 하면 구체적으로 어떤 거예요?

김경애 : 이해력이라든가, 추진력이라든가, 뭔가 성찰이라든가, 관계라든가, 그리고 또 그분은 공부를 많이 하시니까 현명하고 진짜 너무 똑똑하시고요. 주변 분들도 잘 챙기고, 리더로서 갖춘 게 너무 많은 것 같아요.

전주람 : 좋아요. 그러면 박한길 선생님께서는 봉사도 다니시고 하시는데요. 혹시 저런 사람을 닮고 싶다는 게 있나요?

박한길 : 저는 이 책을 보면서 아브라함 링컨 대통령이 떠올랐어요. 참 대단한 분이더라고요. 그래서 저는 그분을 롤모델로 하고 있습니다.

전주람 : 그분의 어떤 특징이 마음에 드셨어요?

박한길 : 이분이 미국에서 가장 위대한 리더로 손꼽히고, 또 겸손하고 자신의 힘과 권위를 다른 사람들에게 기꺼이 나눠주는 것을 좋아

해요. 그렇기 때문에 링컨을 훌륭한 리더로 많이들 꼽는 것 같아요. 자기 자신을 얼마나 신뢰했는가가 각료들 속에 있으면서도 나타난 거죠. 그리고 저는 (리더의) 삼각형으로 말하면 곽 교수님이 말씀한 것처럼 토대는 신뢰라고 생각해요. 리더십의 기본 토대는 신뢰이고, 그다음에는 '관계의 법칙'이라고 생각해요. 리더는 사람의 마음을 먼저 움직여야 되니까요. 자기가 먼저 모범을 보여야 되는 거죠. 그다음에는 자존감이 있어야 돼요. '권한 위임의 법칙'이라 해서 자존감이 있는 리더가 다른 사람에게 권한을 위임할 수 있다는 것이죠. 이렇게 세 가지가 그렇고, 그다음에 부속으로 들어갈 수 있는 것이 영향력 정도가 되겠네요. 그다음에 희생의 법칙 정도. 리더가 성장하기 위해서는 희생을 감내해야 한다는 것이죠. 존 맥스웰의 이 책이 1,300만 독자들의 삶을 바꾼 연구의 결정판이라고 하니까 대단한 거죠.

전주람 : 박한길 선생님. 그러면 궁금한 점이 있는데요. 말씀하신 자존감이라는 건 어떤 거예요?

박한길 : 그러니까 자존감이라고 할 때는 내가 너무 약해 보이지 않으면서도 카리스마가 있는 거라고 생각해요. 그리고 때로는 따뜻하고 진심이어야 되고요. 그리고 봉사를 통해 구성원들에게 가치를 더할 수 있는 사람이 자존감이 높겠죠. 저도 한 6년을 회장직을 맡았거든요. 그래가지고 또 이제 5월부터는 남북통합문화센터 ****재단에서 남한 주민 25명, 북한 주민 25명이서 함께 어울리고 소통하는 봉사단체를 만들어요. 6월부터 매달 한 번씩 봉사를 가는 거예요. 나무 심기라든가, 크리스마스 캐럴송 부르기, 산타 선물하기 등을

계획하고 있어요.

전주람 : 네 좋습니다. 다음으로 넘어가 볼게요. 스스로 좋은 리더라고 생각하나요? 미래에 좋은 리더가 될 것이라고 생각하십니까? 되게 좋은 리더가 돼야지 이런 생각들을 좀 많이 하는 것 같은데 선생님들 어떠신지 좀 궁금해요. 우선 최국희 선생님은 스스로 좋은 리더라고 생각하십니까?

최국희 : 저는 앞으로 좋은 리더가 될 것이라고는 생각하지 않습니다. 여러 가지 점에서 부족한 게 많아서요. 저는 추진력이 가장 부족한 것 같아요.

전주람 : 추진력이라고 하시면, 어떤 부분을 향상시킬 계획이 있으실까요?

최국희 : 이렇게 말하면, 다들 어떻게 생각하실지 모르겠는데요. 고향에 있을 때 리더란 대중들 앞장에서 이끄는 사람이라고 생각했죠. 리더가 이끌자면 그 사람들이 리더의 말을 신뢰하고 따라야 되겠죠. 근데 이게 사람인지라 그런 게 있더라고요. 내가 지금까지 추진력보다도 경제적인 영향력이 남들에게 보여지는 게 더 부족하니까 그러지 않을까 이런 생각이 들어요. 내가 겪어본 바에 의하면 리더는 경제적으로 여유가 있으면서도 자기 말이 곧 책이 되는 사람인 것 같아요. 내 말을 신뢰하는 사람이 많아지고, 내가 어쩌지도 않았는데 그냥 리더십이 생기는 경우가 있어요. 리더십을 발휘한 적은 없는데 내가 어느 날 갑자기 경제력이 생기니까 내 말이 책이 되고, 내 말이 교과가 되더라고요.

다시 말하면, 사람들은 경제적 능력을 더 신뢰하는 것 같아요. 나 자체를 신뢰하기도 하겠지만 경제적인 면이 갖추어져 있으면 더 그 사람을 신뢰하는 것 같아요. 그때 추진력도 생기고 자신감도 생기구요. 돈이 있으면 할 수 있는 게 많잖아요. 그래서 그래요. 경제적 능력이 뒷받침되어야 내 자체가 추진력이라는 게 생기지 않을까요? 근데 그 경제력이 부족하다 보니까 자신감이 없는 것 같아요.

전주람 : 지금 최국희 선생님의 견해에 대해서 어떻게 생각하시는지 궁금하거든요. 경애는 어떻게 들으셨어요?

김경애 : 저는 경제력, 신뢰? 그러니까 그냥 자신이 선택하는 게 아닐까요?

전주람 : 자신이 선택하는 거다? 경제력도? 일리가 있네요. 그럴 수 있을 것 같아요. 충분히 그렇죠. 자신이 경제력을 쌓기 위해 일상에서 얼마나 노력을 하느냐와 연결되니까요. 좋아요. 아진이는 어때요? 지금 최국희 선생님의 의견에 대해서?

소아진 : 자본주의 사회에서는 경제력이 제일 중요한 것 같아요.

전주람 : 네. 리더로서 내가 사업을 추진하거나 어떤 일을 추진할 때 기본적인 의식주와 관련한 경제력이 기반이 되어야 하겠죠. 그래야 여러 가지 면에서 원활한 추진이 이뤄지겠죠. 그런데 반대로 내가 경제력이 없다 하더라도 가능한 일들이 많기도 해요. 그렇지만 경제력이 없으면 사회에서는 상대적으로 불리한 위치에 있을 경우가 많겠다는 생각이 들어요. 실제로 그렇기도 하구요. 아까 곽 교수님이 굉장히 중요한 말씀을 해주셨는데요. 집에서 가사 노동하고 아이를

양육하면서도 자신의 역량을 키워나가는 리더도 있어요. 리더라는 이미지를 우리는 바깥에서 일하고 어떤 직업을 갖고 카리스마를 갖고 하는 사람으로만 인식하는 것 같아요. 이런 것도 편견이나 고정관념이 될 수 있겠죠. 가사노동도 노동의 강도가 세거든요. 내가 어떤 일을 하든지 자존감이 높아야 한다고 생각해요. 사회적인 위치나 지위가 높아도 선한 영향력을 행사하지 못하는 경우도 많아요. 노동자의 인권과 급여 등등을 착취하는 경우도 있어요.

곽상인 : 저도 한 마디 얘기할 수 있나요? 아까 최국희 선생님께서 '경제력과 리더의 자질이 거의 동등하다.'라고 말씀하신 것 같아요. 혹은 경제력을 갖출 때 영향력 있고 리더로서의 자질을 갖추게 된다라는 것이잖아요. 일면 동의하면서 또 한편으로는 걱정되고 염려스러운 것도 있어요. 그렇다고 한다면 만약에 경제력이 떨어지거나 없어지게 되면, 그 사람은 리더의 자질을 순간적으로 잃게 돼버리는 것인가라는 의문이 들었어요. 왜냐하면, 중국 주나라 때 공자, 맹자, 장자, 노자라는 사상가들이 있었잖아요. 유교나 도교를 창설했던 철학자들인데, 그 사람들이 경제력을 갖췄다든가 하는 게 아니잖아요. 철학적인 비전과 삶에 대한 태도, 그다음에 아까 얘기했던 선한 영향력을 끼치려고 했던 지속적인 노력, 방향성을 제시하는 혜안과 통찰력 등이 있었기 때문에 사람들이 그들 주변에 모이지 않았을까 생각합니다. 이러한 것을 보면 경제력이 반드시 리더의 영향과는 상관이 없지 않을까 싶기도 하네요.

우리나라에는 참 잘 사는 사람들 많잖아요. 그렇다면 그 사람들 주변에는 항상 사람들이 많냐? 그렇지도 않아요. 그 사람이 우리 한국사회에 어떤 선한 영향을 끼쳤는가에 따라서 지지자들의 많고 적음이 갈린다고 봐요. 잘 사는 사람들이 어떻게 하면 탈세할 건가, 탈루할 건가 이런 것에만 혈안 되어 있고, 어떻게 하면 권력을 잡을 것인가에 힘을 쓴다면 어떻게 될까요? 봉사에 대한 개념보다는 권력을 어떻게 하면 쟁취할 것인가 이런 것에만 삶의 방향성을 맞춘다면 상대적으로 빈곤한 계층은 힘들어지겠죠. 자본이 지닌 영향력의 크기와 리더의 자질이 비례한다면 저는 미래사회가 조금 걱정스러워지기도 하네요.

존 맥스웰의 책을 보면 그런 얘기가 나와요. '자신이 리더라고 생각하는데 따라오는 사람이 없으면 산책에 불과하다.'고요. 사람들이 따르지 않으면 진정한 리더가 아니다라고 하는 이야기죠. 아까 말씀드린 것처럼 경제력이 있을 때 사람이 따를 때와 경제력이 없다고 해서 사람들이 따르지 않을 때가 리더와 연결되는 것인가? 경제력이 없어도 사람들이 따르면 그것 자체만으로도 리더가 되는 것이 아닌가 하는 생각이 들어요. 그래서 삶에 대한 비전이라든가 여러 가지 선한 영향을 끼치는 리더가 많아야 한다고 생각해요. 최국희 선생님께서 어떤 의도로 말씀을 하셨는지는 충분히 이해가 됩니다만, 경제력과 리더의 자질은 별개라도 생각이 들어서요. '경제력 = 리더'[3]처럼 돼버린 등식관계가 조금 걱정된다는 얘기입니다.

전주람 : 곽 교수님은 리더의 자질을 인문학으로 보셨네요. 근데 경제력이 없으면, 그게 부족하면 개인적인 자신감이 떨어질 때가 많은 것은 사실이에요. 그런 부분이 내가 어떤 일을 추진할 때 방해 요소가 되기도 하니까요. 교수님 말씀을 듣다 보니까 이런 생각도 드네

---

3) 이는 현재(2024년 기준) 북한의 현실을 반영하는 말이다.

요. 만약 내가 어떤 일을 추진하려고 하는데, 경제력이 굉장히 안 좋아서 그 일을 하고 싶다가도 포기해야만 한다면 얼마나 서러울까 싶네요. 경제력의 부족이 일을 추진해나갈 능력의 부족, 자질의 부족, 자격의 부족과 연결된다면 자괴감이 들 수도 있겠네요. 내가 부족한 것이 아닌데, 자꾸 나를 평가절하할 수도 있겠다는 생각도 들어요. 되게 중요한 지점을 곽 교수님이 지적하신 것 같아요. 그리고 철학적인 태도도 좋네요.

곽상인 : 한 마디만 더 붙이자면 아까 박한길 선생님께서 말씀하신 것처럼, 남북통합센터에서 5월에 봉사기관을 창설한다고 하셨잖아요. 자기 삶을 주도적으로 결정하고, 판단하고, 선택하고, 질주할 줄 아는 태도를 갖는 것이 진정한 리더가 아닐까 합니다. 저는 박한길 선생님의 그런 삶의 마인드라든가 모토, 또는 삶을 진지하게 대하는 태도가 봉사 정신과 어우러져 있어서 굉장히 인상적입니다. 다시 말씀드리지만 삶을 자기 주도적으로 결정할 수 있고 추진할 수 있는 능력, 선한 영향력과 연결시키는 주관적 행동이 좋은 리더를 만드는 요인이라 생각합니다. 경제력도 물론 중요합니다만, 그래도 약간 다르게 리더의 자질을 생각해 볼 필요가 있지 않나 싶어서 말씀드렸던 겁니다.

전주람 : 듣다 보니까 자기 주도나 추진력은 개인이 갖고 있는 내면의 자원인 것 같습니다. 어떤 경제력, 학력, 북한에서 말하는 성분, 그런 것은 외부의 힘 같구요. 그래서 이런 변인들을 자기 자신이 어떻게 해석할 것인지에 따라 의미가 달라질 수도 있겠네요. 리더로서 가지고 있는 강점은 어떤 것이 있을까요? 솔직히 어떤 장점이 있으

세요? 박한길 선생님?

박한길 : 저는 곽 교수님 말씀에 전적으로 공감하고요. 최국희 선생님이 말씀한 것처럼 돈이 있다고 해서 꼭 리더가 되는 건 아니에요. 그렇다면 만일 돈을 보고 옆에 사람이 붙는다 하면 그거는 진실이 아니고 가식이겠죠. 돈도 있어야 되고 추진력도 있어야 되는 것은 맞겠죠. 그런데 제 이야기를 하자면, 저도 충분한 리더가 되지는 못하는 것 같아요. 돈을 많이 가진 사람들이 진짜 그 돈을 안 써요. 돈 많은 사람이 탈세하고 그래요. 아까 교수님 말씀하신 것처럼 어떻게 하면 세금 안 내고 어떻게 하면 돈 더 안 쓸까를 고민하잖아요. 잔머리만 굴리는 거죠. 그러니까 그 사람은 리더가 될 수가 없어요.

전주람 : '돈'하고 '리더'의 관계가 계속 고민이 되긴 하네요. 또 아진이는 자신이 가지고 있는 강점을 말해줄 수 있어요?

소아진 : 저는 사람을 부드럽게 대해서 나를 따라오게 하는 능력이 있는 것 같아요. 다른 사람을 완전한 내 사람으로 만드는 것이요.

전주람 : 비법 같은 거 좀 공유해 줄 수 있어요?

소아진 : 저도 진심으로 그 사람을 대하니까, 그 사람도 진심으로 저를 대하는 것 같아요. 그러니까 '내가 너를 진심으로 대하니, 너도 진심으로 나에게 와라.' 이거예요. 그런 사람을 좋아해요. 그게 아니면 나랑은 아니고요. 근데 이 말은 서로 똑같이 진심으로 사람을 대하자는 것이죠. 나도 그만큼 맞춰주겠다 이거예요. 근데 가식이나 거짓을 떨지 말라는 것은 확실해요.

전주람 : 진실한 게 중요하네요. 분위기를 좋게, 부드럽게 하는 능력은 타고날 때부터였나요? 좀 그런 성향이 있어요?

소아진 : 타고나지는 않았고요. 책을 읽어주는 어플이 있거든요. 그 어플 영상을 보면서 배웠죠. 그것 보면서 성격이 좋아지는 게 느껴졌어요. 원래 타고난 게 아니라 환경적으로 변했다고 봐야죠.

전주람 : 근데 정말 다 할 수 있는 건 아닌 것 같아요. 낯선 사람이 옆으로 오면 불편하지 않아요? 편안한 사람도 있고, 불편한 사람도 있는데, 분위기를 좋게 만든다는 것이 쉽지는 않네요.

소아진 : 그걸 외모만 보고 판단할 수는 없잖아요. 그 사람이 나를 불편하게 하는 범죄자는 아니잖아요. 그러니까 그런 거 말고 진짜 그 사람 됨됨이나 모습, 성품을 봐야 한다고 생각해요.

전주람 : 외모보다는 내적인 부분을 굉장히 중요시하고 있네요. 리더가 되면 소외된 사람을 끌어안는 능력도 키워야 한다는 것이네요. 조율하고 화합하는 능력을 키워야겠네요.
자, 모두 좋습니다. 그렇다면 다음 문제로 넘어가 봅시다. 리더가 되기 위해 현재 노력하고 있는 부분이 있다면 어떤 건지 얘기 나눠보고 싶은데요. 김경애?

김경애 : 저는 다른 사람을 수용하는 능력이 되게 부족해요. 품어주는 거? 그게 너무 부족해서 수용 능력을 기르고 싶어요.

전주람 : 여기서 수용 능력이라면 사람들을 가리지 않고 잘 만나는 능력?

김경애 : 될수록 사람들의 장점을 보려고 노력하는 능력이요. 그리고 사람들을 함부로 판단하지 않고, 오해하는 것을 없애려고 해요.

전주람 : 경애는 낯을 가리는 게 있어요?

김경애 : 낯을 가리는 게 아니고 제가 좀 까다로운 것 같아요. 좀 예민하다고 할까요. 그런 것 같아요. 그래서 최대한 장점을 많이 보려고 해요. 그냥 편견 없이 가리지 않고 다 받아들일 수 있는 능력을 키우고 싶어요.

전주람 : 그러면 어떻게 해야 변화할 수 있을까요? 사실 성격은 잘 변화가 안 되는 부분이에요. 박한길 선생님 어때요? 까다로운 성격을 포용력이 있는 성격으로 바꿀 수가 있을까요? 모든 것을 수용할 수 있는 그런 성격으로 변화시키기 위해서는 어떤 것이 필요할까요?

박한길 : 성격은 바꾸기가 힘들어요. 어떻게 해야 되냐구요? 당연한 얘기겠지만 부단히 노력해야 되겠죠. 아량도 있고, 베풀 줄도 알고, 놔둘 줄도 알아야 하고요. 또 여자인 경우에는 모든 걸 오픈하면, 그건 또 안 되는 거잖아요. 자기 개성에 맞게 노력을 해야죠.

전주람 : 그럼 곽상인 교수님 답변도 좀 들어볼까요?

곽상인 : 저는 간단해요. 김경애 학생이 그걸 극복하려면 똑같은 사람을 만나면 돼요. 똑같은 사람을 만나면 '역지사지'라고 하잖아요. 거울을 보는 효과도 있을 것이구요. 예컨대 '저 친구는 왜 저럴까? 왜 나랑 저렇게 똑같아?' 그러니까 우리가 '반면교사'라고도 하고 '역지사지'라고도 하는데, 비슷한 사람을 만나게 되면 그 사람을 통해

서 그 사람의 잘못된 부분이라든가 혹은 개선할 점이 거울처럼 나에게 반사적으로 다시 올 거란 말이에요. 그래서 저는 김경애 학생이 자신과 유사한 학생을 자주 만나서 많이 부딪혔으면 좋겠어요. 그리고 나면 자신의 모난 부분들이 나중에는 갈고 닦여 둥글게 변하지 않을까 싶습니다. 그래서 "비슷한 사람을 만나라."고 말하고 싶어요.

전주람 : 좋은 방법이네요. 그러면 최국희 선생님?

최국희 : 저는 경애의 까다로움이 완벽함을 추구하는 것에서 비롯되었다고 생각해요. 너무 완벽함을 추구하는 것 같아요. 모든 일에 완벽하려고 하면 '나는 틀리다.'가 용납이 안 되죠. 그런 마음을 좀 내려놨으면 좋겠어요. 크게 힘들 것도 없는데 너무 완벽하게 하려다 보니 모든 일에 책임이 따르고, 그래서 힘들어지는 거예요. 그래서 마음을 내려놓으면 괜찮아지지 않을까 싶습니다.

전주람 : 조언을 많이 주시네요. 저도 이런 생각을 해봤어요. 까다로움 있잖아요. 저는 이 까다로움이 굉장히 좋은 장점이 될 수 있다고 생각하거든요. 이걸 내려놓는 것도 방법이지만 그걸 갖고 있는 것도 중요해요. 어떤 일이나 공부나 그런 부분에 잘 적용하면 추구하는 목표를 더 높일 수가 있겠죠. 굉장히 좋은 자원인 것 같아요. 사람의 관계에서는 껄끄러울 수 있는 상황이 벌어질 수도 있겠지만, 어쨌든 능력을 발휘할 수 있는 그런 자원이잖아요. 그래서 이걸 자원으로 활용해보면 좋겠어요.

곽상인 : 한 마디만 더 보태자면 아까 최국희 선생님의 그 말씀이 되게 인상적이었어요. '완벽주의를 좀 내려놓는 게 방법이다.'라는 것.

이게 좋은 처방 같네요. 어려운 말이지만 저는 그 부분에 100% 공감해요. 한편으로 보자면 자기 자신에게는 좀 꼼꼼하되 상대방에게는 관대한 자신을 만드는 거잖아요. 자신에게 꼼꼼할 거냐? 상대방에게 꼼꼼할 거냐?를 따져봤을 때, 자기계발을 위해서는 자기 자신에게 좀 꼼꼼하고 예민하게 반응해야겠죠. 반대로 상대방에게는 좀 너그러울 필요가 있겠죠. 그렇게 마음을 좀 가다듬는 것도 하나의 방법이지 않을까요.

전주람 : 그럼 곽 교수님이 노력하고 있는 부분은 뭔지 궁금합니다.

곽상인 : 존 맥스웰의 논점을 따랐을 때, 저는 세 가지가 부족해요. 앞서 말씀드렸듯이, 저는 '모범의 법칙', '우선순위의 법칙', '타이밍의 법칙'이 부족해요. 이 부분들을 나름대로 잘 지켜내면 좋겠네요. 특히 중요한 논문을 쓸 때, 일부러 게으르게 행동할 때가 있어요. 머릿속으로는 논문의 내용이 정리되는데, 그것을 활자화시켜야 하는 데 있어서 게을러요. 시간 안배를 잘하지 못해서 논문 제출 마감일에 부랴부랴 서두르는 경우가 많아요. 그래서 종종 '나에게 시간이 있었더라면 더 좋은 결과물을 만들어낼 수 있었을 텐데.' 하면서 늘 후회하곤 해요. 사전에 결과물을 마무리한다는 게 저한테는 참 힘들어요. 남에게 어떤 충고를 하기 전에 저 자신도 돌아봐야겠죠. 반성합니다. 부족한 점을 너무나도 잘 알고 있으니까 제가 부끄럽네요. 앞으로 보완하려고 노력해야죠.

전주람 : 좀 본질적인 질문이기는 한데요. 왜 우리는 리더가 돼야 할까요? 왜 리더가 되기 위해서 어떤 부분을 개선하고자 노력하는 걸까요? 그냥 살면 안 돼요?

곽상인 : 그게 『리더십, 불변의 법칙』의 9번 문제와 연결되잖아요. 선생님이 나눠주신 수업 자료에 보면 9번에서 리더십의 발전 단계가 나와요. 인간의 지식을 안다라고 하는 것? 이것과 왜 우리가 리더가 되어야 하는지에 대한 내용이 연결되지 않을까 싶네요.

전주람 : 그러면 경애는 우리가 뭔가 배우고 알고 그러는데, 뭔가 배우고 연습하고 성장하는 것을 존 맥스웰이 강조하고 있는 것 같아요. 그럼 인간이 '지식을 안다는 건' 어떤 의미일까? 그리고 어떤 면에서 안다는 것은 내 삶을 좀 더 풍요롭게 해주지 않을까 싶기도 하네요. 내가 무언가를 알면 내가 좀 더 나은 삶을 살 수 있지 않을까 싶네요. 배움이 중요한 건가? 그리고 왜 인간이 이렇게 성장해야 되지? 그냥 살아도 별 문제 없지 않나? 내가 먹을 밥만 있고 누워서 잠잘 공간이 있으면 되는 것 아닌가? 이런 생각이 들어요. 그런데 왜 이렇게 다들 힘들게 대학에 다니고 봉사하고 연구하고 일해야 할까요? 그런 부분에 대해서 어떻게 생각하시는지 좀 궁금했어요. 이런 질문은 좀 제 내면에서 온 것 같아요. 뭔가 배우고 열심히 살고 성실해야 된다는 것, 그런 것들을 어렸을 때 주입식으로 배웠던 것 같아요. 계속 그렇게 살아왔는데 어느 순간 전봇대에 부딪힌 것처럼 '내가 지금 뭐 하는 거지?' 그런 생각이 들 때가 종종 있어요. 이 부분들을 어떻게 생각하시는지 궁금해요.

김경애 : 저는 아직 그에 대한 정답을 못 찾았어요. 중간 정도에 놓여 있는 것 같아요. 삶을 지혜롭게, 힘들지 않게, 스트레스 덜 받으면서 살면 좋겠다는 생각이 들어요. 반면에 아무리 많이 배우고 사회적으로 나은 기회가 있어도 삶이 어려운 분들도 많잖아요. 그런

분들의 삶이 제가 보기에는 잘 살고 있는 것 같지 않아서 고민 중입니다.

전주람 : 그러면 조금 방향을 바꿔서 경애가 생각하는 잘 산다는 건 어떤 의미예요?

김경애 : 저는 스님들처럼 살고 싶어요.

전주람 : 스님이요? 되게 편안해 보이고 항상 마음이 평온해 보이고 지혜로우신 스님요? 좋아요. 그러면 박한길 선생님은요?

박한길 : 저는 조금 부족하지만 지금에 만족하고 있습니다. 왜냐하면 봉사도 하고, 또 알바도 하고, 그다음에 또 시도 쓰고 있구요. 또 알고 더 배우려고 하고 있어요. 너무 욕심이 아닐까 그렇게 생각합니다만.

전주람 : 일상에 만족하면서 산다는 게 쉽지가 않던데요. 저 같은 경우에는요. 선생님은 일상에 만족하고 계세요?

박한길 : 그러니까 사람이 욕심을 부린다고 해서 경제적 여유가 생기거나 하지는 않거든요. 제가 18년 동안 남한에 살면서 느낀 게 많아요. 돈이 전부가 아니라는 거죠. 건강이 첫째고, 건강해야 일도 할 수 있고 돈도 벌 수 있고 봉사도 할 수 있고요. 그래서 저는 2014년부터 마음을 좀 내려놨어요.
봉사를 해보자는 생각도 그때 했어요. 근데 봉사라는 것도 마음같이 되는 게 아니에요. 내가 봉사하겠다고 해서 되는 게 아니에요. 우리 **1동에 사는 독거노인이라든가 한부모들을 우리가 1대1로 '희망풍

차' 프로그램을 만들어 결연해서 매달 상품이나 물품을 줘요. 어떻게 보면 우리 탈북민들에게는 감사한 일이죠. 맨 주먹으로 한국에 왔는데, 나라에서 집도 주고 정착금도 주니 고맙잖아요. 그러니까 우리가 봉사하면서 체험했기 때문에 너무 감사한 거예요. 저는 지금이 좋아요. 훌륭한 리더가 되고 싶지도 않고 이 정도에서 만족하고 살 거예요.

전주람 : 박한길 선생님은 정체성이 분명하다는 느낌이 드네요. 스스로 사회적 위치나 영향력, 내가 추구하는 삶의 방향성 등이 명확하다는 생각이 드네요.

박한길 : 욕심만 부릴 수는 없잖아요. 더 이상 욕심을 쓰는 태도와 저는 맞지 않은 것 같아서, 이 정도 선에서 만족하고 살려고요.

전주람 : 네. 좋습니다. 아진이는?

소아진 : 저는 건강이란 말이 되게 마음에 와닿았어요. 뭐든 간에 돈보다는 건강이 우선되어야 한다고 생각해요. 죽을 때 돈 가지고 갈 것도 아닌데, 건강이 우선이에요. 그리고 배움에 대한 것은 이래요. 배움에는 항상 끝이 없다고 얘기하는데, 저는 특이하게 '안 배우면 그만이지.'라는 생각을 했어요. 대학교 졸업하면 끝이라고 생각했거든요. 졸업하면 되지 않나 그랬는데, 뭔가를 배우다 보니까 진짜 배울수록 재밌는 거예요. 그래서 배움에는 진짜 끝이 없다는 걸 느끼게 됐죠. 그래서 왜 사람들이 뭔가를 배우려고 하는지도 이해가 됐어요. 배우기 전과 배운 후를 비교하면 사람의 크기가 달라지는 것 같아요. 그릇이 달라진다고 해야 되나?

전주람 : 많이 성장하고 배우고 그런 데 관심이 생긴 거네요. 어떻게 보면 이런 대학이라는 공간에서 경험을 쌓다 보니, 배움의 중요성을 깨닫게 된 것 같네요. 학교 다니면 궁금한 게 많아질 것이고, 그러면 앎의 지식도 커지겠죠.

소아진 : 내가 몰랐던 거를 알게 돼서 기쁠 때가 있어요. 배우면서 뭔가를 깨달으면 내 자신이 귀한 사람이 된 것 같아요. 그러면 내 가치관도 넓어지는 것 같구요. 알바하고 돈 벌다가 죽으면 서럽잖아요. 다 같은 사람인데, 뭔가 의미 있는 삶을 살아보고 싶어요. 그러려면 배워야죠. 내 가치관도 정립하고 내가 어떤 존재감을 지닌 사람인지도 알아볼 필요도 있구요.

전주람 : 그러니까 내가 몰랐던 나를 알 수가 있고, 내 가치관이나 생각의 깊이, 또는 그 변화를 모색할 수가 있다는 것이네요. 삶의 방향 같은 것도 생각하게 되고.

소아진 : 예전에는 내 삶이 그냥 없다고 해야 되나? 그런 느낌으로 막 살았던 것 같아요. '그냥 태어났으니까 그냥 사는구나.' 이런 정도? 그런데 배우다 보니, 삶은 더 복잡해졌는데도 재밌잖아요. 이제는.

전주람 : 배움의 즐거움을 경험했네요.

소아진 : 내가 왜 사는지를 알게 되니까 좋은 것 같아요.

전주람 : 큰 깨달음을 얻었네요. 수경이는?

이수경 : 저는 그저 그런 인생을 살고 싶은 사람도 잘못된 게 아니고 충분히 그런 가치관을 갖고 살아도 된다고 생각합니다. 다들 먹고

싶을 때 먹고, 사고 싶을 때 사고 또는 가정을 꾸리고 싶을 때 꾸리고 하는 것 등, 더 나은 삶을 갈망하면서 배우고 치열하게 살아간다고 생각합니다. 근데 지식을 안다는 것은 그 지식을 내가 살아갈 때 내 인생에 적용할 수 있다는 것이고, 앎은 보다 나은 삶과 비례한다고 생각합니다. 물론 가끔 치열한 삶이 힘들어서 회의가 들기도 할 테지만 이 모든 것이 더 나은 삶을 살기 위한 것이겠죠.

전주람 : 곽 교수님. 의견 있으신가요?

곽상인 : 저는 '보다 나은'이라고 하는 표현에 대해서 생각해봅니다. '보다 나은' 것이 경제력인지, 어떤 마음의 풍요인지, 정신적인 성장인지 등에 따라 삶의 초점이 달라지겠죠. '보다 나은'이 어떤 것이냐에 따라 삶의 모양이 달라지고 스펙트럼도 달라지겠죠. 예컨대 경제적인 성장을 하려면 어떤 면에서는 앎과 깨달음보다는 경제적으로 아는 것이 '보다 나은'에 가깝겠죠. 최국희 선생님이 말씀하신 것처럼 경제적인 성장을 누리리면 경제적인 앎이 필요하고, 선한 영향력을 끼치려면 박한길 선생님이 말씀하신 것처럼 봉사에 대한 앎이나 깨달음이 중요하겠죠. 경애 학생이라든가 수경 학생이라든가 '나는 자기계발에 더 힘쓸 거야.'라고 하면 자기 능력을 계발하면 되는 것이구요. 요컨대 자기 삶에 방향성을 명확히 정하고, 초점을 둬서 현재의 삶에서 느끼는 한계를 극복하려는 실천적 자세와 태도가 중요하지 않을까 그런 생각이 드네요. 여기서 행동심리학자인 알프레드 아들러에 대한 얘기를 잠깐 하자면, 보다 나은 미래를 위해서 우리가 현재의 삶을 치열하게 살고 있지 않나 이런 얘기를 하셨잖아요. 그런 것처럼 성공하는 삶보다는 성장하는 삶을 사는 것이 훨씬 더

우리의 삶을 매력적으로 만드는 모티베이션이 아닐까 싶습니다.

전주람 : 교수님 마인드에는 긍정적 메시지가 들어있네요. 최국희 선생님 어떠신가요? 수경이가 얘기한 것에 대해서 어떤 견해가 있으실까요? 아는 만큼 보다 나은 삶이 보장된다는 말? 그러니까 아는 만큼 보다 나은 삶을 살 수 있다는 그 비례관계에 대해서요. 이 부분에 대해 어떻게 생각하시는지 궁금해요.

최국희 : 저도 공감하는데요. 저자가 책을 너무 심오하게 철학적으로 써서 어렵네요. 저도 나이가 들어서 이해하기 힘든데요. (웃음) 왜냐하면 사람은 사회관계 속에서 성장하고 있지 않은가요? 근데 안다는 거는 어려운 얘기에요. 사람은 죽을 때까지도 배운다고 하잖아요. 근데 무엇을 알 수가 있는지 어렵네요. 하다못해 3살 꼬마 아이에게도 배울 점이 있다고 하잖아요. 사람은 모름지기 알아야 남을 도와주기도 하고, 자기도 성장할 수가 있는 거잖아요. 지금 안다는 것, 그러니까 인간의 지식을 안다는 거는 큰 거예요. 지식이라는 게 여러 가지가 될 수 있지 않을까요? 정치적인 것도 될 수 있고 생활적인 것도 될 수 있고 경제적인 것도 될 수 있지 않은가요. 그러면 우리는 인간관계 속에서 살면서 남한테 도움을 받을 수도 있고 그 누군가를 도와주면서 인간관계나 사회관계를 좋게 만들 수도 있구요. 그래야 인간과 사회가 동시에 발전하지 않을까요. 그러면 내가 배우지도 않으면서 어떤 지식을 모른다고만 하면 내 자체에도 비전이 없을 거고, 내가 누구를 도와주고 싶어도 내가 아는 게 없으니까 도와주지도 못할 것이고요. 마음만 가지고는 누구를 못 도와주거든요. 현실적으로. 그러니까 내가 알아야 남을 더 도울 수 있기 때문에 저

는 앎과 보다 나은 삶이 비례한다고 생각합니다.

전주람 : 어떻게 보면 답도 없는 얘기이지만 이렇게 대화를 하니까 의미가 부여되기도 하네요. '안다는 것'은 무엇일까요. '안다'라고 하는 본질적인 질문에 대해서 생각을 해보게 된 것 같아요. 자, 좋습니다. 이제 벌써 책의 끝 지점에 왔습니다. 여러 이야기를 들어본바, 인생의 항로를 정하고 또렷한 목표를 설정하는 것이 중요한 것 같아요. 방향을 정해도 이렇게 가는 게 맞나 싶기도 한 게 인생이지 않을까요. 그런 뚜렷한 목표가 초기에 없다면 굉장히 또 더 혼란스러울 것 같아요. 선생님들의 인생 목표는 무엇인가요?

박한길 : 저는 대한민국에 왔을 때 목표를 높이 세웠어요. 그때만 해도 제가 만 35살이었거든요. 그래서 공부도 좀 해야 되겠다 싶어서 서울***대에 입학했어요. 근데 만 35세까지만 학비가 지원된다는 소식에, 학업을 포기해야 하나 걱정했습니다. 그래서 북한에서 배우고 본 걸로 만족하겠다고 목표를 낮췄어요. 사람이라는 게 첫째 건강, 그다음에 가정, 행복이잖아요. 근데 저 같은 경우는 좀 뭐랄까요? 정말 이때까지 사랑하는 가족을 지켜왔고 집사람도 같이 행복하게 살았는데 어느 날인가 아내가 갑자기 사라졌어요.(사별했다는 의미) 그래서 지금까지 힘들지만 밖에 나가서 표현을 안 해요. 봉사할 때도 마찬가지구요. 어쨌든 밝게 살려고 노력합니다. 인생이란 가까이 보면 불행이고 멀리 보면 행복이라는 말이 있잖아요. 그게 나한테 와닿는 말 같아요. 그래서 저는 목표라면 통일이 되는 거예요. 한반도가 통일된다면 저는 북한 대한적십자에서 일하고 싶어요. 남한에는 대한적십자사 있고 북한도 조선민주주의 인민공화국 적십자사

가 있어요. 근데 북한은 명칭만 있지 봉사원들도 없고 체계도 없어요. 만약 한반도가 통일된다면 저는 북한의 적십자 자원봉사 체계를 만들고 싶어요. 그다음에 북한에는 아직 헌혈 기계가 없어요. 주사기로 간호원이 혈관 안에 피를 넣어주거든요. 그래서 저는 혈액 사업도 한번 해보고 싶어요.

전주람 : 네. 뜻이 있는 곳에 길이 있습니다. 우리가 내일 일은 모르니까 새해에 꿈이 이루어졌으면 좋겠다는 생각이 듭니다. 아진이의 목표는 뭘까요?

소아진 : 아직 뚜렷하게 정하지는 않았는데요. 일단은 올해 사회복지사를 하고 싶어서 아동복지랑 같이 이것저것 섞어서 준비를 하긴 하거든요. 그 뭐랄까, 가능하다면 타인을 많이 도와주는 일을 직업으로 하고 싶어요. 일단 2학기부터 실습을 나가요. 그때부터는 직접 몸으로 처음 해보는 거니까 뚜렷하게 정해보고 싶어요. 아직은 공부로만 했지, 실습으로는 정확히 해보지 않았으니까 몸으로 해보고 싶어요.

전주람 : 아직 고민 중이지만 어쨌든 타인에게 도움이 되는 직업을 삼고 싶다는 것이 핵심이네요. 일하면서 의미를 찾고 싶다는 취지로 이해가 되네요. 좋아요. 경애는?

김경애 : 제 인생의 목표는 자신의 마음을 잘 다뤄서 인생을 더 행복하게 살 수 있도록 하는 것이에요. 그래야 제가 편안하고, 제가 행복해야 다른 사람한테도 긍정적인 에너지를 줄 수 있고, 옆사람들도 그렇게 할 수 있고 해서, 그러한 에너지를 많이 줄 수 있게 하고 싶

어요.

전주람 : 자기 마음처럼 다루기 힘든 것도 없죠. 경애는 '큰 삶의 목표는 없고 그냥 후회 없는 하루하루를 살고 싶다.'고 했는데, 그 말이 되게 멋있네요. 어떻게 보면 현실적이라고 느껴지기도 하고 또 하루하루 후회 없는 삶을 살겠다는 다짐 같기도 해서 좋네요. 결과가 어떻든 간에 하루하루를 열심히 사는 경애의 모습이 떠오르기도 합니다. 10년 뒤에 경애가 무엇을 할지 궁금해지기도 하네요. 그러면 최국희 선생님? 지금 젊은 청년들의 얘기를 들으셨죠? 들으시면서 미소를 띠셨는데 선생님의 인생 목표는 어떤 거예요?

최국희 : 인생 목표라면 너무 거창한데요. 저는 가까이에 있는 어려운 사람들을 위해서 함께 울어주고 웃어주고 그렇게 더불어 살고 싶어요. 그것이 제 목표인 것 같아요. 그러니까 사람의 손길이 필요한데, 사각지대에 있는 사람들이 고민이에요. 거기에서 힘들고 슬퍼하는 사람이 있으면 텀텀하게 도와주고 싶은 마음뿐입니다. 그렇게 하면 그 사람들을 도와줬다는 뿌듯함보다도 내 마음이 더 편해지더라고요. 그런 어렵고 힘든 사람들을 보면 내 마음이 좀 착잡한데, 그거를 내가 힘들더라도 도와주니까 기분이 좋더라구요. 그런데 박한길 선생님은 그 봉사를 업으로 삼고 있으시잖아요. 그래서 대단하신 것 같아요. 말이 쉽지, 그게 참 어려운 거거든요.

전주람 : 뭔가 소박한 느낌도 들고 따뜻한 느낌도 드는 선생님 마음이 연상돼서 인상 깊습니다. 행복한 삶을 영위하는 것이 선생님 말씀을 들으면 충분히 가능한 일인 것처럼 보입니다. 막연하지 않다는 거죠. 마지막으로 곽 교수님? 인생의 목표는 무엇인지요? 또 어떤 생

각을 갖고 일상을 사시는지도 궁금하거든요.

곽상인 : 저는 좋은 사람으로 기억되는 것이 좋아요. 누군가에게 제가 좋은 사람으로만 기억된다면 죽어서도 저는 가슴이 벅찰 것 같습니다. 여기서 '좋다'라는 표현은 의미가 크겠지만 좋은 사람으로 기억되는 것만큼 최상의 목표가 있을까 싶네요. 그런 차원에서 랄프 왈도 에머슨의 〈무엇이 성공인가〉라는 글을 소개하고 싶습니다. 이 사람은 기독교 신자이기도 한데 진정한 성공이 무엇인지를 짧은 시로 표현했어요. 전문을 보자면 이렇습니다. 이 작품은 제 삶의 태도와도 유사해서 소개하고 싶네요.

〈자주 그리고 많이 웃는 것/현명한 이에게 존경을 받고/아이들에게서 사랑을 받는 것/정직한 비평가의 찬사를 듣고/친구의 배반을 참아내는 것/아름다움을 식별할 줄 알며/다른 사람에게서 최선의 것을 발견하는 것/건강한 아이를 낳든/한 뙈기의 정원을 가꾸든/사회 환경을 개선하든/자기가 태어나기 전보다/세상을 조금이라도 살기 좋은 곳으로/만들어 놓고 떠나는 것/자신이 한때 이곳에 살았음으로 해서/단 한 사람의 인생이라도 행복해지는 것/이것이 진정한 성공이다〉

그렇죠. 여기 어디를 봐도 돈과 명예와 권력을 쌓아라 이런 얘기는 하나도 없어요. 아까 말씀하신 것처럼 '소소하지만 확실한 행복을 누리는 것', 그러니까 '소확행'을 하라는 것이죠. 이 말은 무라카미 하루키가 쓴 「랑겔한스섬의 오후」라는 수필에 등장하는 표현이기도 합니다. 소소한 일상에서 어떤 행복을 느낄 수 있는 것이 진짜 성공이고 성장하는 삶이 아닐까요. 그래서 저는 랄프 왈도 에머슨의 이 시를 굉장히 좋아합니다.

전주람 : 좋은 시를 또 공유해 주셔서 고맙습니다. 마음이 따뜻해지네요. 오늘은 리더의 개념에 대해서 생각해봤고, 삶에 대해서도 이야기를 나누었습니다. 여러 방면으로 어떻게 살 것인가에 대한 고민도 나누었습니다. 경애는 오늘 어떤 점을 느꼈어요?

김경애 : 평소에 생각을 안 했었는데 오늘 활동을 통해서 많은 생각을 하게 되어서 좋았어요.

전주람 : 평상시와 다르게 이런 질문들에 대해 깊이 있게 생각할 겨를이 없죠. 근데 같이 생각할 기회가 마련되니 의미가 있다고 생각합니다. 박한길 선생님은요?

박한길 : 곽 교수님이 읊어주신 시가 너무 좋더라고요. 아이를 낳든 땅을 가꾸든 더 나은 삶을 위해서 노력해야 한다는 것, 그게 공감이 됐어요.

곽상인 : 저는 늘 이런 모임이 좋고 행복하고 그렇습니다. 저는 이 모임에서 질문이 많은 게 좋다고 생각합니다. 『리더십 불변의 법칙』을 공부하는 것도 중요합니다만 이걸 통해서 보다 나은 자기 세계를 계발하는 것도 중요하다고 생각해요. 책의 내용을 정리하는 것도 좋겠습니다만 참여자들의 궁금증을 유도하는 질문을 더 많이 집어넣어야 되겠다는 생각을 했어요. 이런 부분에 대해서도, 앞으로도 지속될 발전적인 세미나 방법에 대해서도 고민하게 만드는 시간이어서 흥미롭고 유익했습니다.

소아진 : 저는 다른 분들의 생각이나 인생 목표를 들으면서 공감이 가는 부분이 많았고 또 저와는 다른 생각을 들으면서 너무 흥미로운

시간이었습니다. 다른 분들이 어떻게 생각하시는지를 들으면 거울처럼 저의 모습을 비춰보게 돼요. 그래서 내가 어떻게 앞으로 무엇을 좀 보완해야 하는지에 대한 생각을 했어요.

최국희 : 저도 이 책을 보며 리더에 대해서 생각해봤어요. 근데 이 책을 보면서 나도 리더가 될 수 있겠다는 생각을 했어요. 좋은 책을 추천해줘서 좋은 시간이 되었고 이 모임을 통해서 여러 가지 생각을 들을 수 있어서 좋았습니다. 내가 부족한 점도 살폈고, 여기에 참여한 학생들이 어리지만 높은 삶을 살고 있다는 생각이 들어서 공감이 갔고, 지지하고 싶어요. 내 자신을 돌아본 좋은 시간이 된 것 같습니다.

박한길 : 오늘 다양한 연령대가 모여 생각을 공유하고 공감할 수 있어서 참 좋았고 유익한 시간이었습니다.

전주람 : 네. 좋습니다. 세미나를 하다 보니 시간이 짧네요. 다음에 또 만나서 깊은 얘기도 하면 좋겠습니다. 선생님들 모두 오늘 고생하셨고요. 선생님들의 이야기를 들으면서, 또 20대 청년들의 얘기를 들으면서, 또 교수님의 말씀을 들으면서 느끼는 바가 많았습니다. '내가 욕심이 과하구나.'라는 생각이 자꾸 드네요. 그래서 꼭 그런 부분을 조정해야겠다는 생각이 듭니다.

북한과 마주한 푸른 눈동자
Blue eyes facing North Korea

4

진 행 자: 전주람
게 스 트: 리사 링(가명)_호주 국적, 외국인
진행방식: 집단토의
일   시: 2022년 8월 20일
시   간: 오후 6:30-8:00(약 1시간 30분)
참 가 자: 최국희, 박한길, 이수경

전주람 : 오늘 세미나에는 특별히 호주 ○○대학교에서 공부하고 있는 리사 링이 자리를 함께하게 되었습니다. 리사 링은 저와 곽상인 교수님이 함께 쓴 『절박한 삶』을 읽고, 영어로 번역하고 싶다는 의사를 저에게 메일로 밝혔던 학생이기도 합니다. 스팸인 줄 알고 무시하려 했다가 답장을 보내게 되었고, 그것이 인연이 되어 이 자리까지 오게 됐습니다. 평소 북한 여성 또는 인권에 대해서 관심을 갖고 있는 학생이자 외국인이라서 좀 낯설 수도 있겠습니다만, 그런만큼 오늘은 실제 북한에서 있었던 일을 중심으로 현장감 있는 얘기를 나누면 좋겠습니다.

우선은 통일이 된 후 북한에 가보고 싶은 여행지가 있으신지에 대해서 얘기를 나눠보고 싶습니다. 저부터 먼저 말씀드리면, 금강산에 가보고 싶거든요. 북한에서는 한 지역을 여행하는 게 쉽지 않다고 들었어요. 금강산을 경험해 본 적도 없고 해서, 사진도 책으로만 봤으니까 이곳을 꼭 가보고 싶네요. 저는 보통 뉴스에 많이 나오는 '옥류관'이라든지 평양의 '고려호텔' 등을 가보고 싶어요. 실제로 어떤지도 조금 궁금하고요. 평양 이외 지역은 굉장히 형편이 어렵다고 하는데, 그런 분들의 실제 일상은 어떨지도 궁금합니다. 여행지라고 하지만, 실제로 북한에 대해서 제가 알고 있는 지역이나 지명이 없네요. 북한에 있었을 때 어디 여행을 갔는지 말씀 좀 해주세요.

이수경 : 저는 사실 가본 게 백두산밖에 없어요. 이거는 학교에서 간 것이라서 정확히 여행을 어떻게 다니는지 이런 개념을 잘 모르거든요. 저는 박한길 선생님이나 최국희 선생님이 얘기해주시면 좋지 않을까 싶어요. 박한길 선생님. 혹시 말씀해주실 수 있으신가요?

최국희 : 제가 먼저 말씀을 드리자면, 저도 사실 많이 못 가봤어요. 백두산은 1년에 한 번씩 갑니다. '혁명 유적지 답사'라는 일정이 있어서 가야 해요. 거기에 따라서, 그런 메뉴얼에 따라서 가게 되면 갔지, 다른 데는 가본 적이 없어요. 그래서 저는 지금 어디를 가보고 싶냐고 물으신다면 묘향산에 가고 싶다고 말하고 싶어요. 저도 산을 좋아해서 묘향산에 갔다 오신 분들을 통해 사진만 봤어요. 영화를 보면 묘향산이 산을 타기에는 제일 좋아 보이더라구요. 그리고 묘향산에 김일성의 〈국제친선전람관〉이 있어요. 그것이 묘향산의 특색이죠. 거기는 나무도 못 베는 보존 지역이거든요. 백두산보다 더 크게 보존하고 있어서 한번 가보고 싶어요.

또 북한은 '고난의 행군'이라는 걸 지나면서 그다음에 '화폐 개혁'이라는 걸 또 한 거예요. 2009년도에 그 과정을 거치면서 비록 북한이 사회주의 국가라고 하지만 중국의 특색 있는 사회주의하고는 좀 달라요. 사회주의라고 말하지만 북한은 '우리식 사회주의'라고 말하거든요. 빈익빈 부익부 차이가 매우 심한 사회주의예요. 그래서 엄청 잘 사는 사람들은 이곳의 중상류층처럼 살아요. 어렵게 사는 사람들은 실제 겨울에 온돌방에 불을 지피지 못하고 집 안에다 비닐막을 치고 잠을 자곤 해요. 밥을 먹어야 되는데 쌀도 없지만 밥을 지을 나무 연료가 없어서 설익은 밥을 먹고 그래요. 나무가 많지 않으니까 엄청 어렵고 불편해요. 그래서 부익부 빈익빈 차이가 심각하게 나타났죠. 지금 코로나 시기를 겪으면서 평양에도 아사(餓死)해서 길거리에 누워있는 사람들이나 다리 밑에 죽어있는 시체들이 종종 보인다고 하더라구요. 지금 상태에서는 북한 평양도 많이 어려운가 봐요. 이상입니다.

박한길 : 저는 2004년도에 대한민국에 왔습니다. 여기 서울은 수도잖아요. 북한에서도 수도 건설이라고 해서 1989년부터 1992년까지 '광복거리 통일거리 5만 세대 건설'을 했거든요. 저도 건설에 동원돼서 가봤는데요. 평양도 서울과 비슷할 거예요. 근데 거기에서도 빈익빈 부익부 간부들이 있어요. 중앙당 간부들하고 일반 노동자하고의 생활이 완전히 달라요. 북한에서도 평양이나 지방이나 돈 있는 놈은 돈 있고, 빽 있는 놈은 빽 있고 그렇지 못한 사람도 평양이나 지방이나 골고루 섞여 있어요.

그다음에 아까 금강산하고 묘향산 이야기를 했잖아요. 금강산은 개방이 됐어요. 중국을 통해 세계 여러 나라에서 와서 관광하고 하는데, 묘향산은 진짜 외국 수장 정도는 돼야 보여주지 거기를 웬만해서는 안 보여줘요. 아까 〈국제친선전람관〉이 있는데, 그게 뭐냐 하면 김일성이하고 김정일 부자가 살아생전에 외국 대통령들한테 받은 선물을 거기다가 전시를 해놨어요. 그게 〈국제친선전람관〉이죠. 그리고 묘향산은 국내 사람들도 안 보여줘요. 진짜 대단한 사람 아니면 묘향산을 구경할 수가 없어요.[4]

그리고 자유가 달라요. 그러니까 대한민국은 서울이든 부산이든 이동의 자유, 거주의 자유, 노동의 자유, 그다음에 언론의 자유, 이런 자유가 다 있잖아요. 근데 북한은 그게 없어요. 도에서 도를 넘어가도 통행증이 필요해요. 여기를 말하면 경찰서인데, 거기에서는 보안서라고 해요. 그 안에 주민등록 또는 시 인민위원회라고 하는 데서 통행증을 발급해주는 거예요. 도와 도 사이라도 그게 없으면 함부로 다닐 수가 없었어요. 근데 예전에 '고난의 행군' 때에는 그게 무용지물이 된 거죠. 근데 평양만은 그 원칙을 끝까지 지켰어요. 평양은 거기에 친척이 있고 사촌이 있어야 그나마 갈 수 있어요. 평양에서 친척들이 "놀러 들어와라." 해야 통행증을 발급받아 갈 수 있어요. 그렇지 않으면 절대로 못 들어가요. 평양에는 거주의 자유 등 무슨 자유가 하나도 없어요. 그리고 말 한마디 잘못했다고 당국이 알게 되면 조용히 사라지는 거죠. 내가 거기서 35년을 살아봤어요.

그리고 아까 수경 씨가 북한 어린이와 남한 어린이를 말씀하셨는데, 그렇게 됐으면 얼마나 좋겠어요. 근데 솔직히 말해 평양시에 '소년궁전'이라고 있어요. 여기 만경대 쪽에 있는데, 광복거리 거기는 진짜 고위급 애들, 어린애들이 공부하고 예술하고 그래요. 남북한 어린이들 사이에는 국경이 없다고 하는데 그거 옛날 말입니다. 지금은 말이 될 수도 없고 뭐 이루어질 일도 없고요.

전주람 : 네. 북한에서 여행 갈 때는 통행권이 다 필요한 거죠. 그리고 통일이 됐다면은 남한 사람들이 북한에 갈 수도 있잖아요. 그때 북한 여행지로 어디를 추천해 주고 싶은지요? 그리고 또 북한 사람

---

4) 묘향산 관광은 북한 주민들고 가능하나 개별적으로는 제약이 있지만 단체(기관, 기업소, 학교 등.)에는 허용되어 있다.

들이 남한에 왔을 때는 어떤 곳을 추천해주고 싶은지에 대해서 한번 얘기를 나눠보고 싶어요.

이수경 : 먼저 저는 아무래도 남한 사람들이 가장 많이 알고 있는 데가 백두산인 것 같고, 그리고 사실 저도 백두산밖에 못 가봤는데 너무 좋았어요. 백두산을 북한 여행지로 추천하고 싶습니다. 그리고 북한 사람들은 아직 야경을 못 봤다고 생각하거든요. 높은 곳에 올라가서 불이 다 켜져 있는 야경을 본 적이 없다고 생각이 돼서 남산이나 63빌딩 같이 높은 곳, 그러니까 야경을 볼 수 있는 곳을 저는 남한 여행지로 추천하고 싶어요.

전주람 : 백두산은 어떤 게 좋으셨어요?

이수경 : 천지, 그게 너무 예뻤어요. 백두산 천지가 너무 예뻤어요. 제가 사는 동네 말고 가본 데가 거기밖에 없어가지고요. 그래도 너무 신기하고 예뻤던 기억이 있어요.

전주람 : 다 올라갔어요? 중간에 멈춰 쉴 수 있는 데가 있나요?

이수경 : 제 기억으로는 중간까지 버스를 타고 올라갔다가 걸어갔던 걸로 기억해요.

최국희 : 제가 알려드릴게요. 백두산이 어떤 점이 좋았냐고 물으셨는데, 그러니까 뭐라고 할까 너무 사는 게 바쁘다보니까 못 갈 수밖에 없었어요. 근데 저희 같은 경우에는 회사 다니니까 공식적으로 움직여서 가는 길에 백두산을 갔거든요. 어떤 점이 좋았냐면 여름에도 가보고 겨울에도 가봤는데 백두산 밑에 숙영지가 있어요.

전주람 : 숙영지가 뭐예요?

최국희 : 숙영지요? 그러니까 답사생들이 묵을 수 있는 숙박집이에요. 거기에서 자는데, 아침에 해돋이가 멋있거든요. 근데 해돋이 구경하러 올라갔는데 멋있어요. 저도 북한 여행지를 꼽으라고 하면, 추천해 달라고 하면 백두산이에요. 백두산은, 특히 겨울 백두산은 절경이에요. 겨울에 눈이 무릎을 쳐요. 그러니까 저처럼 키가 작은 사람은 무릎 위로 눈이 올라오거든요. 눈이 쌓이면 길을 내가 개척하는 거는 아니고 제일 먼저 나간 기수가 가면서 눈을 헤치는 거예요. 생 눈길을 헤쳐서 겨울 답사를 가야 되거든요. 근데 생 눈길을 걸을 때 보석을 딱 뿌려 놓은 것처럼 눈이 멋있어요.

전주람 : 근데 산은 멀리서 볼 때 멋있는데, 걸어가려면 엄청 힘들잖아요.

최국희 : 아니요. 산에 오르는 것, 힘들지 않아요. 괜찮아요. 거기 백두산에 폭포가 있어요. 이거는 겨울에도 얼지 않는 폭포예요. 거기 폭포 밑에 가면 꽃이 얼마나 이쁘게 폈는지 몰라요. 직접 가보면 정말 아름답다는 것을 실감하게 될 거예요. 그리고 금강산도 주상절리 같은 거 있죠. 금강산에 가본 사람은 알겠지만, 금강산 삼일포 일대에 있는 주상절리는 남한 제주도에 있는 것보다 훨씬 예뻐요. 다른 어떤 곳에 있는 주상절리와 비교해도 금강산 주상절리가 제일 멋져요. 엄청 훌륭해요. 그리고 백두산 가는 길은 중국에서 올라가는 것과 북한에서 올라가는 것이 있어요.

전주람 : 어디가 더 좋아요?

최국희 : 북한 쪽으로 올라가는 게 더 좋죠. 왜냐하면 북한 쪽은 경사가 더 많아요. 근데 중국 쪽은 그냥 밋밋해요. 올라가는 재미가 없어요.

전주람 : 언젠가 가보겠습니다. (웃음) 리사 링도 기회 되면 같이 가면 좋겠네요.

리사 : 좋습니다.

전주람 : 이렇게 묘사를 해주시니까 풍경이 그려지네요. 자, 그러면 세미나 책인 이기범 교수님의 『남과 북 아이들에겐 철조망이 없다』 2장을 살펴볼까요?

이수경 : 넵. '어깨동무' 이 재단은 정부 관련 단체가 아니라 북녘 어린이들을 돕고 남북 어린이들이 함께 평화를 만드는 일에만 관심이 있는 민간 단체라는 것을 북한에 알리려고 많은 힘을 썼다고 해요. 그리고 남녀 아이들이 간절한 마음으로 돈을 모으고 자기소개 그림을 정성스럽게 그린 이야기를 전달하고, 또 그림 답장을 받아야 하는 그런 사명에 대해서도 북한의 얘기를 했다고 합니다.
그래서 저는 남한 아이들이 북한 아이들에게 그림 편지도 쓰고 했다는 것을 어릴 때 몰랐었거든요. 제가 배운 남한은 진짜 어릴 때이기는 한데, 미군이 차를 타고 다니면서 아이들에게 초콜릿 주면 그거 받아먹는다고 들었어요. 그리고 애들은 부모님이 안 계시거나 집에 없어서 밖에 나가서 구걸한다고 배웠던 기억이 있거든요. 그래가지고 어린 시절에 서로 북한 남한 아이들에 대해서 어떻게 생각했고 어떻게 배웠고 어떻게 생각하고 있었는지에 대해 얘기를 나눠보고

싶습니다.

전주람 : 그러면 수경이가 중학교 다닐 때 무엇을 어떻게 배웠는지 말해주면 좋을 거 같아요.

이수경 : 저는 말씀드린 거랑 같은데, 일단 미국은 '미제놈들'이라고 많이 얘기했어요. 미국 사람, 미국 군인들이 한국에 들어와 탱크 타고 다니고 있고, 아이들을 그냥 밀어버리고 그냥 죽이고 총으로 쏘고 그랬다는 얘기도 들었어요. 그래서 남한 아이들은 저희 입장에서 볼 때 '항상 불쌍한 존재구나.'라고 생각했어요. 부모님도 안 계시고 먹을 것도 없고 해서 밖에 나가서 구걸하고 미군들에게 맞고 다니고, 이런 거를 배워가지고 어린 시절 저한테 남한 아이들은 그냥 불쌍한 친구들이라는 생각을 했어요.

전주람 : 그러니까 북한 아이들은 경제적으로 열악하고 환경도 좋지 않지만 어린 시절에 자유롭게 놀고 그랬던 것 같아요. 거기에 비해 여기 남한의 애들은 불행할 수도 있겠네요. 제가 초등학교 다녔을 때만 해도 공부를 많이 해야 좋은 대학에 간다는 신념이 컸으니까요. 이게 우리 한국에서는 굉장히 중요해서 공부에 대한 스트레스를 많이 받았죠. 어떻게 하면 성공할 수 있을까? 뭐 이런 거에 대해 핵심이 맞춰져 있었고, 옆집 아이랑 비교하고 그랬으니까요. 그러니까 내 환경에서 내가 어떻게 공부하고 얼마의 점수를 획득하고 하는 것이 중요했어요. 그런 거에 초점이 맞춰져 있었으니까요. 저는 친정 아버지가 틀린 개수만큼 매를 들고 저를 때렸어요. 그러니까 공부가 재미있어서 한 게 아니라 아버지한테 맞지 않기 위해서 맨날 열심히 해야 됐죠. 제가 1979년생인데 거의 제 또래는 그러고 살았죠. 그래

서 북한에 별로 관심이 없었어요. 그냥 막연하게 뉴스에서 북한 얘기가 나오면 그런갑다 했죠. 뉴스에서도 짤막짤막하게 이미지만 보여줬으니까. 그냥 먼 나라 얘기, 나랑은 상관이 없는 얘기처럼 들었죠. 그런데 어때요? 리사는 호주에서 태어나 살았잖아요. 동양과 문화도 다르고 할 텐데, 초등학교 시절을 어떻게 보냈는지 궁금해요.

리사 : 우리는 굉장히 자유롭게 놀았어요. 아침 9시부터 오후 3시까지만 교육 받고 그다음에 그냥 노는 거죠. 학원 같은 거 없어요. 있긴 있는데, 저도 그냥 친구들이랑 놀았어요. 근데 그거는 호주 문화인 것 같아요. 호주에서는 스포츠나 친구랑 노는 것을 중요하게 생각하니까요. 시간을 많이 가지고 자유롭게 자라면 좋겠다는 지식이 있어서 그런 거 같아요. 그래서 초등학교 때는 스트레스 받은 적이 없는 것 같아요.

전주람 : 그럼 고등학교 때는요? 대학교까지?

리사 : 네. 고등학교 때도 그냥 셋이 같이 공부하고 저희 집에 가서 글 조금 보고 공부했는데 학원 같은 거 안 다녔어도 괜찮은 학교 들어갔어요.

전주람 : 한국으로 치면 야간자율학습을 하거나 학원 다니거나 이런 거는 없어요?

리사 : 네. 그거는 보통 고등학교 때 하는 건데, 저는 시골에서 자랐어요. 시골은 도시와 조금 다른데, 도시에 있으면 학원이 있을 수도 있는데, 한국만큼은 아니에요.

전주람 : 사교육이 없었어도 괜찮은 대학을 가셨어요?

리사 : 괜찮은 거죠. 호주는 경쟁률이 높지 않아요.

전주람 : 대학에 대한 개념도 다르네요. 최국희 선생님은 어떠셨어요?

최국희 : 제가 초등학교를 1979년도에 다녔으니까요. 저희는 학원이라는 게 없었어요. 그냥 학교에서 배운 게 끝이었죠. 저희는 중학교라는 게 없었고 고등학교가 있었거든요. 고등중학교 이렇게 되는 시스템이에요. 고등중학교에 와서는 '소조'라는 과목이 있었어요. 그래서 한 개 학급에서 5등까지 하는 학생들하고 부모들의 학력이 좋은 애들을 따로 모아서 운영을 했었죠. 그 애들이 지금 여기서 말하는 학원처럼 학교에서 조직해서 다녔거든요. 그리고 북한은 경쟁사회가 아니고 유일사상체계 유일지도체제인 나라라서, 자기가 선택할 권리가 없는 거예요. 국가에서 지정해주는 데에서 공부를 해야 되는 거예요. 그래서 경쟁이 치열하지는 않아요.

전주람 : 여기에 오시니까 경쟁적이고 치열한 것들이 느껴지시죠? 물론 어린 시절은 아니지만요. 박한길 선생님은 어렸을 때 어땠어요?

박한길 : 초등학교 때요? 우리 때는 뭐 '학습조'가 있고 '체육조'가 있고 그랬죠.

전주람 : '학습조'가 뭐예요?

박한길 : 그러니까 방과 후에 남아서 공부 잘하는 애들로 구성해가지고 영어 소조, 그다음에 수학 소조, 음악 소조를 만들어요. 아까 말하다시피 우리는 사교육이 없고 지금 학교에서 공부 잘하는 애들을

모아놓고 이렇게 공부를 시켰어요. 그리고 1990년도 이후에 보니까 평양에서 제1고등중학교라는 게 생겼어요. 그게 뭔가 하면 공부 잘하는 애들을 수재로 키우는 거예요. 양성하는 거죠.

전주람 : 여기로 치면 영재고요?

박한길 : 그렇죠. 그게 평양에서 시작돼서 퍼진 거죠. 근데 그게 순전히 공부만 잘하는 애들이 가면 좋은데 진짜 그런 애들도 아니고요. 부모가 돈하고 빽이 있어야 그 자식들도 그런 데 가는 거죠. 그런 거 보면 좀 씁쓸하죠. 그리고 아까 우리 백두산 소리 했잖아요. 백두산은 원래 김일성 장군의 노래, 여기에서 보면 장백산이라고 나와요. 원래 백두산이 아니에요. 중국의 동북 3성이 원래 한반도였잖아요. 근데 그게 중국에다 뭐 빼앗기고 그렇게 된 거고요. 그다음에 일본놈들 때문에 그런 거고. 그리고 내가 알기로는 백두산의 3분의 2가 중국에 있어요. 3분의 1만 북한에 있어요. 제가 알기로는 북한에 김일성이가 중국의 마오쩌둥한테 팔아먹은 거예요. 그리고 중국 쪽에서 장백산 오르면 거기 경치가 좋은 데가 많아요. 폭포도 있고요. 남북이 통일되면 옛 우리 땅도 찾는 것이 되겠죠.

전주람 : 그러게요, 어린 시절 얘기하다가 백두산 얘기도 했네요. 근데 저도 공부를 좀 해야겠네요. 그 명칭이라든지 지리적인 거라든지 이런 것들도 찾아봐야겠다는 생각이 좀 듭니다. 여기 『남과 북 아이들에겐 철조망이 없다』 내용도 좋지만 궁금한 점 위주로 해서 이것저것 얘기를 나누죠. 리사도 궁금한 점이 있을 텐데요. 수경이는 지금 몇 살인가요?

이수경 : 이제 23살이에요.

전주람 : 그래서 최국희 선생님이랑 박한길 선생님이랑 북한에서 지냈던 게 다른 것 같네요. 세대 차이라고 하죠. 좋습니다. 이제『남과 북 아이들에겐 철조망이 없다』를 살펴보시죠. 저는 상자에 콩우유 언급한 부분이 너무 재밌었어요. 우리는 초등학교 때 식탁 테이블에 하나씩 넣어 줬었는데, 책에 나온 사진을 보니까 양동이 같은 데서 우유를 한 컵씩 떠가지고 아이들에게 주더라구요. 근데 실제로 북한에서 그래요?

이수경 : 저는 우유를 학교에서 먹어본 기억이 없거든요.

최국희 : 평양시 애들만 그렇게 주니까, 지방에서 살았던 우리는 그런 혜택을 못 받아 봤어요.

전주람 : 그걸 여쭤보고 싶었어요. 우리 남쪽에서는 초등학교 때 우유 급식을 신청하면 250㎖를 하나씩 주거든요. 하나씩 마시는 재미가 있었는데, 북한에서는 개인당 우유를 한 팩씩 주는 것은 아니더라도 이 책『남과 북 아이들에겐 철조망이 없다』에 나온 사진을 보면 혜택을 받는 아이들이 있기는 했네요. 그리고 또 병원의 모습이 실제로 책에 나오는 것처럼 그런지 궁금해요. 제가 인터뷰할 때 들어보면 대부분 말씀이 그래요. 병원에 약도 없고 주사 항생제도 없어서, 장마당에 가서 직접 구입해서 병원에 가져가 주사를 맞혀달라고 한다고 했어요. 이런 식으로 말씀을 많이 해주셨거든요. 근데 이 책『남과 북 아이들에겐 철조망이 없다』에 나와 있는 사진을 보면 첨단 시설을 갖춘 병원 모습이 찍혀 있거든요. 그거는 뭐 보여주기

식인가요? 어때요? 지금 많이 바뀌었다지만 혹시 아시는 정보가 있어요?

박한길 : 일단 아프면 다른 게 없어요. 병원에 가서 진료를 봐요. 진료를 보면 여기서 처방전 떼주잖아요. 여기까지는 대한민국이랑 똑같애요. "무슨 약 사다 먹어라, 주사는 어떤 걸 맞아라." 그래요. 그러면 시장 가서 주사약을 사오면 돼요. 그리고 내가 알기로는 UN에서 약이 엄청 많이 들어왔거든요. 근데 약을 의사들이 오히려 팔아먹는 거죠. 그 의사들도 살아야 되니까요. 비극이죠. 그런데 이런 일이 비일비재하니까 이제는 그것이 불법이 아니라 합법이 돼버린 거지요. 그리고 한 달 전인가? 김정은이가 평양 약국을 방문한 사진 나왔잖아요. 제가 봤을 때 그거는 보여주기식인 쇼밖에 안 돼요. 평양에서나 할 수 있는 일이죠. 지방에서는 그게 안 통해요. 그리고 제가 알기로는 중국과 가까운 회령, 청진 그다음에 혜산 그쪽에는 아마 중국 약이 많을 걸요. 열 나고 그러면 제일 흔한 게 중국 '정통편'이라고 해서 그게 제일 좋아요.

전주람 : '정통편'이 병원이에요?

박한길 : 병원은 아니고 전통편이라고 해서, 여기 남한식으로 말하면 아스피린 비슷한 약이에요. '정통편'은 머리가 아프고 할 때 많이 써요.

전주람 : 아, 약 이름이에요?

이수경 : 타이레놀 비슷해요. 한국에서 타이레놀 먹는 것처럼 북한에서는 정통편을 먹는다고 보면 돼요. 그리고 웬만해서 지방에서는 자

기들 아편 같은 거 있지 않습니까? 아편을 심어요. 옛날에 김정일이 있을 때 내가 오기 전만 해도 백도라지[5]라고 해가지고 그걸 대대적으로 심었거든요. 아편을 심어가지고 어차피 다른 나라하고 밀매해서 외화를 벌어들일 때였으니깐요. 그때 사람들은 그 아편을 건사해가지고 아프거나 할 때 복용했죠. 그게 특효거든요.

전주람 : 그니까 대부분 병원 시설이 열악한 거네요?

박한길 : 그렇죠. 북한에서는 '페니실린'하고 '마이싱'이 항생제죠. 그 다음에 '캄파' 같은 강심제도 있구요. 거의 중국하고 러시아제가 많아요. 그런데 한때는 약품이 UN에서 많이 들어와 있는 상태였고요. 옛날에는 좋았죠. 북한 김일성이가 네 가지 무료를 실시했잖아요. 무료교육, 무료의료 등 4가지가 되는데 기억이 가물가물하네요. 거기에서 보게 되면 진짜 김일성이 있었을 때는 좋았어요. 병원에 약 다 있었고, 돈 하나 안 내고 주사 맞고 약 처방 받고 그랬거든요.

최국희 : '정통편'도 내가 남한으로 올 때만 해도 그 약에 아편이 들어갔거든요. 제조할 때 아편이 들어가요. 그런데 재밌는 게, 중국 자체가 '아편전쟁'을 치르다 망한 나라잖아요. 그러다 보니까 중국에서 이제는 '정통편' 단속을 많이 하니까, 그것하고 비슷하게 '정통편'과는 다르게 '거통편'이라는 걸 만들었어요. 근데 이것도 좀 힘드니까, 어차피 시골 사람들은 다 돈 주고 사야 되니까 힘들었던 거예요. 결국 돈이 없으니까 힘든 거예요. 그런데 자기 집 텃밭에 아편 10그루

---

5) 백도라지와 아편은 다르다. 북한에서도 아편은 그냥 아편으로 불리고, 도라지는 꽃의 색에 따라 다르게 불리우나, 흰꽃을 피우는 도라지를 백도라지라고 한다. 화자는 아편과 백도라지에 대한 구분이 명확치 않은 것으로 이해된다.

이내로 심으면 단속을 안 해요. 그래서 10그루 안으로 심어서 약재로 쓰면 보안원이나 법 집행기관에서 나와서 보기는 하는데 허용해 주거든요. 10그루 이하로 심으면 허용이 돼요. 집에서 열이 나거나 아프면 아편으로 다 해결할 수 있으니까 단속기관에서도 이해를 해준 거예요.

전주람 : 그러니까 아편이 만병통치약처럼 활용이 된 거네요. 그렇게 의료기술이 많이 발달하지 않은 상태에서 민간요법 같은 방식으로 질병을 치료하려 한 거네요.

최국희 : 근데 이게 엄청 말(효과가 있다)을 잘 들어요. 뭐 어느 곳이든 아프면 그거 먹으면 돼요. 만병통치약이라고 보면 돼요.

박한길 : 하다못해 잇몸이 아플 때도 좋아요.

전주람 : 진짜요? 그러니까 확실히 마약 성분이 있으니까 신경을 마비시킬 수도 있겠네요.

박한길 : 아편을 북한에서는 '마라초'라고 해요.6) '로동신문'에다 마라초를 말아 피우거든요. 근데 거기다가 아편 액을 묻혀서 담배처럼 말아 피우면 순식간에 싹 가요. 한방에 가요. 기분이 그렇게 좋다고 하더라고요.

전주람 : 그래요? 그러면은 선생님, 여기 남한에서는 못 하잖아요.

박한길 : 강원도에 가니까 한두 그루씩 심은 데가 있더라고요. 개량

---

6) 마라초는 신문지에 담배를 싸어 피우는 것을 말한다. 즉 아편을 마라초라고 하지 않는다.

종 말고요. 아편 씨가 앉기 전의 아편 잎은 뜯어서 쌈을 싸 먹어도 맛있어요.

최국희 : 데쳐서 먹어도 더 맛있어요.

박한길 : 생 것을 먹어도 맛있어요.

최국희 : 설사할 때 그거 먹으면 설사가 멎어요.

전주람 : 지사제 역할도 하고 완전 만방통치약이네요. 병원이 필요없네요. 가만히 듣고 계신 리사 님도 궁금한 거 있으시면 중간중간 얘기해 주세요.

리사 : 네. 알겠습니다.

박한길 : 리사 씨, 혹시 성이 링이지요? 이름은 리사?

리사 : 예. 저는 성이 링이에요.

전주람 : 좋아요. 그럼 방금 얘기는 여기까지 하는 거로 할게요. 콩우유? 이 책 『남과 북 아이들에겐 철조망이 없다』 내용은 설명하지 말고 그럼 질문만 할까요? 시간이 없으니까 책은 어차피 다들 보셨으니까 궁금한 거를 얘기하죠. 아까 비슷한 얘기가 오갔지만 북한 어린이들과 남한 어린이들의 자라나는 환경이 다르다고 생각하거든요. 혹시 이 점에 대해서 말씀해주실 수 있나요? 각 나라에 어떤 장단점이 있는지 얘기해보고 싶어요.

이수경 : 먼저 저는 북한 어린이들의 경우, 공부라는 점에 대해서 스트레스를 크게 받지 않는 것 같아요. 디지털에 노출되어 있지 않다

보니까 그런 듯합니다. 그래서 어린아이들이 할 수 있는 놀이, 감정 이런 걸 느끼면서 친구들과 몸으로 놀고 그래요. 따라서 자연에서 놀 수 있는 것이 큰 장점이라 생각해요. 반면에 단점은 당연히 미디어에 접근하는 방식이 한정되어 있다 보니까 다른 나라라든가 문화에 대해서 알 수 있는 길이 좁은 것이겠죠. 아이들이 아이들처럼 자라지 못하고 너무 미래에 뭐가 될지, 무슨 일을 할지에 대해서만 치우쳐서 살아가는 것 같아요. 저는 각 나라의 장단점이 완전 확명(명확)하게 차이가 난다고 생각해요.

전주람 : 맞아요. 저도 남북 어린이들의 가장 큰 차이점은 진로나 직업 선택과 관련해서 다른 경로를 가게 된다는 것이죠. 남한에서는 개성을 갖춰야 해요. 내가 하고 싶은 것 하고 살면 그만이죠. 근데 북한에서는 성분에 따라서 정해지거나 움직이는 부분들이 많죠. 이런 부분이 변동을 줄 수는 있지만 대부분 자유를 누려본 적이 없다 보니까 뭐가 좋은 것인지 구분할 수가 없다는 거예요. 남한은 선택이라도 자유롭잖아요. 여지가 많잖아요.

그런데 한편으로 그런 생각이 들기도 해요. 상상이 안 되는 부분이 있어요. 내가 인격체로 태어나서 내 삶을 스스로 가꾸고 싶은데 그게 안 되는 것을 상상하면 무서워요. 내가 이런 걸 잘하고 또 그걸 하고 싶다고 하는데, 성분에 따라서 내 삶과 일이 정해지면 무섭거든요. 내가 그런 쪽에 대해서 상상할 수 없기 때문에 무서운 거죠. 그래서 환경이 중요한 것 같아요. 그래서 수경이한테 궁금한 게 있어요. 여기서도 교육을 경험해 봤고 거기서도 해봤는데, 다시 초등학교 시절로 간다면 남한과 북한 중 어디에서 교육을 받고 싶은지?

이수경 : 초등학교하고 유치원 시절만 보낸다면 북한이에요. 만약 제가 여기서 지냈다면 절대 가질 수 없는 추억이 북한에서는 이뤄졌거든요. 인터뷰 때도 말씀드렸는데 "누구야 놀자."라고 하면 저녁이라도 동네에서 다 모여 놀다가 집에 가요. 집집마다 "누구야 들어와라."라고 하고 "밥 먹자."라고 하면은 같이 가서 밥 먹고 그래요. 다음날 또 "학교 가자."라고 소리 지르면 같이 가고 그래요. 이런 것들이 저는 남한 아이들이 공부해야 된다고 걱정하는 차원과 완전히 다르다고 생각해요. 모여서 친구들끼리 핸드폰이나 하는 것 보면 정말 웃겨요. 감정적인 소통이 없잖아요. 소통하고 같이 몸으로 치고받고 놀고 하는 추억들은 소중한 것이잖아요. 저는 그 시절에는 북한아이들처럼 성장하는 게 맞다고 봅니다. 평생 살아가는 거라면 당연히 여기 남한에서 살아가는 것이 맞겠는데, 어린 시절로 가서 살아야 한다면 당연히 저는 북한을 선택합니다.

전주람 : 그러면 중고등학교는 어디서 보내고 싶어요? 남한? 북한?

이수경 : 공부해야 하니까 고민이 되네요. 중고등학생이 되면은 미래에 대해 좀 더 건설적으로 고민해야 하니까 남한에서 보내는 게 맞지 않나 싶습니다.

전주람 : 하고 싶은 것이 너무 많아서 고민인 것 같아요. 그러면서도 남한이 북한보다 낫다고 생각하는 이유가 궁금해요.

이수경 : 저는 요즘 이런 것들이 다 재미있거든요. 뭔가를 하겠다고 신청하는 것도 제가 하는 것이고, 이렇게 가겠다고 하는 것도 제가 그런 선택을 한 것이구요. 어떤 깨달음 같은 것을 얻는 것도 결국

제가 얻는 것이고요. 그리고 도전했는데 실패하면 그것도 스스로가 얻는 교훈 같은 거고, 제 인생을 다 경험해 볼 수 있잖아요. 제가 뭔가를 선택하는 삶이 정말 행복하고 좋아요. 저는 지금 만족하고 있습니다.

전주람 : 좋아요. 그럼 수경이가 『남과 북 아이들에겐 철조망이 없다』의 5장, 6장을 간단히 소개해주고 질문하면 좋을 거 같아요.

이수경 : 알겠습니다. 5장을 보면서 저는 궁금했거든요. 전주람 교수님은 남한에서 태어났으니까 북한 말을 들었을 때 어떤 게 가장 기억에 남으셨을까? 어떤 게 가장 기억에 남고 신기해하실까? 그런데 따지고 보면 교수님이나 저희나 사정은 마찬가지잖아요. 교수님이 북한 말을 들었을 때와 우리가 남한 말을 들었을 때의 충격은 비슷하리라 봐요. 북한에서 왔으니까 남한 말을 들었을 때 신기한 것이 많았죠. 아직 저는 그렇구요. 고쳐지지 않는 북한 단어나 말들에는 어떤 것이 있는지에 대해 얘기를 나눠보고 싶습니다.

전주람 : 질문이 재밌다. 2014년도에 처음으로 한 복지관에서 북한 아주머니들이 김장을 하다 싸우는 걸 봤어요. 근데 머리카락을 잡아 뜯고 때리는 거를 보고 놀랐죠. 아무렇지 않게 거칠게 욕을 퍼붓고 그런 거야. 우리가 남한에서 듣던 욕이 아닌 거예요. 다들 욕을 하는데 그게 너무나 인상적이었어요. 말리고 싶었는데, 차마 다가갈 수도 없고 그래서 놔뒀어요.
제가 처음 자원봉사자 자격으로 복지관 프로그램에 참여하며 북한 연구를 한다고 하니까 다들 반기지 않아 하는 거예요. 다들 '저 선생님은 뭘까?', '우리를 관찰하러 왔나?' 이런 눈빛으로 저를 쳐다보는

거예요. 제 주관적인 느낌일 수 있지만 제가 느끼기에도 그랬어요. 그러니까 저도 학교에서 이중 얼굴을 하고 있었죠. 좀 가식적인 얼굴을 하고 있었죠. 그런데 북한에서 오신 분들이 치고받고 싸우는 것도 좋더라구요. 꾸미지 않고.

리사 : 저도 그랬어요. 영어로 표현할 때는 직접적으로 말을 하잖아요. 그래서 한국 사람이랑 얘기할 때는 어떻게 하면 돌려서 말해야 하는지를 배우는 거예요. 이와 반대로 북한 사람이랑 얘기하면 조금 더 편하게 직접적으로 말을 해요. 호주식 같은 느낌으로요. 그래서 저는 좋아해요.

이수경 : 호주에서는 돌려서 말하지 않고 직접적으로 말하는 건가요?

리사 : 네. 그런 걸 되게 좋아해요.

전주람 : 직접적으로 말하는 것도 문화의 장점이네요. 여기 남한 사람들은 돌려서 말할 때가 많죠.

리사 : 맞아요. 근데 처음에 모를 때는 엄청 힘들었어요. '어떻게 말해야 되지?' 이러면서, 조심스럽게 말해야 하나 그랬죠. 그게 되게 힘들었어요.

전주람 : 외국인인 리사가 느낄 때도 그런 차이가 있네요. 좋아요. 그러면 최국희 선생님은 어때요? 남한 사람 처음 보셨을 때 어떤 느낌이었어요?

최국희 : 저는 한국 분들하고 대상(상대)하면서 뭘 느꼈냐면요. 우리 북한 사람들을 대단히 낮게 보는구나 싶었어요.

전주람 : 아, 열등하게 본다는 거죠?

최국희 : 맞아요. 그런 게 많았어요. 뭘 해도 '너네는 그 정도구나.' 이런 식으로 깔고 보는 게 있더라구요. 그러니까 '이것도 모르지? 저 것도 모르지?' 이런 속마음이 있더라구요. 한국 사람들은 완전히 미개한 나라에서 온 사람으로 저희를 봐요. 체계도 없다는 식으로 봐요. 저는 이게 사회적인 문제라고 생각해요.

전주람 : 그래요. 남한 사회는 아직 북한 분들을 바라보는 편견이 있었요.

최국희 : 이거는 한국분 일개인들의 문제가 아니라 한국 사회의 문제라고 생각해요. 지금은 우리를 바라보는 행태가 나아지고 있는데, 처음 왔을 때는 북한이주민들을 범죄자처럼 취급하는 경우가 많았죠. 북한 사람하고 관련한 뉴스가 나오면 나쁜 행위를 하는 사람으로 인식해서 낙인을 찍는 경우가 있더라구요. 우리를 나쁜 딱지처럼 인식하는 사회가 되어 있더라구요. 언론에서 그렇게 보도를 해요. 근데 저는 범죄를 저지르는 사람은 한국 사람도 있고, 중국 사람도 있고 외국 사람도 있잖아요. 국적의 문제가 아닌데, 북한이주민들에 대해서는 비판을 더 많이 하는 것 같아요. 사회가 그렇게 만들고 언론이 그렇게 만드니까 일반 국민들은 그냥 탈북자들을 곱지 않은 시선으로 보는 것 같아요. 그래서 우리가 발붙이기 힘든 거죠. 회사에서도 "니네들이 뭘 알아? 무식하니까 저럴 수밖에 없지." 이런 식으로 말해요.

전주람 : 아, 그렇군요. 그런 연구들도 많이 있더라고요. 한국 대학생

들을 대상으로 한 연구에서도 호주나 프랑스나 북유럽이나 미국이나 소위 선진국이라고 말하는 나라에서 온 학생들을 바라보는 한국 대학생들의 시선은 괜찮은데, 북한, 필리핀 등 제3국에서 온 친구들을 대하는 태도가 곱지 않다는 연구를 본 적이 있어요. 한국의 청년들도 앞에서 말한 것처럼 선진국과 후진국에서 온 학생들을 대하는 차별적 시선이 강하다고 하더라구요. 이런 보고를 본 적이 있는데, 그게 타국에서 온 사람들을 힘들게 하는 요소인 것 같아요. 그 사람 존재 자체를 열등하게 보는 거니까 힘든 거죠. 그래서 '북한이탈주민'이라는 어감 자체가 부정적이어서 '북한이주민'이라 쓰는 연구자들도 생겨나고 있어요. 이것은 사회적인 문제이고 문화적인 문제이기에 앞에서 말씀하신 것처럼 오랫동안 역사가 쌓여서 생겨난 현상이니까 차츰 좋아지리라고 믿어요. 한 번에 이런 현상이 없어지지는 않겠죠. 그리고 언젠가 통일을 해야 하니까 좋아질 거라 믿어요. 정부나 기관에서 이러한 문제의식을 인지하는 것 같은데, 조금씩 뭔가 변화를 가져올 수 있는 노력들이 필요하지 않을까 싶네요. 그런 차원에서 '어깨동무' 사업은 좋은 것 같아요. 정부에서 하는 것도 아니고 민간인 단체에서 이렇게 한다는 것은 북한 입장에서 고맙게 여겨지겠죠.

이기범 교수님이 누구신지를 이 책에서 봤지만 어쨌든 49번을 본인의 차로 이동해서 개성까지 가시고 여러 일을 하셨더라구요. 물론 책 내용에 정치적인 게 깔렸는지 아닌지는 잘 모르겠지만, 이 책 『남과 북 아이들에겐 철조망이 없다』를 보면 북한에 관심이 많은 선생님 같아요. '어깨동무' 사업을 하는 분의 이야기를 통해서 '나는 뭐를 해야 할까?' 이런 고민도 하게 되더라구요. 내가 앞으로 어떤 글을 쓰든 연구를 하든 사업을 하든 간에 어디까지 해야 할까 이런 고민도 하게 만들어준 책입니다. 내 자신, 내 아이덴티티에 대해서도 고민을 하게 됐습니다. 지금 이 독서세미나를 하고 있는데, 어디까지 어떤 목적으로 이 모임을 이끌어가야 하는 고민도 하고 있습니다. 그렇다면 북한에 있는 사람들에게 전해주고 싶은 게 있다면 뭐가 있을까요? 리사가 전달해줄 수 있는 게 있을까요?

리사 : 저는 일단 여기 초대해줘서 너무 감사하고 엄청 많이 배웠습니다. 이 책 안 읽으니까 '어깨동무' 사업이 뭔지 잘 이해가 안 돼요. 그래서 어떤 메시지를 전해주어야 하는지 생각을 좀 해봐야 할 것 같아요. 질문이 너무 어려워요.

전주람 : 너무 수준 높은 질문을 드렸나요?

리사 : 북한학을 연구하는 분들께 그냥 호주 한 번 오시라고 말씀을 드리고 싶어요.

전주람 : 진짜로요? 어떻게 보면 먼 나라잖아요. 남한에서 한 10시간 가까이 비행기를 타고 가야 하고요. 다른 문화권에서 살고 리사가 이곳에 같이 참여해 주니까 좋네요. 리사가 여기에 처음 온 거니까 혹시 다른 분들도 리사에 대해서 궁금한 것을 물어보셔도 되고, 아니면 각자 하고 싶은 이야기를 자유롭게 나누고 정리하면 좋겠어요.

리사 : 저도 좋아요. 흥미롭고 지식이 엄청 많이 오른 것 같아요.

이수경 : 저 내년에 호주 워킹홀리데이 가거든요. 그때 볼 수 있을까요?

전주람 : 멜버른으로 가나요? 그럼 두 분 나이가 비슷하지 않나요?

리사 : 저는 좀 나이를 먹었어요. 1994년생이에요.

전주람 : 수경이 나이가 어떻게 되죠?

이수경 : 2000년생이에요.

전주람 : 그럼 리사가 언니네.

이수경 : 물어보고 싶은 게 너무 많아요. 개인적으로 연락해도 되요?

리사 : 네, 그럼요.

전주람 : 리사하고 수경이가 이렇게 연결이 됐어요. 북한의 인권이나 평등, 편견이나 시선, 고정관념 이런 걸 영어로 써서 알리고 싶다는 리사의 포부를 보고 감동을 받았네요. 한국어 공부하면서 북한에 대해 관심을 갖는다는 게 너무나 감사한 일이었어요. 수경이가 호주 가면 서로 만나서 좋은 인연을 맺었으면 좋겠네요. 또한 여기에 참여해주신 최국희 선생님이나 박한길 선생님도 고마웠습니다. 제가 급할 때 이것저것 여쭈면 진짜 손발 다 걷어붙이고 도와주신 분들이셨거든요. 이 자리를 빌려서 두 분께 고맙다는 말씀을 드리고 싶어요. 인터뷰도 해주시고 도와주시고 해서요. 저에게는 너무나도 든든한 분들이었습니다.

리사 : 저는 그냥 듣기만 해도 도움이 됐습니다. 감사합니다.

이수경 : 저도 이 책을 읽으면서 느낀 점이 있어요. 제가 북한에서 14~15년 동안 살았지만 제가 모르는 곳에서 이렇게 많은 사람이 북

한 연구를 하는구나라는 생각이 들었어요. 지금 교수님도 그렇고 리사도 그렇고. 제가 볼 때 북한이 갖고 있는 특이한 점이 없는 것 같은데, 연구를 한다고 하시니까 놀라웠어요. 그래서 감사하다는 마음이 책을 읽으면서도 들었어요. 감사합니다. 이상입니다.

최국희 : 이번 모임은 리사 씨까지 오셔서 글로벌한 모임이 된 것 같아 정말 좋았어요. 지루한 감이 없이 재미있었고, 책을 읽으면서 고향에 대한 생각도 많이 했거든요. 이 모임을 통해서 많은 것을 느끼게 되었고 앞으로 고향에 대해 나도 고민을 해야겠다는 생각을 하게 됐어요. 감사합니다.

박한길 : 리사 씨가 함께 해가지고요. 완전히 월드적으로 됐어요. 감사합니다.

리사 : 저도 엄청 좋았습니다. 여러 모임에 좀 참석했는데 이 모임이 분위기가 제일 괜찮은 것 같아요.

전주람 : 수경이가 잘해서 그런가 봅니다. 저도 좋네요. 이 모임이 앞으로도 남북한 연구에 도움이 되었으면 좋겠어요. 서로의 생각이 어떻게 다르고 같은지를 살피는 자리라서 의미가 있네요. 편하게 얘기할 수 있는 장이 마련되어서 좋습니다. 열심히 참가해주셔서 감사합니다. 건강하게 잘 지내시고 다음 모임에서 봬요.

내가 살던 북한은
North Korea where I lived
5

진 행 자: 곽상인
진행방식: 집단토의
일   시: 2022년 7월 25일
시   간: 오후 4:00~6:00(약 2시간)
참 가 자: 전주람, 최국희, 박한길, 이승아

곽상인 : 반갑습니다. 모두 잘 지내셨죠? 오늘은 5차 발표자료를 가지고 세미나를 진행합니다. 발표자인 저는 곽상인입니다. 원래 우리가 10명 정도 모이기로 했는데 상황이 어렵게 되어 조촐하게 다섯 명이 모였습니다. 개인적 사정을 들어보니까 나름대로의 타당한 이유가 있더라구요. 때문에 소박하게라도 그냥 진행하는 걸로 했습니다.

오늘 우리가 볼 책은 『100가지 질문으로 본 북한』입니다. 제가 이 부분을 정리해 놓았습니다. 이 책은 북한에 대해 왜곡되거나 편향된 정보를 지닌 일반 사람에게 다소 객관적이면서도 낯선 북한의 실상을 보여주기 위해서 제작된 것이에요. 또 이 책을 쓴 '쥘리에트 모리요'와 '도리앙 말로비크' 이 두 사람이 외국 사람이잖아요. 모두 프랑스 사람들인데 이 두 사람이 북한과 관련하여 정확하고 현실적인 정보를 수집하기 위해서 15년 동안 여러 나라를 돌아다니면서 북한 사람들을 만나고 심층 인터뷰를 해서 이 책을 만들었다고 합니다. 저자들은 '역사, 정치, 지정학, 현실, 경제, 사회와 문화, 선전'이라는 7개 키워드를 가지고 100가지 질문을 던짐으로써 거기에 대한 답을 구성하는 방식으로 책을 썼습니다.

한국전쟁이 발발한 1950년대 이후, 지금 70년이 지났음에도 불구하고 북한과 남한은 여전히 대치하고 있지요. 북한은 아직도 여기저기서 풍자화되거나 수수께끼 같은 나라라며 알 수 없는, 투명하지 않은 나라로 인식되고 있습니다. 그래서 두 저자는 교조주의를 설명하고 있습니다. 다시 말해, 북한에서 교조주의라고 하는 것은 특정 상황이나 사상을 절대적인 것으로 받아들이면서 현실을 배제하는 것을 말합니다. 특히 마르크스주의의 경우, 이 사상을 발전하는 것으로 파악하지 않고 절대적인 교조라고 생각하여 당면한 구체적인 여러 조건이나 현실을 무시한 채 기계적으로 적용하려는 태도나 생각을 말합니다. 그래서 이 책의 일부에서는 주로 이런 내용이 담겨있어요. 실제로 한국전쟁을 바라보는 시선에 대한 이야기가 이 책에 나와요. 그러면서 조선민주주의 인민공화국은 어떻게 만들어졌는지, 그리고 한국전쟁은 누가 먼저 일으켰는지, 이것이 과연 미국과 소련의 분쟁인지 등을 말하고 있어요.

'한국전쟁의 승자는 과연 누구인가'에 대해 섣불리 답을 할 수는 없겠죠. 또 기록에 의하면 한국전쟁 당시 한국 병사 사망자가 15만 명 정도이고, 부상자도 10만 명 정도 이상으로 추정된다고 합니다. 북한군이 약 20만 명에서 40만 명 정도가 사망했을 거라 추정하고 있고, 부상자만 30만 명이고 실종자도 10만 명 정도 될 거라고 합니다. 여기에 남북한을 통틀어서 민간인 희생자 200만 명을 합치면 정확한 사상자 수치가 나올 수 있다고 하더라구요. 그래서 중요한 것은 1953년 7월 27일 휴전을 하고 나서 지금까지 38선은 남북 모두에게 자유롭지 못한 지역으로 남게 된 거잖아요. 세계에서 거의 유일무이한 분단국가로 지금 남북한이 남아 있게 됐어요. 독일도 무너졌잖아요.

그래서 이 비무장지대 국경지대에서는 실제로 수십만 명의 병사와 지뢰가 배치되어 있죠. 아직도 이 국경에서는 숱한 긴장이 감돌고 여러 정치적 슬로건과 방송이 난무하고 있는 상황입니다. 그럼에도 불구하고, 수천 명의 관광객이 이곳을 찾아온다고 하니 굉장히 특이한 상황이라고 보실 수가 있어요. 비유하자면 러시아와 우크라이나가 전쟁을 치르고 있는데, 인근에 관광객들이 와서 '전쟁 잘하고 있나?' 마치 구경하는 형태로 지금 비무장 문제가 그려지고 있다는 거죠. 남과 북이 무장하고 대치하고 있는데, 특히 남한 쪽 임진각에 수천 명의 관광객이 와서 이 상황을 지켜보고 있다는 것은 참 특이해요. 그래서 드린 말씀입니다.

제가 이 책을 읽는데 박한길 선생님과 최국희 선생님이 떠오르더라구요. 여쭤볼 게 많았어요. 왜냐하면 북쪽에서 오래 사셨잖아요. 그래서 두 외국인이 던진 질문이 박한길 선생님과 최국희 선생님이 보시기에 불편할 수도 있겠다 싶었거든요. 주체사상이라든가 김일성 전기라든가 이런 것들 말입니다. 세뇌교육을 당했다는 내용이 있는데, 이는 불편할 수도 있어서 그 부분은 뺐어요. 저는 그 수많은 질문 중에서도 아픈 과거나 상처를 어떻게 극복하고 나서 현재 어떤 리더자로서의 자질을 갖출 수 있는지, 이런 부분에 주목했으면 좋겠다는 생각을 했어요. 고난과 역경을 딛고 나서 지금 남한에 왔지만 그래도 누구든 글로벌 리더가 될 수 있는 거잖아요. 어떻게 보면 자기계발을 하기 위해서 과거에 아픈 기억을 덜어내고 앞으로 나아가야 하지 않을까 생각합니다.

두 번째에서는 정치에 대한 이야기가 나오는데, 이 장에선 주로 '김일성—김정일—김정은'으로 이어지는 삼부자에 대한 권력 세습을 다루고 있어요. 아마 이승아 학생은 어렸을 때부터 귀에 못이 박히도록 많이 들었을 거라고 생각이 듭니다. 여기 보면 '이데올로기', 'KAL기 테러', 그다음에 '장성택 처형' 이런 것들이 나와요. 그다음에 1995년의 '고난의 행군'에 대한 언급도 있네요. 저는 여러분이 '고난의 행군'을 어떻게 극복하셨는지가 궁금해요. 아까도 말씀드렸다시피 고통과 절망, 절박한 삶이었던 그때를 어떻게 극복했는지 궁금합니다. 아마도 이 부분은 최국희 선생님이나 박한길 선생님께서 잘 아시리라 믿습니다. 연배가 있으신 분들이니까요.

이런 내용이 이 책에 들어와 있다고 보시면 되겠습니다. '정치'를 다루는 부분에서는 '지정학'을 언급하는데, 이 개념을 아주 쉽게 설명하자면 이렇습니다. '북한이 갖고 있는 지리적인 위치 자체가 정치적으로 이용될 수 있다.'는 것입니다. 아무래도 우리는 지금 분단국가에 살고 있잖아요. 그러나 남한은 세계와 개방을 하고 있는데, 북한은 개방보다 폐쇄가 된 국가에 가깝잖아요. 그래서 주로 지정학적인 위치에 놓인 북한의 위상을 얘기하고 있어요. 특히 핵 관련된 부분에서는 북한이 외교전을 어떻게 펼치고 있는지를 설명하고 있고, 미국을 완전히 적대 국가로 얘기하고 있어서 문제적이라 생각합니다.

자, 그러면 주체사상에 대한 교육은 어떠했는지 그 현장을 말씀해 주실 수 있나요? 이승아 학생은 주체사상에 대해서 어렸을 때 기억나는 게 있을까요? 성장했을 때의 기억이 있나요? 이런 것들을 경험한 적이 있어요? 주체사상이라든가 또 생활총화에 대한 기억이 있나요?

이승아 : 자세히 기억은 안 나는데, 초등학교, 소학교, 중학교에 연구실 같은 전시관이 있었어요. 그 안에 제1관, 2관 이런 식으로 해서 김일성 어릴 때 사진부터 전시해 놓은 거죠. 김일성이 살았을 때 어떤 업적을 이뤘는지 그런 거를 전시해요. 또 다음 칸에는 김정일 전시관이 있거든요. 그리고 또 김정숙 여사 전시관도 있는데, 거기에 들어가서 일주일에 한 번 아니면 한 달에 두세 번 정도씩 들어가서 설명을 들어요. 거기 선생님들이 설명해주시고 애들이 그거를 직접 체험해보는 거예요. 설명 듣는 거예요.

전주람 : 어떤 걸 체험해요?

이승아 : 김일성 원수님이 어린 시절부터 무슨 업적을 이뤄냈고 하는 거를 선생님들이 설명해요. 저희가 초등학교 때부터 그 설명을 듣고 직접 그거를 애들한테 직접 설명해주는 그런 체험을 하게 되는 거예요.

전주람 : 그러니까 나보다 어린 애들한테?

이승아 : 아니요. 저희 친구들한테요.

전주람 : 설명을 못하면 어떻게 돼?

이승아 : 못하겠다고 하면 그런가 보다 하는데, 웬만하면 다 해요.

전주람 : 어쨌든 체험학습같이 그렇게 하는 구나. 그럼 어렸을 때부터 진짜로 김일성, 김정일이 신 같은 존재라고 믿었겠네?

이승아 : 저는 신인 줄 알았어요. 진짜로. 이게 한 10살 정도 지나서

까지 그렇게 생각했던 것 같아요. 그런데 신이 아니라고 생각하게 된 계기가 있어요. 외국 영화를 봤는데 한국에서 천주교 분들이 기도하잖아요. 이거 보고 처음에는 '저게 뭐지?' 싶었어요. 신기해서 계속 따라 했거든요. 어느 순간 어른들이 "그런 거 하지 말라."고 말해 주셨어요. 안 좋은 거라고 그랬어요.

곽상인 : 북한에서는 기독교를 허용하지 않잖아요.

이승아 : 기독교가 있는 줄도 몰랐어요, 저는.

곽상인 : 그러니까요. 그러면 화제를 돌려서 이승아는 김정일 장례식을 기억할 수 없겠네요. 당연히 시대가 안 맞으니까?

이승아 : 김정일 장례식은 알아요.

곽상인 : 그래요? 정말 기억하는지? 그리고 실제로 북한 분들이 진심으로 슬퍼했는지 궁금하네요. 혹시 기억나는 게 있어요? 원수님의 죽음은 어떤 거예요?

이승아 : 그때 갑자기 '서거'했다 이래가지구 인민반장네 집으로 모이라 해서 TV로 장례식을 시청했어요. 장례식을 그때 진짜 영상으로 처음 봤어요. 생방송으로 중계가 되잖아요. 그거 보고 다들 엄청 울고 그랬어요. 진짜 TV 앞에서 실신해서 실려가는 사람들도 있었어요. 정말이에요. 영상이 나오는데, 너무 울어가지고 기절하고 그래서 의사들이 대기하고 있을 정도였어요. 저희 인민반장님 집에서 봤는데 저도 가서 봤어요. 그때 엄마들도 엄청 우시는 거예요. 저희는 어리니까 멋모르고 그냥 엄마들이 우니까 따라 울었어요. 제가 초등학

교 때로 기억하고 있어요. 10~12살 정도였어요.

곽상인 : 우리 같은 경우는 대통령이 서거하는 경우가 많았어요. 노무현 대통령도 자살했고, 김대중 대통령, 전두환, 노태우 대통령도 서거했어요. 여기서는 대통령을 지지한 사람들은 슬퍼하는데, 반대 세력에 있던 사람은 그러려니 해요. 그런데 김정일이나 김일성 같은 경우는 완전히 신적인 존재잖아요. 신이라는 존재가 어느 날 갑자기 생을 마감했을 때 어떤 느낌일까 생각해봅니다. 북한에 있는 동포들이 슬퍼하는 것은 당연할 건데, 어떻게 보면 주체사상의 핵심이 들어가 있는 것 같은 느낌도 들어요. 저는 약간 부정적인 뉘앙스로 말씀드리는 겁니다만 어쨌든 한 사람이 갖고 있는 신념이 오늘날까지 이어질 수가 있는가에 대해 의문이 들기는 해요. 한 사람이 죽었다고 해서 정말 모든 사람이 TV 앞에서 슬퍼할 수 있을까 싶어요. 어느 날 갑자기 신적인 존재가 없어진다고 했을 때의 느낌은 어떨까 잠시 생각해봤어요. 근데 김정일이가 그때 죽었을 때 과연 북한 사회가 앞으로 어느 방향으로 나아갈까 궁금했어요. 북한주민들 입장에선 갑자기 미래가 없어지는 것 같은 느낌일 텐데, 그런 생각이 들었어요. 최국희 선생님이나 박한길 선생님은 어떤 느낌이셨을까 궁금하네요. 왜냐하면 지금 우리가 이야기를 나누고 있는데도, 너무 한 목소리만 내니까 약간 답답한 느낌이 드네요. 책이라든가 다른 이론서라든가 전문적인 논문 같은 걸 보면 주변의 목소리, 아웃사이더나 소수자의 목소리가 나오기는 한데, 실제로 그런지 현장 이야기를 듣고 싶네요.

이승아 : 저는 김정일 죽었다고 했을 때 그냥 그랬어요. 그리고 TV에

서 김정은이 자기 딸 출연시켰던 적 있었다고 했는데 아마 북한 사람들이 본 사람은 없을 것 같은데요. 어릴 때 두세 번 출연했다고 하더라구요. 실제로 저는 그 일가에 별 관심이 없어서요.

전주람 : 정보가 거의 폐쇄돼 있다고 보면 되겠네요.

이승아 : 옛날 왕실에서 세자 세습할 때 잠깐 얼굴 비치는 정도라고 보면 될 겁니다. 그니까 관심이 없어요. 사람들이 다 그렇다고 하니까 그런가 보다 했죠, 뭐.

전주람 : 그 사람도 신이라고 믿었어요?

이승아 : 신이라기보다 어찌 됐건 사람이라는 느낌이 들었고, 통치자라는 생각도 들었어요.

곽상인 : 세뇌라고 하는 것이 얼마나 무서운지를 잘 보여준 것 같네요. 그러면 이제 북한의 인권은 어느 수준인지 궁금하네요. 그다음에 북한 인민은 노동당이나 김정은에 대해 왜 저항하지 않는지 궁금합니다. 북한 체제가 현실을 개선하지 못하잖아요. 그러니까 가난을 개선하지 못하잖아요. 이런 부분을 넘어서서 비전 있는 청사진을 제시해야 하는데 그런 것이 안 나오니까 내부적으로 김씨 일가에 대해 반감이 생기지 않을까 싶네요. 그런데 반감 섞인 목소리를 내면 잡혀가기도 하고 숙청되기도 하고 투옥되거나 사형까지도 당하잖아요. 북한은 러시아(소련) 체제하에서 다양한 것을 금지당한 상태에 있고, 또 새 정권에 반대한 사람들은 숙청되거나 투옥되거나 사형되거나 그렇잖아요. 또 노동당에서 신문, 필름, 라디오 이런 걸 다 통제하고 있었기 때문에 언론 독립이 자유로운 것은 있을 수가 없는 얘기죠.

책을 출간하더라도 다 검열을 받아야 하는 상황이고요. 노동당이 북한을 다 통치하고 있는 건데 이상한 것은 자유를 억압당하고 있음에도 불구하고 인민 봉기가 일어나지 않는다는 점입니다. 이 점에 대해서 저자도 세뇌 교육이 문제라고 보는 겁니다. 어릴 때부터 교육받아온 거라 반감을 갖기가 힘들다는 거죠.

근데 최근 들어서 북한 주민들은 중국을 통해서 탈북을 시도하고 있는데, 특히 여성이 많다고 하네요. 북한 체제와는 별도로 부부관계, 술 문제, 가정폭력 때문에 도강하는 사태도 많다고 하더라고요. 어쨌든 조국을 떠날 수밖에 없었던 많은 북한이주민들이 심신의 상처를 안고 살아가는 것은 분명해 보입니다. 이들은 술과 약에 의존하면서 자꾸 뭔가를 잊어버리려고 하거나 북한으로 돌아가고 싶은 욕망을 내비치기도 합니다. 또 동포 사이에서 이방인으로 사는 것보다 덜 고통스러운 아주 먼 곳으로 떠나는 경우가 오늘의 현실인 거예요.

다음으로 이 책에서 북한의 경제상을 다루고 있는데, 북한에서 추진하고 있는 경제정책이 있는지, 시장경제는 자본주의 체제를 얘기하는 것인데, 그런 시장경제 체제가 만들어지고 있는지 궁금합니다. 물론 북한에도 '장마당'이 있어서 충분히 자본주의 경제체제가 있다고 봅니다만, 그런 얘기를 일단 좀 해볼까 합니다. 그다음에 해외 파견된 북한 노동자들의 현실이 어떠한지도 궁금해요. 북한 경기를 파악하는 것은 하나의 도전이라고 연구자들은 말합니다. 왜냐하면 그만큼 북한 경제가 투명하지 않기 때문이라는 얘기죠. 그래서 팩트는 무역의 70%가 중국과의 거래 혹은 밀거래를 통해서 이루어지고 있다고 하더라구요.

최근에 주목할 거는 석탄 생산입니다. 지금 북한에서 얘기하고 있는

5개년 경제전략이 2020년까지 진행되었던 것으로 알고 있습니다. 그러면 석탄 생산, 철 생산, 군사 무기 제조, 그다음에 철도나 항구 및 도로 건설, 그다음에 자체적으로 배를 만드는 조선소 건립을 추진하고 있다는 얘기가 나오고 있습니다. 특이할 것은 북한 경제 인구의 80%가 여성이라는 겁니다. 남성이 경제활동을 하는 것보다 여성이 경제활동을 하는 경우가 더 많다는 것이죠. 특히 장마당에서 여성들의 활동이 더 활성화되고 있다는 것은 어떤 의미일까요. 혹시 이 현상과 관련해서 긍정적인 답변 같은 게 있는지도 궁금합니다. 몇몇 북한이주민들은 자신이 경험한 상처를 약에 의존하거나 술에 의존해서 넘어가려는 성향이 있는데, 그런 것 말고 자기만의 회복탄력성이 있는지 궁금합니다. 뭐 전환의 기회라고나 할까요. 북한에서 받은 상처를 어떻게 극복하며 남한에서 살아가고 있는지 듣고 싶습니다.

이승아 : 첫 번째 질문은 한국에 와서 겪은 상황인 거죠?

곽상인 : 그렇죠.

이승아 : 저도 한국에서 우울증을 심하게 앓았어요. 사실 저도 자살 시도를 했었거든요. 북한에서 힘들었던 기억 때문인 게 아니고 한국에 오고 나니까 주변에 아는 사람이 한 명도 없는 거예요. 외지에 혼자 동떨어진 느낌이랄까요. 아는 사람도 없고 말할 데도 없고 그래서 집에만 있어야 하는 상황이 되니까 고향이 그리워지는 거예요. 친척들도 보고 싶고, 친구들도 너무 보고 싶은 거예요. 한국 친구들이랑 사귀어 보기도 했는데 한국 친구들은 자기 중심적인 게 많잖아요. 북한에서는 그렇지 않았거든요. 친구들끼리는 당연히 서로 나누

자는 마음이 컸는데, 한국에 오니까 그게 없는 거예요. 내 건 무조건 내가 챙겨야 되니까, 지내면서 너무 정 없고 그런 느낌이었어요. 그러다 보니까 북한에 있는 친구들이 너무 보고 싶은 거예요. 그래서 우울증이 심해졌죠. 저는 그래서 북한에서 온 친구들하고 지금도 가깝게 지내요. 제 주변 친구들은 북쪽 친구들이에요. 그쪽 친구들에 대한 그리움 같은 거는 남아있지만 나도 살아야 하니까 어쩔 수 없죠. 다른 일에 좀 더 신경 쓰려고 해요. 그렇다고 완전히 그쪽 친구들이나 그 생각을 버린다는 건 아니에요. 가지고는 있되, 조금씩 생각하자는 거죠. 너무 그쪽에 치우치지 않기 위해서 다른 일에 조금 더 집중하고 있어요.

곽상인 : 그러면 승아는 혼자 넘어온 거예요?

이승아 : 아니요. 가족이랑 왔는데 아는 사람이 없잖아요. 주변에는 다 모르는 사람이고, 지역 지리도 모르겠고, 쓰는 단어도 다르고 모든 게 다르니까 힘들어요. 그냥 말하는 게 비슷하다 뿐이지 외국에 온 느낌이에요. 진짜 그런 느낌이었어요.

곽상인 : 지금은 어디서 살아요?

이승아 : 서울 **동에 살고 있어요.

곽상인 : 거기에 장모님 댁이 있어서 옛날에 많이 갔었죠. 어쨌든 알겠습니다. 그래서 주변 친구들 많이 생각하고 이런저런 얘기를 하면서 우울증을 극복했다는 거네요. 근데 아까 가슴 아픈 얘기를 했습니다만 자살 시도를 했다고 했는데, 이 부분은 좀 충격적이네요.

이승아 : 진짜 우울증 걸리니까 계속 우울한 생각만 드는 거예요. 죽으면 편할 것 같다는 생각이 계속 드는 거예요. 그러다가 이게 약간 뭐에 홀린 것처럼 갑자기 자살 시도를 한 거예요. 제가 그러고 한두 시간 동안 멍하니 있다가 엄마한테 걸려서 엄청 혼났어요. 손목을 그었죠. 칼로 자해하고 약도 먹어보고 그랬어요. 여러 번. 그런데 엄마가 속상해하는 거 보니까, 제가 불효자식 같아 보이는 거예요. 만약에 제가 죽으면 엄마는 가족이라고는 언니밖에 없을 텐데, 그러면 엄마는 어떻게 살까 싶었어요. 그래서 힘들고 죽고 싶다는 생각이 계속 들면 친구들도 사귀려고 하고 상담도 받으려고 해요. 앞으로 제 미래가 궁금해지는 거예요. 어떻게 살아갈지 내가 뭘 하며 살지, 또 앞으로 어떤 좋은 일이 생길지 모르는 거잖아요. 그런 생각이 들어가지고 미래가 궁금해졌어요. 엄마한테도 미안하고 해서 열심히 살아보려고 상담도 받고 있어요.

곽상인 : 아픈 경험이 있었네요. 그러면 그다음에 두 번째인데, 북한 여성이 북한사회의 경제에 많은 영향을 끼친다고 하더라구요. 이 점에 대해서 혹시 최국희 선생님? 하실 말씀이 있을까요? 실제로 북한에는 장마당도 있고 하잖아요. 이 책에 보면 여성 80%가 북한 경제의 주역이며 실제로 사회적 경제적인 역할을 담당한다고 하는데, 실제로 그러한가요?

최국희 : 근데 실제로 북한 회사에서는 간부 양성에 20%를 여성으로 쓰게 돼 있거든요. 그러니까 도당에도 20% 이상은 여성이 있어야 돼요. 사회 구조가 그렇게 돼 있어요. 이게 뭐냐면 국가기관의 20%는 여성들이 몫을 차지해야 돼요. 그래서 김일성이 "여성들도 혁명

의 한쪽 수레바퀴다."라고 말했어요. 여성의 사회적 지위를 높여서 남성과 동등한 입장을 취하라는 것이죠. 그리고 사회적으로는 여성들 80% 이상이 장마장에 나가서 돈을 벌어야 한다고 했어요. 가정은 여성들이 80% 이상 수입을 창출해야 운영된다는 것이죠.

그런데 말이죠. 탈북민은 90% 이상 법을 어긴 사람들이지 법을 지키면서 사는 사람은 없을 거예요. 법을 어겨서 들어가는 경우 남자들은 죽도록 맞아요. 그런데 여자들은 적게 맞아요. 남자들이 100% 맞는다면 여자는 70~80% 정도 맞아요. 저도 오기 전에 보위부에 잡혀봤는데, 취조만 당하고 맞지는 않았어요. 남편은 얼굴도 들지 못하고 화장실에 있는 물을 마시는 치욕적이고 굴욕적인 일을 당한 거예요. 근데 이렇게 완전히 반성하는 것처럼 하니까 내가 탈영하지 않는 그룹이 된 거예요. 내가 잡혀 있으면 나도 죽고 나하고 연관됐던 사람들도 다 죽겠죠. 내가 죽는 거는 괜찮은데 아무래도 나와 연관된 사람이 들어가면 나도 정신이 나가게 되거나 불편하게 돼요. 혹시 나에 대해서 적나라하게 말할 수도 있으니까요. 그래서 나는 피신한 거예요.

곽상인 : 어쩌면 더 악착같이 살 수밖에 없었다고 볼 수가 있겠네요.

최국희 : 그러니까 여자들은 70~80%로 살아가야 해요. 남편이 벌다가 잡히면 죽어나지 않는가요. 그러니까 차라리 내가 벌다가 잡히면 70~80%밖에 안 맞으니까 남편보다는 덜 하겠다 싶어요. 이런 생각으로 해서 또 버는 것도 있고요. 구조적으로 봤을 때 남자들이 발붙일 곳이 크게 없어요.

곽상인 : 현실적인 말씀을 해주셔서 인상깊습니다. 자, 알겠습니다.

일단 6장과 7장이 마지막 챕터거든요. 6장에서는 사회와 문화적인 측면에서 얘기하고 있습니다. 1950년 말, 김일성에 의해서 정착되고 1970년대에 다듬어진 '성분제도'를 봐야 됩니다. 출신 성분은 조상에 따라, 그다음에 사회 성분은 사회적 기준에 따라 달라집니다. 1990년부터 성분은 25개로, 지금은 55개 등급으로 분류가 되어 있습니다. 제일 윗 등급(핵심 계층)에는 노동자, 빈농, 일제강점기나 한국전쟁 중 김일성 장군 옆에서 수행한 전사들의 후손, 당 간부들, 연구자와 예술가들이 포함되어 있습니다. 핵심 계층이죠. 그 가족은 북한 인구의 한 18% 정도로, 주로 평양에 거주한다고 되어 있어요. 핵심 계층은 다 평양에 있는데, 이들은 엘리트라고 봐야죠. 핵심 계층 다음은 중성적인 '동요 계층'이 있습니다. 이들은 약 45%로, 북한 인구의 거의 반 정도가 됩니다. 마지막으로 '적대 계층'이 있어요. 예로 목사, 일제강점기 부역자들, 변절자, 중국에서 넘어온 한민족, 재일 한국인, 기생, 무당 등이 이에 속합니다.

근데 또 주목할 것은 2000년대에 이르러서 '복잡 계층'이 또 출현했다고 하네요. 복잡 계층이 뭐냐면 자신이 언젠가 성공하리라는 가능성을 품은 계층을 말하는데요. 이 계층은 동요계층과 적대 계층 사이에 존재한다라고 합니다. 인도의 카스트처럼 계층화가 되어 있다고 합니다. 이런 부분은 체제가 그러하니까 충분히 인식하고 이해가 되는 부분이기도 합니다. 핵심 계층 그다음에 특별 계층들은 늘 평양이라고 하는 특수 도시에 국한해서 살고 있다고 하고, 나머지 동요 계층이거나 적대 계층, 최근에 생긴 복잡 계층은 그 외 지역에서 살겠죠. 북한의 계층은 이렇게 네 계층으로 나눠지고 있습니다.

마지막 장은 '선전'에 대한 내용입니다. '프로파간다'라고 하는 말을 들어봤을 거예요. 특정 이념이나 사상을 대중에게 주입하는 것인데, 신문 기자들이 정치적 목적으로 기사를 씁니다. 선전용으로 말이죠. 따라서 보도된 사건의 진위를 파악하기 어려울 때가 많아요. 그러니까 북한에 대한 정보들이 무수하게 신문에 노출되는 건 맞는데 과연 그런 기사나 내용을 우리가 다 신뢰할 수 있는가 하는 것이 문제겠죠. 이런 점에 대해서 저자가 우리에게 질문을 하는 거죠.

그래서 북한도 2016년도 이후에 세계와 단절하지 않고 개방의 모습을 보여주려 하고 있고, 중국 국경으로 매일 트럭과 상인들이 왕래하면서 거래를 한다고 합니다. 또한 북한주민들이 직업, 학업, 치료상의 이유로 여행하는 일이 증가하고 있다고 합니다. 사업과 외교관, 학생, 노동자들의 출국, 그다음에 외국으로 탈주하고 있는 사람도 늘고 있다고 합니다. 휴대전화 사용량이 늘어나고 있고, 관광객 수도 증가하고 있고, 남한 텔레비전 시청 등 주민의 고립을 개방적인 상태로 해결하려는 움직임이 있는 것 같아요. 집단주의적 이상보다 소비에 더 관심을 갖고 있다고도 합니다. 인터넷이 발달하면서 남한에서 벌어지고 있는 사건이라든가 패션, 문화, 드라마 등등의 매체가 어느 정도 누릴 수가 있게 되었다고 하네요. 물론 공공연하게 볼 수는 없지만, 어느 정도는 눈감아준다고 해야 할까요. 그런 분위기가 최근의 경향인 듯합니다.

위험이 따르겠지만 돈이 있다면 거의 모든 것을 할 수 있는 북한 사회가 되어가고 있습니다. 이런 이야기가 이 책에 나와 있습니다. 그래서 제가 질문을 드리고 싶습니다. 계층을 위한 차별이 정말 심한 건지 경험이 있으시다면 얘기를 나눠보겠습니다. 그다음에 북한의 의료체계와 교육체계는 남한과 많이 다른가요? 북한 시스템의 장단점이 있다면 무엇인지 궁금합니다. 그다음에 이 책에서 언급한 백 가지 질문 중에서 가장 인상 깊었던 것이 있었다면 무엇이었는지도 궁금해요. 실제로 최국희 선생님께 질문을 드리고 싶은 건데 정말 계층에 의한 차별이 심한 건지 궁금하네요. 혹시 최국희 선생님은 어느 계층에 속했는지도 궁금합니다. 제가 알기로 북한에서 연구원을 지내셨다고 하셨는데, 그러면 특별계층에 포함이 되는 건가요?

최국희 : 네. 북한에서는 계층에 의한 차별이 심해요. 가끔 북한 관련해서 예능프로를 TV에서 하잖아요. 〈이제 만나러 갑니다〉 이런 프로를 보면 실제와 많이 다른 부분이 있어요. 내가 보면서도 저거는 좀 아닌데 하는 점이 있어요. 그런데 이 책에서는 내가 경험했던 것하고 비슷해요. 어떤 부분은 내가 아예 모르는 부분도 있었어요. 계층에 의한 차별이 심한 것은 맞아요. 근데 심하다는 게 어떻게 되냐면요, 저는 연구 부문에 있었으니까 계층 차별이 가장 심한 데 있었거든요. 왜 그러냐면 1950년대 이전에 서울대를 나온 졸업생하고도 연구소에서 같이 일을 해봤고요, 또 미국 하버드대 졸업생도 있었고, 동경대 졸업생도 많았어요. 같은 연구소에서요. 어떤 분은 1950년대에 미군 통역을 하셨다 온 분도 있었어요. 미군이 들어왔을 때 통역하는 바람에, 북한에서 봤을 때 계층이 엄청 나빴죠. 미군한테 협조를 했으니까요. 그런 분들이 우리 연구소에 오게 되면 계층에 의한 차별을 심각하게 받아요. 그런데 그 사람들이 인텔리 계층이니까, 글을 읽는 사람들이니까 봐준 거죠. 반감은 있지만 그냥 놔둔 거죠. 그 사람들도 그냥 조용히 산 거예요. 태생이 안 좋으면 계층에 의한 차별을 받는데, 특히 연구 부문에서는 연구사 이상의 직위까지 못 올라가요 그냥 나라에 헌신해야 하는 사람들일 뿐이에요.

국가를 위해서 그렇게 해야 해요. 일꾼도 '행정 일꾼'이 있고 '당 일꾼'이 있는 거예요. 근데 토대나 계급, 계층이 나쁘더라도 행정 일꾼으로는 써줘요. 근데 한계가 있어요. 솔직히 당 일꾼으로는 전혀 안 되는 거예요. 그러니까 말하자면 정치적 당 일꾼하면 정치적 생명을 얻는다고 해요. 그리고 행정 일꾼은 그냥 육체적 생명인 거죠. 생명으로 말하면 그렇다는 거죠. 그래서 우리는 목숨이 정치적 생명과 육체적 생명 두 가지가 있다고 그래요. 육체적 생명은 당과 수령을 위해서 끝까지 헌신하는 거를 말하는 거고, 그렇게 헌신할 수밖에 없어요. 근데 저희는 기본 군중이었거든요. 저희 부모 세대는 솔직히 그냥 일반 군중이었어요. 우리 부모 우리 엄마는 빨치산 운동하던 계열인 거예요. 그리고 우리 아빠는 일반 군중 일반 계급이고요. 그런데 계급에는 우리 아빠가 일반 사무직을 했기 때문에 나는 그냥 일반 군중으로 되는 거죠. 사회적 계층은 우리 아빠한테 해당되는 것이고, 아빠 부모에 따라서 또 계급이 갈리는 거죠.

곽상인 : 그러니까 태어나는 순간 이미 성분이 정해지는 거잖아요. 쉽게 말하면?

최국희 : 네. 태어나는 순간에요.

곽상인 : 예. 노동당이나 당, 군 간부였으면 굉장히 좋은 자리에 올라가고 그렇지 않으면 일반행정이나 평범한 직장에 배치될 수밖에 없다는 거네요. 아무리 내가 노력한다 하더라도 성분 자체를 넘어서고 올라가는 것은 불가능한 시스템이라는 거죠.

최국희 : 네. 근데 완전 불가능하지는 않아요. 그 자신이 특별해야 해

요. 제 주변에서는 어떤 걸 봤냐면, 저희 오빠가 똑똑했는데 더 똑똑한 분이 있는 거예요. 근데 이분이 일반 계급이고 그냥 평범한 집 자식인데 잘 생겼어요. 간부를 뽑을 때 기준이 있는데 토대가 있어야 하고, 그다음에는 인물이에요. 그다음에 보는 게 그 사람 역량이거든요. 사람이 가지고 있는 거요. 그건데 저희 오빠 친구분이 심지어 그걸 다 갖췄거든요. 근데 다만 성분이 부족했어요. 신분이라는 게 그래요. 성분 때문에 더 못 올라가니까 간부가 이것을 안타깝게 생각했나봐요. 그 오빠가 괜찮고 똑똑하니까 검찰서 검사 학교까지 보내요. 북한은 교육이 다 무상이니까요. 그래서 정치 대학을 졸업한 거예요. 그리고나서 도 검찰소에 들어갔어요. 연구소에서 일하다가 정치대학 나와서 검찰서에 들어간 거예요. 근데 집안이 약하니까 거기에서 검사를 했어요. 정책처라는 게 1처예요. 그러니까 1처에 들어가서 일을 했는데 거기에서도 또 집안을 본다고 했어요. 그 사람은 솔직히 집안이 없이, 성분 없이 들어간 거잖아요. 그런데 어떤 간부가 자기 친척들 중에 한 사람을 오빠 자리에 앉히려고 한 거예요. 자기 집안에 힘 있고 똑똑한 사람을 내세워서 말이죠. 그런데 그 오빠는 자기를 밀어줄 사람이 없는 거예요. 그게 집안이 약하니까요. 그래서 그 보위부에서 나왔다고 하더라고요.

또 북한 사람의 90% 이상은 아마도 죄 없는 사람이 없을 거예요. 죄를 안 지은 사람이 없어요. 국가에서 보장해주는 것이 없으니, 어떻게 사람들이 죄를 안 지어요. 주변 사람들이 하는 말이, 재판을 제일 먼저 받아야 할 사람은 김일성, 김정은이라고 해요. 백성들을 위해서 하나도 안 하고 자기네를 위해서만 지금까지 우리한테 복종만 하라고 하니까 그렇죠. 우리를 위해서, 말로만 인민을 위해서 산다고 하지만, 우리 등 쳐먹고 착취해 먹었잖아요. 우리가 먹고 살기 위해서 죄를 지었지, 남한처럼 그렇게 다 자기가 하고 싶은 대로 하면 누가 죄를 짓겠어요. "왜 우리를 범죄자 취급을 하나? 진짜 벌을 받으려면 니네들이 받아야지, 니네가 자기 책임을 다했냐?" 이렇게 항간에서는 말하거든요. 옛날에는 그런 말도 못 했어요. 근데 김정일이 죽고 나서부터는 웬만하게 가까운 사람들끼리 이런 말을 마구 해요.

보위부 사람들 앞에서 이런 말을 자연스럽게 하면, 옛날에는 잡아갔어요. 마구 말하면, 정부에 대해서 조금이라도 안 좋게 말하면 그랬어요. 또 면전에서 말 안 하고 그런 뉘앙스만 보여도 잡았는데 지금은 안 잡아가요. 그리고 만약에 내가 보위부 지도원이잖아요. 근데 옆에 사람이 막말을 해서 잡아가면, 오히려 잡아간 그 보위부 지도원이 왕따를 당한대요. 무슨 말인지 아시겠죠? 사람들이 그런대요. "너도 이 시국을 보고 있잖아. 시국이 이렇게 어려운데, 사람이 막말을 할 수도 있지, 그걸 왜 잡아가냐?"고 말한다고 해요. 그래서 막말하는 사람을 잡아가면 그 보위부 지도원을 왕따시킨다고 해요. 그래서 웬만하면 안 잡아가요. 그냥 "그런 소리 하지 말라."고 가볍게 말한다고 해요. 지금은 조금 자유로워졌다네요. 그 대신에 부익부 빈익빈 차이가 완전히 심각하게 되어 있대요. 못사는 사람들은 완전 못살고 잘사는 사람들은 여기 남한의 중산층 부럽지 않게 산다고 하더라구요.

전주람 : 평양 말고 일반 지역에서도 그렇다는 거죠?

최국희 : 그렇죠. 지방에 잘 사는 사람들이 더 많죠. 왜 그러냐면 평

양은 제한돼 있어요. 평양에서 잘 사는 사람은 백두산 줄기여서, 중앙당에서 국가 배급을 타 먹거나 어떤 직위를 갖고 우려먹는 사람들, 높은 직위에 있는 사람들이에요. 그렇지 못한 사람들은 정말 죽지 못해 살아가는 사람들도 있어요. 평양이라고 해서 다 잘 사는 것은 아니죠. 어떤 사람은 진짜 여기를 왜 왔는지 모를 정도예요. 솔직히 우리 탈북민 사회에서는 그 사람이 자식을 위해서 왔다고 하는데, 그 말을 믿지 않아요.

전주람 : 그러면 뭐라고 그래요?

최국희 : 사람들은 뭐라고 하냐면 외화벌이 과제가 있다고 해요. 저런 사람들은 '충성 자금'이라고 해서 달러를 1년에 얼마씩 내야 하는 그런 과제가 있는 거예요. 그 과제를 달성하지 못하면 주기적으로 사람을 중앙당으로 불러서 다시 못 나오게 한다는 거예요. 그러니까 자본주의의 맛을 본 거니까, 우리끼리 하는 말이지만 "자녀를 위해서 남한에 왔다고 북치지 마라." 그래요. 그 자녀들도 솔직히 얼마나 고급스런 생활을 하겠어요. 솔직히 그냥 거기에 있었다면 간부 자녀들도 만만치 않은 걸 누리고 살았을 거예요. 우리 같은 건 쨉(비교)도 안 되는 그런 삶을 살 거예요.

우리 삼촌도 평양에 있어요. 그 집에 가보면 그쪽 사람들은 대체로 해외로 나가서 달러를 많이 벌어와요. 그렇게 해서 조금이나마 돈을 공급해요. 평양시 사람들을 보고 나는 깜짝 놀랐댔어요. 저희 집보다도 정말 비굴하게 빈곤하게 산다고 해야 할까요. 그런 느낌이었어요. 겨울에 갔는데 저희 집은 지방이지만 이렇게 애기들도 벗고 자요. 겨울에 탄불, 그러니까 구멍 연탄으로 덥히니까 정말 팬티 바람으로 자요. 어른들도 다 팬티 바람으로 자곤 해요. 근데 평양의 만경대에 가려고 삼촌네 집에 들렀는데 방바닥을 디딜 수가 없는 거예요. 대리석처럼 찬 얼음판 같은 그런 느낌이어서 놀랬더랬죠. 밤에 거기서 잤는데, 삼촌이 이불을 주는 거예요. 그 안에 들어가서 어떻게 자나 근심했는데, 좀 있으니까 삼촌이 비닐통에다 끓는 준비물을 담아주는 거예요. 그걸 발밑에다가 넣어주니까 한참 있다가 온기가 나기는 하는데, 그래도 추워서 새벽에 자꾸 깨게 되고 그랬죠. 아침에도 일어나서 밥 먹는 것도 너무 추워서, 잘 사는 사람들은 잘 살고 못사는 사람들은 또 이렇게 사는구나 싶더라고요.

곽상인 : 고생 많이 하셨네요. 자, 이승아 학생은 혹시 북한에서 차별을 경험해 본 적 있어요? 어린 나이지만 혹시 하실 말씀이 있는지요.

이승아 : 저는 이거에 대해 크게 느끼지 못했는데요. 저희 친척이나 외척 모두 평양에 있는 분들이 많고 또 이제 친편에 있는 분들은 높은 직위에 있어요. 그리고 북한에서 평양에 어떤 대학교에서 박사이신 분이랑 친하기도 해요. 그 분은 박사주택에 들어갔어요. 김정은이가 박사들한테 주택을 내준거요.

최국희 : 그건 평성에 있는데요.

이승아 : 근데 평양에 하나 있어요. 건물이.

전주람 : 박사들만 들어가는 건물이 있어?

이승아 : 그런 사람들한테 내주는 집이 있었어요. TV에도 나왔을 때 제가 직접 가봤거든요. 저는 솔직히 어릴 때는 상류층에 있었어요.

잘 사는 편이었어요. 저희 지역에서는 저희 엄마 이름을 말하면 다 알 정도였어요. 저희 집안이 나름대로 괜찮았는데, 김정일이 죽고나서 한 번 망하고, 화폐 개혁하면서 2차로 저희가 망한 거예요. 그때부터 조끔씩 집안이 쇠퇴하긴 했는데 그래도 저희는 불 잘 때고 따뜻하게 살았죠.

전주람 : 평양이야?

이승아 : 저희는 평양 아니었어요. 친편에 친할아버지 형제 두 분이 평양에 계시는데 두 분 다 높은 직위에 있고 또 친할아버지는 저희 쪽에 있어요. 저희 친편이 한국으로 비교하자면 옛날 지주들 사는 집 같았어요. 곳간도 몇 개씩 있고, 집도 한 채이기는 한데, 엄청 커요. 양반집처럼 넓게 되어 있어요. 뒤에 과일밭도 엄청 넓게 있어요. 그런데 솔직히 저희랑은 상관없어요. 저희 아빠와 사이가 안 좋아서 그쪽 집안에서도 저희를 배제해 놓고 살았어요.
그리고 저희 친구 언니가 '5과'라고 해서 여자들이 가는 '비밀 군대' 같은 게 있어요. 아시죠? 여자들이 가는 게 '5과'고 남자들이 가는 게 '6과'인데, 예쁜 여자들만 가요. 일단 예뻐야 해요. 기본적으로 이 조건이 충족돼야 뽑혀가는데 저희 지역에서 진짜 딱 한 명 뽑혀가고 그랬거든요. 여자가 두 명인가 갔고 남자가 두 명 정도 갔는데, 그중에 한 명이 저희 사촌 오빠가 갔거든요. '6과'로.

전주람 : 여자 뽑는 것을 알았는데, 남자도 뽑는지는 몰랐네.

이승아 : 남자도 있어요. 원래는 성형하면 안 되고 자연미인 자연미남이어야 해요. 자연미인을 뽑아야 하는데 친구 언니가 쌍꺼풀 수술

했는데 뽑혀서 논란이 되었어요. 그래서 돈 먹여서 보냈다는 식으로 논란이 진짜 컸어요. 저희 지역에서 사촌 오빠가 갔다고 했잖아요. 사촌 오빠네는 저희 집안이 망한 이후여서 돈을 매기고 할 수 있는 형편이 아예 없었어요. 근데도 오빠네도 '6과'를 갔고 또 다른 사촌 오빠도 대학교에 가고 그랬어요. 원래 대학교 가려면 어느 정도 재력이 있어야 하거든요. 근데 저희 사촌 오빠 한 명이 좀 멀리 있는 대학교에 갔어요. 그래서 저는 힘든 걸 별로 못 느꼈어요.

전주람 : '6과'는 뭐 하는 곳이야?

이승아 : 비밀이에요. 저희는 아예 몰라요. 한 번 가면 10년? 20년? 뭐 그 정도까지 소식이 없고 중간에 딱 한 번, 10년에서 15년 후에 사진이 한 장 집에 도착해요. 어떻게 지내는지 알려주려고 그래요. 살아있다, 뭐 그런 걸 증명하려고 보냈는 거 같아요. 군복 입고 사진이 하나 와요. 근데 살이 좀 심하게 빠졌더라 그래요. 그래서 좀 많이 힘든 거 같다고 그렇게 생각해요. 약간 비밀군대(북한의 호위국)라고 생각하고 있거든요. 그리고 이번에 저희 오빠가 강제 제대를 당했거든요. 왜냐면 저희 사촌 언니가 한국에 왔는데, 큰엄마가 그 언니랑 통화하다 걸려서 그것 때문에 강제 제대가 됐거든요. '6과'에서 나왔는데 오빠가 얘기하는 걸 들어보니까 그곳에서 엄청 부유하게 잘 먹고 잘 있었다고 하더라구요. 엄청 살이 쪄서 왔대요. 그게 살짝 간첩 같은 거 있잖아요. 저희는 그렇게 생각하고 있었어요. 첩보원으로 생각하고 있어요. 그런데 저희 친구 언니하고 사촌 오빠가 갔다고 했잖아요. 정확한 것은 아니고, 그랬다는 썰이 있는데, 친구 언니네가 어디 첩보원으로 들어갔는데, 그 첩보원으로 활동하다가 차

가 굴러서 다 죽었다는 소식이 왔다는 거예요. 그래서 친구 엄마랑 친구가 엄청 울고 그랬어요. 좀 핫한 뉴스였어요.

곽상인 : 알겠습니다. 지금 얘기가 계속 다른 방향으로 너무 멀리 나가고 있네요. 이쯤에서 끊어야겠습니다. 지금 계층에 대한 얘기를 하다가 5과, 6과라고 하는 집단까지 이야기가 전개됐습니다. 우리나라의 어떤 국정원 같은 그런 역할을 하는 단체가 아닐까 싶습니다. 그런 느낌이 있네요. 뭔가 비밀스럽게 정보를 캐야 하고 첩보적인 여건도 되어야 하고 그렇네요. 그러니까 굉장히 비밀리에 임무수행을 해야 되는 그런 집단인 것 같습니다.

자, 이게 마지막 질문이에요. 북한의 의료체계와 교육체계를 살펴볼 건데요. 원래 코로나가 지금 문제되고 있고 또 북한도 마찬가지라고 봅니다. 북한 의료시스템이 갖고 있는 장단점은 무엇이 있을까요? 북한의 교육시스템은 잘 되어 있는지도 궁금합니다. 뭔가 부족하거나 보완할 점이 있으면 말씀해주셔도 좋겠습니다.

최국희 : 너무 열악하니까 어떻게 말해야 될지 모르겠네요.

곽상인 : 그러면 몇 가지 질문을 던져볼게요. 거기도 병원비 같은 것은 다 무상인가요?

최국희 : 네. 맞아요.

곽상인 : 입원을 한다든가, 치료를 받는다든가, 주사를 맞는다든가 이런 부분도요? 주사 맞는 것도 다 공짜로 할 수 있는 거예요?

최국희 : 네. 주사 맞고, 진단 받고, 병원에 입원하고 하는 것 모두,

하나부터 열까지 무료는 맞아요. 근데 다만 내가 약을 사갖고 가야 돼요. 그러니까 아침에 담당 의사가 오시는 거예요. 간호사 선생님 하고 같이. 그러면 아침에 링거 몇 병을 줘요. 그다음에는 약국 같은 데서 약을 사가지고 오면 간호사가 링거를 꽂아주는 거예요. 약을 사와야 의사 선생님이 이렇게 하라, 저렇게 하라고 간호사한테 지시하면 그때부터 링거 꽂아준다는 얘기에요. 만약에 내가 '수술해야 된다' 그러면 수술은 해주는데, 거기에 쓰이는 약을 사야 해요. 그러니까 수술장비를 쓰는 비용은 안 드는데, 거기를 할 때 쓰는 모르핀부터 시작해서 일체 약은 본인이 다 사야 해요. 만약에 내가 그걸 감당하기가 어려우면 수술했던 의료진들에게 한 끼 식사를 대접해야 해요.

근데 의사들도 솔직히 배급도 안 주고 돈도 안 주니까 힘든 거예요. 거기다가 무료로 수술을 해야 하니까 더 힘들겠죠. 그래서 사람들은 사회적인 구조가 무료라 하더라도, 맹장 수술했을 때는 얼마, 또 다리 수술했을 때는 얼마 이런 식으로 거의 정해서 의사들한테 돈을 줘요. 근데 만약에 진짜 어려워서 돈을 못 내게 되면 안 내도 상관없어요. 그러면 솔직히 미안하고 눈치 보이고 그래요. 그러면 더 치료를 받고 싶어도 못 받고 그런 경우가 많죠. 근데 제가 병원에 입원해 보니까 진짜 심각하게 어려워요.

병원 측에서도 회의를 해요. 일주일에 한 번씩 진료소에서 회의를 열어요. 남한에 의원이 있고 병원이 있는 것처럼, 거기에는 진료소라는 데가 있어요. 진료소에서 일주일에 한 번씩 회의를 열어요. 이번에 오는 환자들 속에서 정말 어려운 사람이 누구인가 살피는 거죠. 그래서 병원에서 가지고 있는 약품을 무상으로 누구에게 줄 것인가 회의를 해요. 무상으로 줘야 할 취약한 환자가 누구인지를 정하는 회의를 한다는 거예요. 병원에서도 정말 힘든 사람은, 진짜 나가서 곧 죽을 것 같은 사람은 병원에 입원을 시켜요. 한두 번씩은 그렇게 해요. 그런 사람들한테 국가가 무상으로 약을 지급해요.

국가에서 내려오는 약이 있어요. 그것을 취약한 사람들한테 주는 건 이해되죠. 근데 점점 돈이 있는 사람들한테만 약을 주는 거예요. 그러면 이 사람들은 돈에 대한 대가를 또 치러주는 거예요. 정말 어려운 사람을 도와주는 걸 보긴 했는데, 북한의 의료체계라는 게 열악하다 보니 나중에는 돈이 있는 사람들한테 우선적으로 약을 주는 거예요. 그리고 박사들이 있죠. 내가 연구 기간에 있었으니까 박사들이 아프면 전담 과가 따로 있어요. 박사 이상들은 어디가 아프기만 하면 일체 약이 다 나와요. 내가 돈을 안 내도 돼요.

여기 대한민국의 의료체계는 90% 정도가 장점이죠. 근데 여기는 의사 선생님들이 기계에 너무 의존하는 거예요. 북한 의사들은 진찰을 해보고 기계가 있지만은 잘 안 쓰기도 해요. 기계는 평양밖에 없어요. 지방 의료체계는 정말 열악해요. 그래서 저희 지방은 의사들이 병 진단을 청진기로 다 해요. 여기에서는 '이 사람의 암이다.' 그러면 수술 날짜를 잡고 그렇잖아요. 그런데 거기에서는 의사가 진찰을 해보고, '이건 안 되겠다.'라고 하면 그때 평양으로 가는 '후송증'이라는 걸 떼줘요. 진료 시스템은 어떻게 보면 여기하고 비슷해요. 지방에서 해결이 안 되면 서울로 보내잖아요. 북한도 지방에서 해결이 안 되면 평양으로 보내요.

큰 병원에서는 의사가 회진해요. 환자에 대해서 살펴보고 '아무래도 적십자에 보내야 되겠다.' 이러면 적십자에 보내요. 그러면 돈이 하나도 안 들어요. 내가 적십자에 이송되는 데도 돈이 안 들어요. 솔직히 후송증이 있으면 통행증도 있어야 하는데, 통행증은 후송증만 있으면 1주일 안에는 나와요. 그런데 이것도 문제인 게 시스템이 열악하다 보니, 그 통행증이 언제 나올지 잘 몰라요. 한 달 걸릴 때도 있어요. 이것을 요구하는 사람들 모두한테 다 줄 수는 없잖아요. 그래서 자기 직책을 이용하거나 돈을 이용해서 통행증을 먼저 가져가려는 사람도 있어요. 돈 주는 사람한테 통행증을 먼저 줘요. 그때부터 돈이 들어가는 거죠. 평양에 입성해서는 돈이 안 드는 거예요.

전주람 : 한국의 의료시스템을 언급하실 때, 의사들이 기계에 매달려 있는 것을 부정적인 시각으로 보시네요?

최국희 : 네. 기계에 너무 매달려서 어떨 때는 의사가 의과대를 나온 것이 아니라, 무슨 기계를 전공하는 대학을 나왔는지 느낄 때가 있어요. 환자 입장에서 보면 그래요. 우리 언니도 한번 체험한 적이 있는데, 소화가 안 되고 그러니까 병원에 갔더니 이렇게 체크하는 거 있죠? 병원에 가면 '술은 한 주에 얼마씩 먹냐', '뭐는 어쩌냐' 등 이렇게 하는 거 있죠. 체크하는 거 있죠. 근데 저는 술을 안 마시거든요. 그런데 소화가 안 돼서 가도 운동 부족이라고 해요. 운동을 잘 안 해서 소화가 안 된다고 말해요. 근데 우리 언니는 체크하는 것에 술을 좀 마신다고 했거든요. 그러니까 술을 많이 마시기 때문에 소화가 안 된다 그러더래요. 그래서 우리 언니가 말하는 게 진찰도 안 해보고 내가 체크한 것만 보고 사람을 판단한다는 거예요. 그래서 대한민국의 의료시스템이 너무 기계적이라고 말해요.

곽상인 : 알겠습니다. 이승아 학생은 아까 얘기하다 말았는데, 혹시

이와 관련해서 기억나는 게 있어요?

이승아 : 의료에 대해서요?

곽상인 : 의료는 최국희 선생님께서 얘기를 많이 하셔가지고 더 언급하지 않아도 될 것 같구요. 교육받았던 시스템은 어땠어요?

이승아 : 교육 시스템이라. 한국은 객관식, 주관식, 서술형 이런 식으로 문제에 대한 답이 나뉘잖아요. 객관식 같은 거는 요점만 찍어서 보고 그 단어에 대한 간단한 것만 알면 풀 수 있잖아요. 그런데 북한에서는 모든 게 서술형이에요. 전부가 서술형. 예를 들어서 위대함이라는 말로 시작하면 그다음 문장까지 답을 전부 다 외워야 하는 거예요. 엄청 긴 답인데도 전부 외워요. 그만큼 외우니까 아는 게 많아서 기억에 오래 남아요. 한국에 와서는 기억에 남는다기보다 시험을 치기 위해서 공부하니까 좀 다른 것 같아요. 북한에서는 어떤 부분이 어디에서 나올지 모르니까 계속 달달 외워야 해요. 오히려 저는 북한의 방식이 더 좋았어요. 한국 학생들한테는 오히려 시험 칠 때 짧으니까 좋긴 하겠지만, 기억에 남는 거는 오히려 북쪽이 낫다고 생각했어요.

곽상인 : 특이한 것은 북한의 경우 객관식이 아예 없다는 거네요.

이승아 : 없어요. 전부 다 그냥, 다 외워야 해요. 문장도 길어요.

곽상인 : 주관식, 객관식이 없는 건 상관없는데, 주관식이라 하더라도 논술처럼 쓰는 것 자체가 생각을 적는 것이 아니라 외워서 쓰는 거잖아요. 그게 의미가 있을까 싶기도 하네요.

이승아 : 이미 답이 정해져 있어요.

곽상인 : 제가 볼 때는 자기 생각을 적으라고 하면 더 좋을 것 같은데, 단순하게 많이 외워서 쓰는 것은 아쉽네요.

이승아 : 그런데 다들 그 긴 문장을 다 외우더라고요.

최국희 : 근데 20대 때부터 외우는 것이 습관화되어 차라리 편해요.

곽상인 : 특이하네요. 근데 저도 대학에서 학생들을 가르치잖아요. 그러면 객관식보다는 논술 형태로 자기 생각을 정리해서 쓰는 것을 좋아해요. 답이 정해진 게 아니라 자기 생각을 논리적으로 잘 써내면 되지 않는가 하는 생각이 들어요. 담당 교수가 이해할 수 있을 정도면 좋은 점수를 주거든요. 물론 제가 생각하는 답이 정해진 것은 사실이에요. 상대평가를 해야 하니까요. 그러나 정답의 테두리 안에서 유연하게 글을 써내기만 하면 좋은 점수를 줍니다. 북한 같은 경우는 그게 아니라 거의 정해진 답이 있는 거잖아요. 한편으로 보자면 암기하는 건 좋습니다만 세뇌교육의 어떤 맹점일 수도 있겠다는 생각도 들어요. 이 부분에 대해 기분 나쁘게 듣지 마시기를 부탁드립니다.

최국희 : 아니에요. 교수님 말씀이 맞아요. 당의 유일적 지도 체계로 인민을 가르치거든요. 그래서 장군님의 사상과 생각과 이념대로만 우리가 사고하고 행동해야 되기 때문에 그렇게 된 거예요. 맞아요.

곽상인 : 최국희 선생님은 그러면 주체사상에 대한 교육도 많이 받으셨죠?

최국희 : 그죠. 주체사상 교육 내용을 달달 외워야 해요.

곽상인 : 그러면 주체사상에 대한 교육을 받았을 때 현장에서 경험한 부분을 여쭙고 싶은데요. 혹시 교육현장에서 주체사상을 외우라고 하는데, 선생님께서는 '저 내용을 진짜 암기하기 싫은데 해야 하나?' 이런 생각도 해본 적이 있나요?

최국희 : 저희는 그런 거 없었어요. 세뇌라는 게 무섭죠. '이렇게 해야 되는가 보다.' 하고 했어요. 근데 김일성이 죽고 또 몇 년 후에 김정일이 죽으면서 대한민국 문화가 북한에 많이 들어오게 됐어요. 그러면서 머리가 좀 깨우쳐진 것 같아요. 주체사상을 배울 때가 1970년대였거든요. 제가 1975년생이니까요. 그 당시에 교육받을 때는 진짜 주체사상을 교육하는 전성기라고 말할 수 있어요. 그러니까 이 사상을 거의 생명으로 받아들였지, 이거에 대한 거부감이 없었댔어요. 그런 생각은 했댔어요. '자기 운명의 주인은 자기 자신이며, 자기 운명을 개척하는 힘도 자기 자신에게 있다.'고 하는데, 정말 그런가 싶기도 했어요. 이것이 주체사상인데 '왜 내가 주인이 아니고 항상 김일성이 주인인가?' 그런 생각은 해봤죠 그렇지만 그걸 입 밖으로 말은 못 해봤죠.

곽상인 : 알겠습니다. 이 책에 보면 김정일의 장례식이 나오는데, 혹시 기억하시나요?

최국희 : 기억을 하죠.

곽상인 : 정말로 북한인들이 슬퍼하는 날이었는지 궁금하네요.

최국희 : 아니에요. 그렇진 않아요. 나는 김일성, 김정일, 김정은의 체제를 다 받아보고 온 사람이에요. 김일성이가 죽었을 때는 개성시에 저희 이모가 있어서 개성에 와 있었거든요. 근데 김일성이 죽었을 때는 진짜 신이 죽은 줄 알았어요. 김일성이는 오줌똥도 안 싸는 사람이라고 생각했어요. 신, 그냥 신인 줄 알았댔어요. 근데 갑자기 신이 죽었다고 하니까 솔직히 세뇌를 너무 받아서 그런지, 김일성이가 어떻게 우리한테 했는지를 기억하게 되더라구요. 김일성이는 우리한테 곡식을 주시고, 일본 놈들을 때려부시고 등등 다 좋은 일만 한 사람으로 기억이 됐댔으니까요.

그때는 정말로 북한 사람들이 쓰러져서 까무러치고 병원에 실려가고 그랬어요. 어른들은 밥도 안 먹고 너무 슬퍼했어요. 근데 김정일이 장례식은 사람들이 죽지 않았어요. 솔직히 김정일이 죽었을 때는 덜 슬펐어요. 김일성이 죽고 김정일 체계를 받아보니까 김일성이가 더 낫다는 걸 알았죠. 김정일이 죽었을 때는 광장에 빈소를 설치해서 조문하게끔 했어요. 매 업체들마다 사진 밑에다가 계속 저희를 하루에 한 번씩 아침저녁으로 조의를 하게끔 했죠.

그런데 조의를 하고 또 24시간을 그렇게 열흘간 했어요. 밤에 장례장을 지키는 사람들도 있었죠. 지키는 사람들이 술 먹고 자구 이렇게 했어요. 그렇기 때문에 그렇게 슬퍼하지 않았댔어요. 그리고 사람 성격에 따라서 죽는다고 하잖아요. 김일성이는 착했기 때문에 더운 날에 죽었고 김정일이는 너무 못돼먹어서 겨울에 죽었다고 그랬어요. 죽어서도 살아있는 사람을 고생시킨다고 그랬어요. 북한사람들이 엄청 저주했댔어요. 저는 전혀 슬퍼하지 않았어요.

곽상인 : 온도 차이가 다 있네요. 이게 보니까 느낌의 차이가 다 있

다는 말씀이네요.

최국희 : 그죠. 네.

곽상인 : 그랬었구나. 잘 알겠습니다. 이제 마지막 질문이 되겠습니다. 최국희 선생님께서도 한국에 처음 오셨을 때 많은 상처를 안고 살아가셨을 것 같습니다. 우울증도 있으셨다는 얘기를 하신 것도 같구요. 지금은 어떠신지요? 친구들을 만나고 그분들과 얘기를 하다 보니까 그런 상처들이 많이 없어지셨는지요? 혹은 그런 상처를 이겨낼 수 있는 힘이 어디에 있었는지 궁금합니다. 최국희 선생님은 워낙 연배도 있으시니까 그때 어떤 에너지로 살아가셨는지가 궁금해요. 그 힘이 가족에게서 나왔다고 하셨던 것 같기도 하네요. 혹시 이 점에 대해서 보충설명하실 게 있으신지요?

최국희 : 저도 힘든 부분이 있었고 지금도 힘들어요. 근데 힘들 때 제일 먼저 떠올리는 게 딸이죠. 내가 이렇게 나약해 있고 내가 이렇게 힘들면 우리 딸이 얼마나 힘들까 그 생각만 합니다. 내 딸이 아직 젊었으니까 '더 큰 언덕을 넘어야 되는데, 내가 없으면 어떻게 넘겠는가', '엄마가 이렇게 잘 넘는 걸 보여줘야지' 이런 생각을 많이 해요. 그다음에 두 번째로 의지되는 게 고향에 있는 친구들이죠. 친구들은 내가 여기에 와 있는 거를 부러워하고 좋아한다고 하더라구요. 남한으로 진짜 잘 갔다고 그러더랬죠. 그러면서 "나도 기회가 되면 국희 따라갔으면 좋겠다."고 한대요. 그런데 나는 항상 그런 생각을 하게 되죠. 친구들이 나를 부러워하는데, 내가 여기에서 조그마한 상처에 나약해 있으면 안 되잖아요. 친구들은 더 힘든 상황에서도 버티고 살아가는데 말입니다. 만약에 통일이 된다면 '내가 이걸

극복하고 떳떳하게 참 아름다운 모습으로 성장했어.'라는 걸 보여주고 싶어요. 그런 생각을 해요. 먼저 온 사람인데 이런 생각으로 많이 버틴 것 같아요.

곽상인 : 그렇군요. 눈물을 흘리시는 것 보니까, 말씀하시다가 갑자기 서러움이 몰려온 듯합니다. 제가 죄송합니다.

최국희 : 아닙니다. 친구들 생각하니까 갑자기...

곽상인 : 알겠습니다. 빨리 분위기를 전환해야겠습니다. 이 책에 보면 '100가지 질문'이라는 타이틀이 붙어 있잖아요. 시간상 100가지를 질문드릴 수는 없구요. 여기 나와 있는 장마다 내용을 정리할 때 현실적으로 와닿는 부분을 위주로 해봤어요. 그런데 하필 이 텍스트가 북한의 실상을 보여주는 것이기도 하거니와 한편으로는 최국희 선생님이라든가 여기에 모인 학생에게 기억하고 싶지 않은 상처를 다시 마주하게 하는 대목이 종종 등장해서 세미나를 진행하는 데 약간 어려웠습니다. 혹시나 이 질문을 뽑을 때 오늘 참여하신 여러분께 상처가 되는 부분이 있지 않았을까 하는 생각 때문에 그랬죠. 이 책을 보면 북한에 대해서 부정적인 표현들이 되게 많이 나왔거든요. 특히 TV매체에서 나오는 "이제 만나러 갑니다"라는 프로라든가 북한분이 나와서 하는 쇼 프로의 내용을 우리가 신뢰할 수 있는가에 대해서도 문제의식을 던져주고 있더라구요. 극단적인 비유를 들자면 지금 최국희 선생님이 하시는 말씀이라든가 이승아 학생이 우리에게 전달하고 메시지가 과연 신뢰할 만한가라고 하는 물음까지도 연결이 돼버리기 때문에 이런 부분을 신경써야 했습니다. 그럼에도 불구하고, 어쨌든 우리는 북쪽을 경험하지 못한 사람들이기에 최국희

선생님이나 이승아 학생의 메시지를 굉장히 소중한 것으로 기억할 필요가 있겠습니다. 소중하기에 기억해야만 하는, 그리하여 잊지 말아야 할 대목을 여러분과 함께 나누었다고 생각합니다. 그런 점에서 감사함을 표하고 싶습니다. 마지막에 최국희 선생님께서 친구를 언급하실 때 저도 울컥했어요. 저도 힘들 때 가까운 사람을 떠올리고 친구를 떠올리거든요. 그래서 공감이 됐습니다. 자, 그러면 이 정도로 세미나를 정리하겠습니다. 모두 감사합니다.

선택할 수 있는 당신

You can choose

6

진 행 자: 전주람
게 스 트: 김지은 교수
진행방식: 집단토의
일　　시: 2022년 9월 16일
시　　간: 오후 6:00-8:00(약 2시간)
참 가 자: 박한길, 최국희, 김경애, 소아진, 정유화

전주람 : 안녕하세요. 벌써 6회기 독서세미나를 진행하게 되었습니다. 오늘은 특별 게스트로 김지은 교수님을 모시고 진행합니다. 김지은 교수님께서 쓰신『당신은 선택할 수 있습니다』를 가지고 같이 얘기를 나눌 텐데요. 그냥 간단하게 인사를 나누고 시작하겠습니다.

소아진 : 저는 올해 24살이고 지금 **대학교 1학년 재학 중이구요. 북한에서 왔고 2004년에 왔습니다. 대학교에서 보건복지학을 전공하고 있어요.

전주람 : 다음으로 자기소개 간단하게 해줄 수 있을까요?

정유화 : 안녕하세요. 저는 정유화입니다. 나이는 22살. 그리고 대학교 2학년 재학 중에 있습니다. 전공은 간호학입니다.

전주람 : 오 그렇군요. 김지은 교수님은 한의사이시니까, 두 분이 연결되는 지점이 있겠네요. 그다음 김지은 교수님?

김지은 : 안녕하세요. 저는 김지은입니다. 제 책을 이렇게 읽어주신다고 하니 너무 고맙고 황송하고 그렇습니다. 그래서 한달음에 왔습니다. 그냥 개인적인 이야기라 크게 도움이 되는 건 없을 텐데 그래도 읽어봐주신다 하니까 사실은 개인적으로 너무 고맙습니다. 저는 북한에서 왔고 직업은 한의사고요. 지금 아주대학교에서 강의하고 있습니다. 여러분, 진심으로 반갑습니다.

전주람 : 환영합니다. 김 교수님과는 우연히 만났습니다. 지난주인가요? 통일부에서 주최하는 통일교육위원회에 갔는데, 대부분이 남자 선생님들이었는데, 딱 혼자 김지은 교수님이 앉아 계신 거예요. 저도 처음이라서 어디에 앉아야 하나 쭈뼛쭈뼛하다가 교수님 옆에 앉았어요. 근데 제가 김 교수님을 유튜브나 영상에서 많이 본 거예요. 그때 '탈북 1호 한의사'라고 소개를 하셨는데, 그게 생각났어요. 제가 즐겨보는 '탈북 청소년 프로그램'이 있는데, 그 프로그램을 개발할 때 롤모델로 누구를 선정하면 좋을까 고민할 때였어요. 연구팀 멤버들이 김지은 교수님을 롤모델로 추천하셔서 청소년들에게 소개한 적이 있어요. 처음에는 서먹서먹했는데, 같이 식사하면서 얘기를 주고 받다가 "혹시 세미나에 참여해주실 수 있는지" 시간을 여쭤본게 인연이 되어 여기까지 초대가 되었습니다. 북한청년들 모임이라서 청년들한테 좋은 말씀을 해주십사 부탁드린 겁니다. 남한으로 먼저 온 선배로서 의미 있는 말씀이 있을 거라 기대가 됩니다.
일단, 이 책을 읽으면서 궁금한 점들을 질의응답해보도록 하겠습니다. 그리고 여러분도 궁금한 것들을 마음껏 자유롭게 얘기해주시면 좋겠습니다. 첫 번째로 이 책의 제목이 굉장히 눈에 들어왔거든요. 『당신은 선택할 수 있습니다』인데, 북한의 체제에서 많은 것을 선택

할 수 없는 그런 처지나 환경을 역으로 빗대서 선택한 제목이 아닌가 싶더라구요. '선택'이라는 단어는 북한과 남한이 다를 것 같습니다. 그래서 여러 가지 문구 중에서도 '선택'이라는 단어를 김지은 교수님이 선택한 이유가 궁금했어요. 혹시 답변이 가능할까요?

김지은 : 10년 전에 KBS1에서 했던 프로그램에 나간 적이 있었어요. 이 프로그램이 뭐냐면 〈강연 100℃〉예요. 프로그램에 참여한 청중들이 강연자의 내용을 듣고 감동하거나 공감할 경우 버튼을 누르는 겁니다. 100도까지 올라가면 만점이거든요. 제가 그때에 97점으로 최고 점수를 받았어요. 그때 강연했던 제목이 '당신은 선택할 수 있습니다.'였어요. 제가 이 '선택'이라는 단어를 좋아하는 이유는 북한에서 살다가 한국으로 왔는데 북한에서는 선택권이 없고 한국은 선택권이 나한테 있는 거예요. 이 선택권이 얼마나 소중한지를 북한에서 잘 모르고 살았다는 생각이 들었어요. 그리고 선택이라는 게 내가 원한다고 해서 '이거 할 거야.' 하는 것처럼 무작정 내가 원하는 걸 밀고 나가는 게 아니라는 것도 알았어요. 내가 한 선택이 어떤 법적 테두리 안에서 안 좋은 부분은 없는지를 검토해야 한다는 것도 한국에서는 굉장히 중요하다는 걸 알았죠. 아무리 기본권이 소중하고 내 프라이버시가 중요하다 하더라도 그것이 전체적인 법적 제도 하에서 법 규범과 어긋날 때는 결코 선택하면 안 된다는 의미이기도 합니다.

스스로 내가 갈 길을 선택하지만 우리는 어떤 선택을 했을 때 그 선택이 마음에 들 때도 있고 마음에 안 들 때도 있거든요. 내가 스스로 선택할 때도 있지만 떠밀려서 어쩔 수 없이 선택하게 되는 경우도 있는 거잖아요. 그럼에도 불구하고 한국과 북한이 다른 점은 북한의 경우 한 번 선택하면 그것으로 끝이에요. 학교도 한 번 들어갔다 떨어지면 끝이고 재수가 있거나 이런 게 없어요. 근데 한국은 내가 한 선택이 내 마음에 안 들거나 떠밀려서 했거나 마음이 불편하면 그걸 다시 바꿀 수도 있는 사회라는 거죠. 그러기 때문에 지금 내가 처한 환경이, 내가 처한 이 현실이 설사 내 마음에 좀 들지 않다고 하더라도 그걸 새롭게 생각하고 방향을 틀 수도 있는 시스템을 한국사회는 가졌거든요. 그렇기 때문에 너무 환경에 종속되지 말고 너무 압박으로 느끼지 말고 좀 쉬다가 다른 길도 찾아보면 새로운 선택이 열릴 수 있지 않겠느냐 하는 겁니다. 그래서 '당신은 선택할 수 있습니다'라고 한 것입니다. 그러니까 지금 환경에 너무 주눅 들지 마세요. 한국은 괜찮습니다. 이런 말을 하고 싶었던 거예요.

전주람 : 저는 교수님과 다르게 늘 선택할 수 있었던 환경에서 살았습니다. 그러니까 여기 한국에 태어난 사람들은 되레 선택할 수 있는 게 많아서 더 머리가 아프고 복잡했던 측면이 있어요. 그런데 선택이라는 측면에서 봤을 때, 누군가에 의해 내 선택이 수동적으로 결정되는 것보다 선택을 능동적으로 결정해야 하는 상황이 되었을 때 혹시 혼란스럽지 않았나요? 이 부분이 궁금해요.

김지은 : 혼란스러운 점이 많았죠. 왜냐하면 한국은 내가 한 선택을 내가 책임져야 하기 때문에 어떤 선택을 해야 할지 좀 힘들어요. 그래서 어떤 때는 누가 "그냥 해."라고 하면 그쪽으로 그냥 모른 척하고 따라갈 수도 있는 건데, 자기가 하고 싶은 것을 할 때도 있는 거잖아요. 제가 한국에 와서 선택하는 게 어렵다고 느꼈던 것은 강연이 있거나 어딘가로 불려갈 때 주최 측에서 "강연료 얼마 드리면 될

까요?" 하고 묻는 경우들이 있었어요. 물론 강연료가 다 책정돼 있겠지만 예의상 묻는 것 같아요. 거기에 무조건 제가 답변을 해야 되는 줄 알았어요. 한국 사회에서는 굳이 답변 안 해도 되잖아요. 제가 만약에 1,000만 원 달라면 1,000만 원 줄 건가요? 그건 아니잖아요. 그렇게 나한테 물어볼 때 내가 어떤 답변을 해야 하는지 굉장히 힘들더라고요. 이런 것들도 다 제가 책임지고 선택해야 하는 부분인 거죠. 주최측에서 알아서 강연료를 주면 고맙겠지만, 제가 "얼마 주세요."라는 말은 정말 못하겠더라고요. 말이 안 나갔었어요.

이렇게 굉장히 애매한 상황에서 내가 선택해야 할 때가 있더라고요. 북한에서는 "그냥 오세요." 이렇게 한 다음에 돈을 협상해서 주는 식이었거든요. 그래서 선택이라는 것이 좋은 점도 있지만 무조건 100% 좋다고 할 수는 없는 거예요. 약간 번거로운 부분도 있지만 그래도 어느 정도 내가 원하는 대로 상황을 끌고 가기 위해서는 내 스스로가 선택하는 게 나아요. 선택하지 않고 입 다물고 침묵하는 것보다는 훨씬 좋은 방법이다 생각해요.

전주람 : 근데 저는 이 책을 읽으면서 교수님께서 긍정적인 성품을 타고나신 것 같았어요. 왜냐하면 선택을 굉장히 긍정적인 단어로 인식하고 내가 앞으로 선택할 수 있다는 자신감이 책에 묻어나 있는 것 같아서요. 그렇지 않은 북한 이주민들도 많이 만났거든요. 실제로 교수님은 어떤 스타일이세요?

김지은 : 저는 긍정적으로 생각하는 측면이 강해요. 어릴 때부터 그렇게 교육을 받아서 그런 것도 있어요. 엄마가 "산 좋고 물 좋고 앉을 자리까지 좋은 곳은 없다."고 늘 말씀하셨어요. '모든 조건을 만

족시키는 데는 없다.'는 것이죠. 그래서 "그중에서도 하나의 조건만 좋으면 감사하게 생각하고, 두 개 조건이 좋다면 그것은 행운이라고 생각하고, 세 가지의 조건이 다 맞다면 굉장한 것이라 생각해라."는 말씀을 많이 듣고 자랐어요. 근데 그렇게 다 만족할 수 있는 게 없으니까 하나만 만족해도 그것을 받아들이려고 해요. 이런 이야기를 귀에 못이 박히도록 들었었죠.

그런 것들이 살아오는 데 굉장히 큰 도움이 됐어요. 늘 어머니는 "부정적인 단어는 쓰지 말라."는 말씀도 하셨어요. 예를 들면 친구들 사이에서는 "졸려 죽겠다, 추워 죽겠다, 힘들어 죽겠다, 배고파 죽겠다." 이런 말 하잖아요. 그럴 때는 "졸리다, 힘들다, 배고파." 이렇게 말할지언정 마지막 단어인 '죽겠다'는 쓰지 않는 것으로 하자는 거죠. 친구들한테도 "야. 마지막 단어 빼."라고 얘기했어요. 여기서 학교 다닐 때도 동기들한테 "마지막 단어 빼. 쓰지 마. 그냥 '힘들어'까지만 얘기하자."고 했어요. 지금도 그러고 있는데, 그런 것들이 아마 어릴 때부터 습관이 되어서 긍정적인 측면이 강한 것 같습니다.

전주람 : 교육도 받으셨고 그런 환경에서 자라셨고 또 어머님이 교수님 인생에 굉장한 영향을 끼치셨네요. 아진이는 어때요? 지금 선택이라는 단어에 대해서 김지은 교수님이 소개해 주셨는데, 선택이라는 단어를 어떻게 이해하는지 궁금해요.

소아진 : 아까 김지은 교수님이 말씀하듯이 남한에서는 학교나 학과가 마음에 안 들면 전과라든가 학교를 옮기든가 다른 과목을 수강하든가 하잖아요. 북한에서는 그런 게 없었다고 하셨잖아요. 저도 아까 제 소개를 할 때 언제 왔는지도 까먹고 살고 있었는데, 이 책을

통해서 저에 대해 생각할 수 있게 되었습니다. 한 마디로 우리한테 시간도 많고, 앞날도 많고, 길이 많다는 의미로 이 책을 쓰신 것 같아요. 그런 점에서 선택이라는 단어를 선택하신 것 같고요. 선택할 수 있는 게 많으니까 고민도 많아지는 것이겠죠. 고민을 많이 할수록 저희는 선택할 게 많아지는 것이니까 저한테는 긍정적인 의미인 것 같아요.

전주람 : 그다음 유화는 '선택'이라는 단어에 대해 어떻게 생각해요? 북한에 있었을 때랑 여기 와서 살아가면서 느끼는 선택이라는 단어가 다를 것 같은데...

정유화 : 저는 교수님이랑 좀 다른 게 늘 선택했던 것 같아요. 그니까 뭘 먹을 건지도 선택했고 뭘 입을지도 아니면 오늘 학교 가서 뭘 하고 놀지도 선택했어요.

전주람 : 늘 선택은 있었다는 거네요. 우리도 마찬가지로 늘 선택을 하고 삽니다. 미국에 살든 한국에 살든 다 선택할 수가 있는 거죠. 나이가 들어갈수록 세상을 바라보는 관점도 달라지고요. 근데 확실히 체제가 다르니까 한국에서는 선택할 수 있는 것이 많네요. 특히 20대, 그러니까 진로라든지 취업 부분에 대해서 북한보다도 고민할 것이 많겠어요. 북한에서는 대체로 성분에 따라서 결정되는 것들이 많다고 들었어요. 그런 부분에 대해서는 어떻게 생각하세요. 그러니까 진로를 선택할 수 있다는 점 말입니다.

정유화 : 여기는 선택권이 되게 많잖아요. 해외에 나가는 것도 내 선택이고요. 내가 어떤 진로를 고민할지도 내 선택권이잖아요. 근데

고향(북한)에는 솔직하게 선택권이 별로 없어요. 학원에서 놀다가 시간 돼서 집으로 가야 하는지, 아니면 학원에서 계속 있을지도 여기서는 선택할 수가 있잖아요. 근데 그런 선택은 어찌 보면 그냥 환경 차이인 것 같아요. 환경에서 많이 주어지는 차이 같아요. 부유한 사람이 많이 먹을 수 있는 것을 선택할 수 있다면 부유하지 못한 사람은 그런 선택을 못 하게 되잖아요. 그런 차이 같아요.

전주람 : 얘기하다 보니까 자본주의 사회에서는 선택할 수 있는 기회가 많이 주어지고 그것이 자유롭게 이루어진다고 할 수가 있겠네요. 그러면 저는 굉장히 선택을 자유롭게 하고 살았다고 할 수 있겠네요. 제 어린 시절이 잠깐 스쳐 갔어요. 근데 막상 일상에서 선택은 자유롭지만 대학 입시라는 것 때문에 선택에서 자유롭지 못했던 것 같기도 해요. 저같은 경우는 공부만 하다가 10대를 다 보낸 것 같은 느낌이에요. 자유라는 가면 뒤에 억압이 많았다는 생각이 드네요. 그러면 두 번째로 생각해보고 싶었던 것은 김지은 교수님의 시각이 재미있었어요. 구체적으로 이 책의 35페이지에 그런 얘기가 나와요. '남조선 사람은 어떤 사람일까?' 대한민국을 남조선이라 하잖아요. 저한테는 어색한 단어이기도 합니다. 종종 영화나 드라마에서 남조선이라는 표현을 합니다만 우리 일상에서는 안 쓰거든요. 어쨌든 남조선 사람들은 어떨까? 저는 2014년도에 북한에서 입남한 분들을 처음 만났거든요. 그래서 이분들은 한국에 오면 어떤 느낌을 가질까? 이런 게 되게 궁금했어요. 김지은 교수님도 '남조선 사람들은 어떨까'에 대해 고민해보신 적 있으시죠? 북한에서는 남조선 사람들이 헐벗고 굶주린다고 들었는데, 막상 한국에 오니까 그런 사람은 드물잖아요. 그런 차이를 느끼셨을 것도 같은데요. 모두 잘 입고 잘 먹고

잘 다니고 잘 사는 거 보니까 어땠어요? 이 부분에 대해서 김지은 교수님께서 설명해 주실 수 있을까요?

김지은 : 북한에 있을 때 남한에 대해서 선전 매체들을 통해 접하게 됐어요. 당연히 그때는 남조선이라고 불렀고요. 그 당시 내가 처음으로 '남조선 사람이구나.'라고 느꼈던 것은 1989년도 6월 13일에 평양에서 했었던 '제13차 세계청년학생 축전'에서였어요. 그때 남조선 전대협의 대표로 임수경 씨가 북한으로 들어오게 돼요. 독일을 통해서요. 그때 임수경 씨를 북한에서 '통일의 꽃'이라고 하면서 굉장히 많이 떠받들었어요. 그때 임수경 씨의 모습에서 어떤 생각과 가치관을 읽어내기는 어려웠어요. 그런데 나이키 운동화에, 파란색 짧은 짱구 청바지에, 흰 티셔츠 입고 단발머리를 날리면서 평양 공항에 내려서 기자회견을 할 때 모습을 잊을 수가 없어요. 굉장히 자유분방하고 말을 되게 잘하고 다니더라고요. 방송에서 나오는 걸 보면 자유가 없는 줄 알았는데 굉장히 자유롭다는 생각을 했었죠. 그렇게 알았던 모습은 TV나 매체를 통해서죠. 대학생들이 민주화운동 할 때 최루탄 날리고, 노동자들이 월급 올려달라고 하는 것은 TV 통해서 많이 봤기 때문에 알았죠. 그런 모습만 보고 있다가 임수경 씨를 보니까 굉장히 자유롭다는 걸 느꼈어요. 하지만 그냥 딱 거기까지였어요. 직접 만나서 보지 못했으니까 뭐라고 더 이상 말을 하기 어렵습니다.

그렇게 지내다가 제가 중국에 들어왔는데 중국에서 만났던 남조선 아저씨가 아주 편안하게 "와, 진짜 덥다. 그죠?" 하면서 자연스럽게 "남한 사람 한번 만나보실래요?"라고 말해서 당황스러웠어요. 그러니까 내가 북한에서 왔고 해서 자존심상 '난 절대 남조선 사람을 만나면 안 돼', '절대 안 만날 거야.' 이런 생각을 했거든요. '안 만날 거야.'라는 마음에는 그 사람이 남한 사람이기 때문이라기보다는 내가 못 사는 곳에서 왔기 때문에 자존심 꿀려서였던 거예요. 그런 내면이 좀 더 있었죠. '내가 왜 당신 만나야 돼?', '안 만나. 야, 웃기고 있네.' 이런 생각도 했었어요. 그런데 중재하는 사람이 계속 남한에서 온 그분이 북한에서 의사하다가 온 사람이니까 호기심이 생겼다고 하더라구요. 그래서 한번 말이나 좀 붙여보자라고 해서 그랬다고 하더라구요.

그러다가 만났는데, 만나는 순간까지 저는 굉장히 긴장했고 온몸에 솜털이 빠짝 세워지더라구요. 그러면서 속으로 '니가 어떤 말을 나한테 하든 나는 북조선 사람으로서 아주 호기롭게 그걸 맞받아치리라.' 이렇게 생각하고 앉아 있었거든요. 그런데 이 사람이 문을 탁 열고 한 발자국 토방에 올라서면서 "와, 진짜 덥다. 그쵸?" 이렇게 얘기를 하는데, 긴장하고 있던 내 모습과는 다르게 아주 편안하게 말을 하는 거예요. 옛날 동네 오빠를 만나는 것 같은 느낌이 들어서 '이게 동포인 건가?' 하는 마음이 들었어요. 그래서 굉장히 긴장하고 있던 마음이 확 풀리게 된 거죠. 여러 가지 얘기를 나누다가 헤어졌는데 그다음부터 남한 사람들에 대한 인식이 조금 바뀌었죠. '아하, 남한 사람들이 이런 정도라면 말해볼 만하다. 남한에 가서 사는 것도 썩 나쁘지는 않겠다.' 이런 생각을 좀 했죠.

내가 북한에서 책으로 봤던, 그리고 교육받았던 것과는 굉장히 많이 다르다고 생각했어요. 우리랑 다를 바 없는 그냥 평범한 동네 오빠라는 생각을 했어요.

전주람 : 네. 교수님. 한국에 오래 지내셨잖아요? 지내시면서 남한 사

람들은 이런 건 좀 불편하다는 느낌이 있었나요? 뭐가 있었을까요?

김지은 : 당연히 많죠. 한 번은 이런 일이 있었어요. 북한 사람이 한국에 오게 되는 경우를 보면 어려운 상황에 처해 있다가 할 수 없이 내려오는 경우가 많거든요. 그러다보니 우리를 불쌍하게 여겨요. 그래서 한국사람들은 탈북민이 왔다고 하면 뭔가를 주고 싶어 해요. 그게 진심인 것도 알아요. 근데 만나서 같이 밥을 사준다 해서 가면 "이런 거 한 번도 못 먹어봤죠? 많이 드세요." 그래요. 이럴 때 상당히 수치심 같은 게 느껴져요. 내가 못 먹다가 온, 약간 거지 같은 사람처럼 보이는구나. 그런 느낌이 들어서 불편해요. 시간이 지나면서 그런 것을 자연스럽게 받아들였지만 그때는 그랬어요. 물론 상대편이 악의가 있거나 무시해서 했던 말은 아니라는 것도 알아요. 어쩌면 우리 탈북민이 갖는 자격지심이죠.

그리고 한국 사람들은 싫은 소리를 면전에서 하지 않아요. 제가 강연할 때 한국 사람들과 탈북민을 비교할 때가 있어요. 그때마다 북한 사람들은 굉장히 순수하다고 그래요. 좋게 말하면 굉장히 순수하고 안 좋게 말하면 단순하고 급하고 약간 직설적이에요. 그런데 한국 사람들은 늘 점잖고 조용한데 무슨 생각을 하는지 모르겠어요. 보이는 모습과 입 밖으로 튀어나오는 말이 다르잖아요. 그럴 때마다 단순하고 무식하지만 탈북민이 훨씬 더 낫다고 생각이 돼요. 탈북민은 겉과 속이 거의 같거든요. 급해서 순간적으로 거칠게 표현한 거지, 상대편한테 악의가 있어서 그런 건 아니거든요. 그럴 때마다 한국 사람들은 이중적인 생각을 한다는 느낌을 받아요. 그런 것들이 익숙하지 않았을 때가 많아서 당황스러웠어요. 한국 사람들과 이야기할 때는 늘 머릿속에 '이 사람이 하는 말을 진짜로 믿어야 할까?

저 말은 진심일까? 거짓일까?' 이런 걸 계속 판단해야 해요. 그러니 관계가 가까워지기 어렵죠.

전주람 : 그렇죠. 머리가 아프겠네요.

김지은 : 근데 시간이 지나면서 좀 편안해졌어요. 저는 한국에서 강연할 때 "탈북민들이 그러더라도 이해를 해주세요."라고 말해요. "당신들의 모습에서 이런 것이 느껴집니다."라고도 얘기하거든요. 그런데 그 차이가 시간이 지나면 서로 알아가는 과정이기에 별거 아닌 거예요. 근데 '남한 사람은 왜 저래?', '북한 사람은 왜 저렇게 단순하고 성격이 급해?' 이렇게 생각하다 보면 서로 충돌이 생기는 거죠. 회사에서 일할 때 보면 그래요. 어떤 것은 시간이 필요한 문제인데, 남한 사람과 북한 사람이 인식하는 시간차가 달라서 충돌하는 경우가 많아요. 남한 사람은 느긋한 반면에 북한 사람은 급해요. 그래서 탈북민들도 좀 생각을 느긋하게 할 필요가 있겠다 싶어요. 그래야 서로 가까워질 수가 있죠.

전주람 : 그러면 교수님. 여기 살다 보면 좀 변해요? 그러니까 약간 남한식 사고나 행동양식으로 변해요?

김지은 : 변화하는 것 같아요. 제가 혼란스러웠던 부분은 '내가 이렇게 변해가는 것이 그야말로 자본주의 물을 먹어서 그런가?'라는 생각이 들 때에요. 이렇게 표현해도 되는지 모르겠지만 한편으로 '정착을 잘했네.'라는 생각도 있어요. 좋게 생각하면 정착을 잘한 거고, 나쁘게 얘기하면 자본주의화가 됐다는 거겠죠. 그런데 이렇게 변한게, 좋은 건지 나쁜 건지는 잘 모르겠어요. 늘 이 중간에서 상대편한

테 혐오스럽지 않게 비치려고 노력하는 거죠.

우리가 살아가면서 혐오스럽지 않게 비치려고 노력하면 되는 거죠. 그렇게 하면 내 의견은 내 의견대로 표현하면서도 상대편은 내 말을 기분 나쁘지 않게 받아들이게 되는 거죠. 그러려면 노력이 필요해요. 이거를 다르게 표현하면 적응이라 할 수 있겠죠. 일종의 남한화 되어 가는 거라 보면 되겠죠. 처음에 남한 사람들은 앞에 말하고 뒤에서 다른 말을 한다고 했잖아요. 서로 마음이 달라서 표현하는 방식이 달라서라고 이해해요. 이 행위를 지금 내가 하고 있는 것일 수 있는 거죠. 그렇게 조금씩 변해 가는 거죠.

전주람 : 실제로 여기서 태어난 저도 머리 아픈 사람들이라고 해야 할까요? 대화할 때 전략을 많이 쓴다고 할까요? 그런 느낌이 있어요. 그래서 저도 생각을 많이 하게 돼요. 도대체 이 사람이 말한 게 맞나 이런 느낌이 들 때가 있죠. 그런데 북한 분들하고 인터뷰할 때 보면 되게 솔직하신 거예요. 그래서 저는 되게 좋았어요. 제 친구들이 솔직한 편이라서 북한분들에게 친구 같은 느낌을 받았어요. 그런데 이것도 상대적인 거니까 뭐라고 얘기할 수는 없지만요.

김지은 : 그렇기 때문에 북한 분들은 판단하기가 수월해요. 솔직하니까요.

전주람 : 맞아요. 싸우고 다시 금방 친해지고, 머리를 쥐어뜯고 싸우다가도 금방 아무 일도 없었던 것처럼 서로 친하게 지내더라구요. 그게 너무 놀라웠어요.

김지은 : 탈북민들이 순수하고 솔직한 거는 굉장히 높이 평가할 부분

인데, 성격이 조금 급한 거는 자중할 필요가 있어요. 제가 탈북민들한테 강의할 때는 꼭 그런 말을 하죠. "우리는 양쪽 다 살아보지 않았냐. 우리는 북한도 알 수 있고 남한도 알 수 있지 않냐. 남한 사람들을 우리가 이해해야 할 부분이 분명히 있다. 그래서 우리는 조금 자존심을 내려놓고 자존감을 키우자." 그래요. 탈북민은 다른 시스템에서 살다 온 사람들이에요. 하나부터 열까지 남한과 북한이 다르기 때문에 열심히 살려고 노력하는데, 한국 시스템이 녹록지 않아서 너무 힘들어요.

그렇지만 탈북민은 여기서 뭔가 해보려고 온 사람들이기 때문에 조금 시간이 필요해요. 그래서 저는 "남한 사람들이 조금 느긋하게 기다려주시면 안 돼요? 잘못한 거 가지고 탈북자 누가 이랬단다, 탈북자 누가 저랬단다, 이렇게 말하기보다 좀만 기다려 주시면 안 돼요?"라고 저는 양쪽에다 얘기하거든요. 그렇게 하지 않으면 북한 사람은 계속 단순하고 순수하다는 평가에서 자유로울 수가 없고, 남한 사람들은 약아빠지고 뒤에서 말이 많다거나 속내를 알 수가 없다는 표현에서 자유로울 수가 없어요. 그래서 적재적소에 그런 행위가 필요할 때는 그렇게 할 수밖에 없었구나 하고 이해하면 돼요. 그러면서 조금씩 맞춰가는 것이죠. 그게 소통이고 평화죠.

전주람 : 좋은 말씀 해주셨는데 유화는 교수님 말씀 들으면서 어떤 생각을 했는지 궁금하네요.

정유화 : 방금 하신 말씀이 정말 멋있습니다. 저는 그냥 교수님 말씀에 감탄했어요. 아무것도 덧붙일 수 없고, 교수님 말씀이 어찌 보면 정답이라고 생각했어요. 제 입장에서는 그랬어요. 그리고 생각을 중

재하는 것도 좋았어요. 통일이 아니어도 탈북민에 대한 인식을 좀 개선하는 데 교수님의 생각이 도움이 될 것 같았습니다. 엄청 많은 도움이 되었어요. 그리고 또 남한 사람들이 저희한테 갖고 있는 편견이나, 저희도 마찬가지로 남한 사람들한테 갖고 있는 편견을 중재할 필요가 있는 거잖아요. 사람이 자기 인식을 바꾸려면 대화나 소통이 필요하다고 생각해요. 그런데 좋은 말씀을 해주셔서 오늘 시간이 아깝지 않았어요. 잘 들었습니다.

전주람 : 좋습니다. 그럼 박한길 선생님은 어떠셨어요? 오늘도 봉사하고 오신 거죠?

박한길 : 네. 1박 2일 했어요. 그래서 지금 죽겠어요. 근데 오늘 주제가 『평양의 시간은 서울의 시간과 함께 흐른다』였던 것으로 알고 있는데요. 다른 책으로 바뀌었나 봐요.

전주람 : 네. 오늘은 김지은 교수님이 쓰신 책으로 했습니다. 선생님한테 따로 전화를 드렸어야 하는데 제가 카톡으로 얘기를 해서 놓치신 것 같습니다. 죄송합니다. 김지은 교수님은 북한에서 의사 생활을 하셨는데 여기 오셔서도 한의사로 활동하고 있어요. 아주대학교에서 강의도 하시고 그러시거든요. 어쩌면 매체에서도 듣고 보시지 않았을까요. 그래서 오늘은 교수님이 쓰신 책 중에서 몇 가지 주제를 가지고 논의를 이어갈까 했습니다. 자, 그러면 세 번째 황금만능주의에 대해서 이야기를 나눠어볼까 합니다. 교수님. 황금만능주의? 자본주의의 물? 이런 것에 대해 말씀을 좀 해주시죠.

김지은 : '모든 것을 돈으로 다 결정한다.'는 식으로 교육을 받았죠.

우리 때까지는 계속 그랬어요. 요즘 교육은 어떤지 잘 모르겠지만 공식적인 단어를 사용한다면, '황금만능이 판을 치는 썩고 병든 자본주의사회'라고 배웠어요. 제가 병원에 있지만 환자를 진찰할 때에도, 진정한 환자를 진찰하기보다 돈이 얼마나 있느냐에 따라서 환자를 진찰한다고 그래요. 그래서 '돈에 따라 청진기를 댄다.'는 식으로 학교에서 들었어요. 그런 것들이 한국에 와서 보니까 전혀 사실이 아니라는 걸 알게 되었고 북한에서 받았던 교육이 참 편파적이었다는 것도 많이 알게 됐어요. 그러다 보니까 북한 사회에 남한의 좋은 부분을 전달해야 할 사명 같은 걸 갖게 되었어요.

박한길 : 북한도 남한하고 꼭 같아요. 북한도 돈이나 빽 있으면 다 사는 거고, 뭐 다른 게 없어요.

전주람 : 그렇겠죠. 돈 있고, 빽 있어야 잘 살 수가 있겠죠. 선생님은 두 사회에서 살아보셨으니까 어디가 더 나은 것 같아요?

박한길 : 대한민국이 나은 거죠.

전주람 : 어떤 면에서 더 좋으신지?

박한길 : 선택권이 있잖아요. 이동의 자유, 직업의 자유, 거주의 자유 등이 있잖아요. 그런데 북한은 그게 없거든요. 근데 김지은 교수님 책에 이런 내용이 있었어요. 북한에서부터 의사면 남한처럼 상류층에 속하지 않나요? 굉장히 높은 위치에 있는 분이라고 듣기는 했거든요. 그거는 맞죠?

김지은 : 상류층이라는 표현은 북한에도 있어요. 북한에서는 골고루

편견 없이 평등하게 잘 살아야 한다는 이념이 있기 때문에 사실 상류층이란 표현을 잘 안 써요. 그리고 실제 상류층도 아니구요. 북한은 대학 졸업을 하고 의사생활을 하더라도 개인이 의원을 경영하는 시스템이 아니에요. 국가에서 월급을 받기 때문에 국가경제라든가 국가 예산이 없어서 월급 못 주고 배급 잘 못 받고 하게 되면 사실 의사나 일반적인 직업을 가진 분이나 별반 다를 바가 없어요. 다만 의사라는 직업에 대한 가치는 좀 다르게 느껴지긴 하겠죠. 의사라고 하거나 의대에 자녀가 갔다고 하면 다른 것보다 자부심이 높겠죠. 그렇지만 그것이 금전적으로 이어진다거나 하지는 않아요. 별 차이가 없어요.

전주람 : 그러니까 명성은 있지만 사회적 위치가 경제적인 이득으로까지 연결되지는 않는다는 거네요. 알겠습니다. 체제가 다르니까 그렇기도 하겠네요. 그런데 또 궁금한 게 있어요. 교수님 책에 보면 돈보다 사랑을 택한 부잣집 이야기가 나오는데요. 꿩장히 폐쇄적이지만 되게 많은 매체가 들어가고 있는 걸로 이해했어요. 그러니까 이불 뒤집어쓰고 한국 드라마를 본다든지 하는 거요. 교수님이 넘어오신 연도를 봐도 옛날은 아닌데, 이렇게 모르는 부분이 있는 거를 보면 개인마다 차이가 있는 것 같아요. 또 43쪽을 보면 교수님이 중국에서 읽었던 소설 이야기가 나와요.

김지은 : 맞아요. 제가 중국에서 한국 남조선 아저씨를 만났잖아요. 그분을 만난 다음에 한국이라는 나라가 내가 교육받았던 것과 다르다고 생각했어요. 그때부터 한국에 대해 좀 알아볼까 생각했어요. 그러면서 닥치는 대로 책을 읽기 시작했는데 부잣집 아가씨가 깡패

를 사랑하게 된 거예요. 그런 걸 읽어보면서 돈보다 사랑이 우선이라는 생각을 했죠. 남한은 그냥 돈만 중요하다고 생각할 줄 알았거든요. 그 책을 읽으면서 '돈보다 사랑을 택하는 사람도 있구나.' 이런 생각도 했어요. 그래서 '내가 받았던 교육보다 굉장히 많은 부분이 다르구나. 정말 진심으로 남한 사회에 대해서 한번 파볼 필요가 있겠다.' 싶었어요.

전주람 : 책에도 기술되었던 것처럼, 그래서 한국문화원에서 열심히 많은 잡지와 책을 읽으셨군요. 호기심과 열정이 있었기에 가능한 얘기였던 것 같아요. 지금 황금만능주의에 대한 이야기가 나오고, 또 중국에서 교수님이 읽으셨던 소설의 일부 내용을 얘기했는데 아진이도 중국에 있었던가요? 그러니까 아진이가 고향에 살 때 생각했던 남한과 지금 사는 남한이 어떻게 다른지 궁금하네요.

소아진 : 일단 사랑은 해볼 만큼 다 해봤다고 생각했어요. 이제 연애는 그만하자는 마인드가 있어서요. 그냥 공부 쪽으로 하고 싶어요.

전주람 : 사랑은 해볼 만큼 다 해봤다는 게 인상적이네요. 무슨 할 말이 없네요. (웃음)

소아진 : 저는 사랑이 밥 먹여주는 것도 아니라서 딱히 생각이 없어요. 그러니까 저희가 사랑만으로 살 수가 없잖아요. 돈만으로도 살 수가 없는 것도 그렇구요. 그러니까 경제적인 것도 있어야 하고 사랑도 있어야 하는 거죠. 솔직히 부자 남자를 만나겠다는 생각도 없어요. 그냥 같이 벌면서 같이 있기만 해도 저는 좋을 것 같아요. 사랑하고 같이 벌고 이런 게 저는 사랑이라고 생각해요.

김지은 : 요즘 젊은 사람들이 저렇게 생각을 하나 봐요. 저도 아들이 있는데, 이 친구가 처음에 한국 와서 여자를 사귀더니, 요즘은 안 사귀더라구요. 그래서 "왜 요즘은 여자친구가 없냐? 안 사귀냐?" 그랬더니 "여자 때문에 안달하던 시기는 지났다."고 그러더라구요. 그래서 인제는 안 사귄다고 하더라구요. 그래서 "사랑은 늘 좋은 거야."라고 제가 그랬죠. 아진 학생이 얘기하는 것도 그런 의미인 것 같아요.

전주람 : 좋습니다. 요즘 많은 20대가 택하는 것이 '욜로족(YOLO)' 스타일입니다. 교수님도 서두에 쓰셨지만 남한을 제대로 알아보자는 마인드가 중요한 것 같아요. 김지은 교수님처럼 한국문화원에 하루 종일 살면서 잡지들을 파헤치는 사람들이 얼마나 있을까요? 이런 생각도 했어요. 교수님은 어쨌든 남한이 어떤 사회인지 알아보려는 사명감도 가지고 계셨던 분입니다. 그런 면에서 선구자 역할을 하신 거죠. 그런데 다른 분들은 남한을 어떻게 이해하고 있을까요? 혹시 박한길 선생님은 남한에 대해서 어떻게 이해하시는지요?

박한길 : 저는 1990년도에 평양을 갔어요. 세계청년학생축전 13차 끝나고 올라갔어요. 임수경이 온 다음에 갔다가 3년 동안 제가 수도건설에 있었거든요. '통일거리', '광복거리' 13차 하고부터 북한이 서서히 좀 망하지 않았나 싶어요. 그다음에 소비에트 연방이 붕괴되면서 완전히 북한 경제도 죽어 버렸어요. 저는 고향이 청진이지만 회령에 살았어요. 그러다 조총련에 있던 일본 청년을 통해서 일본 자동차하고 남한 대우차가 많이 들어왔어요. 그 차로 중국에 밀무역을 했거든요. 보위부하고 군부에서 중고차를 중국에 팔아먹었어요. 그러다가 중국에서 그 매매를 차단하니까 종합운동장 옆에 차를 다 주

차시켜놨죠. 거기 보면 '메이드 인 코리아'라고 쓰인 것들이 있어요. 그리고 기름 넣는 데 보면 무연 휘발유만 썼죠.

전주람 : 아하, 차를 보고도 평가하는 군요.

박한길 : 저 같은 경우는 책을 많이 읽었는데, 보위부 사람들이 보는 책이 또 따로 있어요. 우리 일반사람들이 보는 책은 10페이지 정도면 10이라고 그냥 쓰잖아요. 그런데 보위부 애들이 보는 책은 괄호가 있어요. 그게 일본 정탐 이야기 또는 무슨 사랑 이야기가 있어요. 그리고 그다음에 보위부 애들이 보는 신문이 있어요.

전주람 : 그니까 보위부들이 보는 신문은 다른 사람들이 못 본다는 거네요?

박한길 : 보기가 힘들어요. 제가 평양에 있을 때인데, 우리 북한 TV 채널은 세 개였어요. 개성 TV, 평양 만수대 TV, 중앙방송 TV. 근데 만수대는 토요일과 일요일에 외국 영화를 틀어줬어요. 사랑하는 것까지 거의 다 보여줘요. 어느 나라 영화라는 게 없어요. 일본 영화나 인도, 다 보여줘요. 그러니까 평양 시내 사람들만 특별하게 보는 거죠. 그 외 사람들은 그걸 모르는 거예요.

전주람 : 평양 사람들한테만 열리는 채널이 또 있는 거네요.

박한길 : 그렇죠. 만수대 TV가 그래요.

전주람 : 그니까 북한 안에서도 평양 사람들과 다른 지역 사람들과는 또 차이가 날 수밖에 없는 거네요. 매체가 주는 영향력이 다르네요. 그죠?

191

박한길 : 그렇죠.

전주람 : 되게 복잡하고 어렵고 그렇네요. 명확하게 이해가 안 가는 부분들도 있고요. 그래서 우리는 여러 가지 자료를 다시 찾아봐야겠어요.

박한길 : 한 말씀을 더 드리자면, 북한에서 식량을 안 줬잖아요. 그게 주민들에게 미공급이 되면 제일 힘든 게 의사하고 과학자들이었어요. 내가 있을 때 보니까 의사들은 UN에서 들어오는 약품이 있어요. 그 약 처방을 받은 약을 시장에 가져다 팔아요. 그럼 우리는 병원에 가서 처방을 받아도 약 처방을 받아도 그것을 무상으로 받을 수가 없어요. 거기서는 약 처방을 하지만 무슨 약을 사서 쓰라고 그래요. 예를 들자면 "페니실린 맞으세요." 그러면 우리가 시장 가서 그 약을 사다가 맞아야 해요. 시장이 약국이죠.

전주람 : 돈이 있으면 약을 사서 병원에 가 맞지만 돈이 없고 하면은 계속 버텨야 하는 거네요. 약간 다른 얘기지만 어떤 분은 여기 한국 병원에서 환자들 피를 많이 뽑는다고 오해를 하더라구요. 피를 많이 뽑아서 어디다가 팔아먹는 줄 알았대요. 저도 그런 생각은 못 해봤는데, 그렇게 생각할 수도 있겠구나 싶었어요. 피를 뽑는 양도 되게 많고 하니까 그런 오해가 생길 수 있겠더라구요. 의료기구나 시스템 자체가 다르니까요.

박한길 : 교수님. 1960년대에는 피를 진짜 팔았잖아요? 제가 들어보니까 그게 사실이더라고요. 여기 사람들이 돈을 버느라고 피를 팔았더만요. 저도 이곳에서 157회 헌혈을 했잖아요. 이런 것을 보면 한

국이 진짜 발전돼 있어요. 북한은 헌혈 시설도 없거니와 그 시설이 안 돼 있어요.

전주람 : 의료 측면에 대해서는 김지은 교수님이 너무 잘 아시겠죠. 그러면 이 책 중에 가장 마음 아팠던 부분이 69쪽 전후가 되는 것 같아요. 아버지 얘기가 나오는데, 독자한테도 위로가 되는 구절이었던 것 같아요. 그러니까 "너무 악착같이 버티지 말고 힘들면 이곳을 떠나라. 벗어날 수 있는 방법을 찾아봐라. 그리고 너는 좀 다른 삶을 살면 좋겠다." 그러니까 이게 굉장히 슬픈 이야기잖아요. 슬픈 이야긴데 희망적인 측면도 있었어요. 슬픈 사랑인데 되게 자식을 아끼는 부모의 심정이 느껴지는 대목이었죠.

근데 좀 상상은 잘 안 돼요. 왜냐면 아버지는 당에 충성했던 분이시고 그런 체제에 민감했던 분이시잖아요. 그런데 딸에게는 떠나라는 사인을 주고 떠나신 거잖아요. 이 부분에서 굉장히 저는 마음이 복잡하고 먹먹해졌어요. 그때 김지은 교수님은 어떠셨는지 궁금합니다.

김지은 : 저는 제강소 병원에서 소아과 의사를 했었요. 1990년대 중반에요. 예전에는 외과 의사였어요. 우리 청진에 있는 청진제강소 병원은 당 비서가 여자예요. '그 당 비서 자리에 언젠가 나도 가야 되겠다.' 하는 마음으로 살았어요. 그러니까 제 목표는 '우리 병원 당 비 서가 될 거다.'였어요. 그래서 학교 졸업하고 병원 배치받아서 전력 질주를 하고 있었던 상황이었어요. 아버지는 1991년도에 뇌출혈이 와서 집에서 대소변을 받아냈지만 1960년대 초반부터 당 생활을 했고 당세포 비서였어요. 그러니까 비교적 당에 충실한 삶을 살고 계셨던 분이셨죠.

193

그러다 1994년에 김일성이 사망합니다. 7월 8일에 아버지가 뇌출혈이 왔기 때문에 밖에 못 나오고 하니까 내가 그날 들어가면서 "아버지, 김일성이 사망했어요." 하고 말씀드렸더니, 아버지가 우셨어요. 그때 아버지가 "하늘이, 태양이 꺼졌다."라고 하시면서 우셨어요. 이게 아버지가 그동안 충실했던 사회에 대한 간략한 말씀이 아닌가 싶었어요. 근데 내가 이후에 알게 되었지만, 아버지는 마음속으로 또 다른 생각을 늘 하고 계셨던 것 같아요. 왜냐하면 1980년대 후반에 저희 친척들이 다 중국에 있었어요. 1980년대 후반에 아버지께서 중국 친척 방문을 다녀오셨는데 중국에 가서 보고 들은 것에 대해 집에 와서 한 마디도 하지 않으셨어요. "밖으로 나가게 되면 안에 대해서 말하지 말고, 안으로 들어오게 되면 밖에 대해서도 함부로 말하지 말라. 들어왔어도 가족들한테 얘기하지 말라."는 말을 많이 하셨어요. 밖에 나갔다 들어오게 되면, 내가 하는 이야기를 당에서 듣고 간다고 했어요. 중국에 나가신 아버지께서 여러 가지를 보시고 그동안 충실했던 이 사회와 중국에서 보고 들은 것에 대해서 조금 혼란이 있지 않으셨을까 싶어요. 저는 그렇게 생각을 합니다.

근데 아버지가 들어와서는 우리한테 말 못 하죠. 말씀드렸듯이 제가 지금 앞으로 10~20년 된 우리 병원 당 비서를 하겠다고 지금 이렇게 미친듯이 전력질주하는데 아버지가 거기다 대고 "내가 중국에 나가 보니까 야, 우리가 여기서 이렇게 하는 게 잘못됐고 저것도 잘못됐더라." 이런 식으로 저한테 말씀하실 수가 없잖아요. 그리고 천방지축 같은 내가 어디 가서 무슨 짓을 할지 아마 아버지 생각에도 짐작이 안 돼서 말씀을 못 하신 거겠죠.

김일성이 사망하고 북한 사회가 굉장히 어려워지고 먹을 것도 없고 해서 모든 사람이 힘들었어요. 1990년대 중반에서 후반으로 가면서 그랬어요. 그때 아버지께서 저한테 편지를 쓰셨는데, 아버지도 '이 정도면 삶이 끝이겠구나.' 하는 생각을 하셨던 것 같아요. 그때 당 비서한테 주는 편지를 아버지가 쓰셨어요. '내 딸을 당에게 맡기니 사람을 만들어 달라.' 이런 류의 내용이었어요. 그 편지는 북한에서 어느 정도 나한테 조금 도움이 될 수도 있는 거였어요. 당 비서한테 편지를 갖다준 다음에 아버지가 저한테 당 반응이 어떤지 물어봤어요. 그래서 제가 그 반응에 대해서 말씀을 드렸는데 아무 말씀 안 하시고 가만히 계시다가 며칠 후에 다시 편지 한 장을 더 주셨어요. 거기에는 중국에 있는 친척들 주소가 써있었는데, 아버지께서는 고모부터 시작해 외삼촌들까지 다 적어놨어요. 그러면서 "언젠가 길이 있으면 여기로 나가라." 이렇게 하셨어요.

말씀드렸듯이 저는 당시 병원 당 비서를 하겠다는 꿈이 있었기 때문에, 우선 당에 입당해야 하거든요. 그래서 당 비서를 하고 싶다는 생각이 먼저였고 당원이 되는 게 목표였어요. 그런데 아버지가 주신 편지 내용은 상반돼서 굉장한 충격이었어요. 저한테는 먹을 것도 없는 상태고 하니까요. 아버지가 그때부터 저한테 두 번째 편지를 주시고 단식을 하신 거예요. 당신이 지금 똥오줌을 다 받아내고 하는 것도 몇 년째 하셨죠. 아마 엄마한테도 미안해하셨던 것 같아요. 당신의 지금 삶이 굉장히 비참하다고 생각하셨겠죠.

우리는 죽을 때 비참한 모습을 남에게 보이기 싫어해요. 몇 년 동안 계속 그렇게 하시는 것도 어렵죠. 그래서 당신이 가족에게 짐이 된다고 생각하지 않았을까요? 이 편지를 받았을 때는 배신감, 놀람, 당황스러움이 있었어요. '이런 편지를 내가 받았다는 것이 당에 알려지면 어떡하나' 걱정도 했어요. 그래서 내 표정이나 행동에서 '이런 게 드러나면 어떡하나' 하면서 숨기고 싶어 전전긍긍했죠. 그때 아버지한테 '왜 이런 편지를 쓰셨냐'고 물어보고 싶은데, 물어볼 사이 없이 아버지가 단식하시고 9일 만에 사망하셨어요. 그래서 어떤 답변도 아버지한테서 들을 수가 없었죠.

그때는 김일성이 사망했고 장례식이 진행되고 있었죠. 장례식이 한창 진행되는데도 사람들은 뭐가 진짠지 가짠지 구별을 못했어요. 국가 원수가 죽은 것을 내 눈으로 직접 보지 못했으니까 흉흉한 소문이 돌기도 했어요. 이런 상황이었기 때문에 우리 아버지 사망은 묻혀 갈 수가 있었고, 내가 병원에 있었기 때문에 사망 진단서 정도는 충분히 내가 쓸 수도 있었죠. 아버지는 오랫동안 뇌출혈로 인해서 대소변을 받아내야 했던 상태였기 때문에 사망이 자살로 비춰질 확률은 거의 없었죠. 그런 상황이었어요. 전에 아버지가 늘 나한테 하셨던 말씀이 "나를 저 세상으로 조금 빨리 가게 해달라."였어요. 아마도 당신이 대소변을 받아내다 보니 욕창도 생기고 해서 굉장히 괴로우셨을 거예요. 그래서 제가 "그건 안 됩니다."라고 했죠. 그랬더니 아버지께서 "딸을 의사 공부시켰는데 나한테 도움을 못 주냐?" 이런 말씀을 하셨지만 저는 그렇게 할 수가 없었죠.

지금 우리 한국 사회에서는 품위 있는 죽음에 대해서 굉장한 논의가 진행되고 있어요. 안락사에 대한 논의나 품위 있는 죽음을 맞이하는 것에 대해 논의가 많아요. 서울대에서 이것과 관련해 강의를 들었거든요. 그때 계속 우리 아버지 죽음이 떠올랐어요. 우리 아버지의 죽음, 우리 아버지의 마지막은 품위가 있었을까? 이런 생각을 계속 했어요. 당신이 나한테 어떻게 해달라 하는데 내가 그걸 못 했으니까,

당신 스스로 죽음을 선택하셨는데, 그 선택 끝머리에 나한테 이런 말씀을 편지로 주신 거죠.

그다음에 아버지 장례를 지내고 병원에 갔더니 난리가 났더라구요. 소아과 입원실에 환자들이 장티푸스, 파라티푸스에 걸려서 난리가 났었죠. 그래서 정신없이 진료를 하고 살다 보니, 저도 너무 배가 아프고 배고프고 그랬어요. 먹을 게 없고 하니까. 그다음부터 중국으로 사람들이 자꾸 왔다 갔다 하고 붙잡혀 가고 그러더라구요. 그걸 보면서 '도대체 저기에 뭐가 있어서 사람들이 자꾸 갈까?' 싶었어요. 이 생각할 때, 아버지 편지가 생각난 거예요. 그래서 '편지를 가지고 중국에 가볼까?' 생각했죠. '왜 아버지는 두 가지 편지를 주셨을까?' 하는 것도 생각난 거예요. 그런데 저는 그때 목표가 당원이 되는 것이었기 때문에 어떤 면에서는 북한 사회에서 그냥 살면서 당원이 됐으면 좋겠다 싶었어요. 아마도 아버지도 그런 바람이 있으셨을 거예요. 그래서 첫 번째는 북한에서 성공했으면 하는 거였고, 두 번째 편지는 당신이 중국의 친척집에 방문해서 봤던 여러 가지 상황을 생각하면서 쓰신 거죠. 저한테 다른 길을 열어주고 싶으셨던 거겠죠. '두 가지 경우에서 너는 어떤 선택을 할래?'라고 아버지가 저에게 물어보셨던 것 같아요. 그런데 정말 그러하셨는지 물을 사이도 없이 그냥 딱 저랑 얘기를 단절해버리셨던 거죠. 그 충격이 컸기 때문에 편지를 5년 정도 있다가 다시 열어본 거예요. 그 편지를 가지고 중국으로 나오게 됐고 오늘 이 자리까지 오게 된 거네요. 당연히 아버지의 죽음은 슬프죠. 그런데 저를 사랑스럽게 키우셨고 진로를 밝게 해주신 덕분에 아버지는 저에게 있어서 숭고하고 고귀한 분입니다. 제가 오늘에 있기까지는 전적으로 아버지 덕이 큽니다.

전주람 : 그렇네요. 감동적인 스토리입니다. 얼마나 내적으로 힘드셨는지 공감이 됩니다.

김지은 : 근데 한겨레 논설위원을 하던 손석춘 씨가 쓴 『아름다운 집』이라는 책이 있어요. 이게 북한 상황을 쓴 거예요. 나중에 한번 읽어 보시면 아시겠지만 이분이 한국에서 북한으로 들어갔던 사람이에요. 그런데 소설을 보면 한 인물이 여러 가지 갈등을 겪으면서 나중에는 아무한테도 말하지 않고 스스로 자살해요. 권총으로. 근데 사실 권총 자살이라는 게 북한에서도 있을 수는 없는 일이죠. 이 책을 읽으면서 자살이라는 의미를 떠올려봤어요. 우리 아버지가 똑같았기 때문에 그래요. '우리 아버지도 이 사람이 쓴 소설 속 인물과 똑같은 내적 갈등을 겪었겠구나.' 싶었어요. 그래서 내가 그분한테 편지를 썼어요. 그래서 그분을 만났어요. "당신이 쓰신 이 소설이 사실입니까?"라고 물었어요. 그러니까 사실은 아니고 조금 비슷한 이야기가 있었다고 하더라고요. 그래서 내가 우리 아버지와 나의 관계에서 있었던 이야기를 하며 "자살이라는 그런 아이템을 선정한 것이 북한에서는 잘 적용되지 않는다."고 했어요. 자살이 사실 쉽지 않은데 그런 아이템을 선택했다는 것이 우리 아버지와 비슷해서 궁금했다고 했어요. 이런 이야기를 했던 때가 있었거든요. 꼭 한번 읽어보세요.

박한길 : 우리 아버지도 자살했는데요.

전주람 : 아버지요? 박한길 선생님 아버지요?

박한길 : 우리 아빠는 러시아에 10년 정도 갔다가 와서 투신했어요.

그리고 김지은 교수님도 중국에 친척이 있다고 하셨잖아요. 교수님 아버님이 무슨 당 비서를 하셨는지 모르겠지만은 중국에 친척이 있고 그러면 어느 정도까지 발전을 못 해요. 발전을 안 시켜줘요.

김지은 : 네. 제가 하고 싶은 말이 여기에 있습니다. 내가 당에 입당하려고 했잖아요. 그러다가 결국은 입당을 못했어요. 입당했으면 아마 제가 못 나왔을 거예요. 그래서 여기에 있는 겁니다. 근데 제가 입당을 못하게 된 동기가 있어요. 입당하려고 아침 새벽부터 나가 당 비서 방을 청소했는데, 일반 사람들이 볼 수 없는 신문들도 있고, 노동신문도 당 비서한테만 배달되는 게 있더라구요. 그걸 매일 아침 일찍 나가 청소하면서 그 신문을 봤어요. 당 비서는 아침 조회 때 직원들한테 그 신문 내용 중 일부를 브리핑해요. 어떤 이슈 하나를 선정해서 책상에 올려놓고 브리핑하는 일을 계속 몇 년째 했죠. 그러다가 어느 순간에 내가 보지 말아야 할 걸 보게 된 거예요. 박한길 선생님께서 지금 말씀하신 것처럼, 요시찰 명단 같은 게 있었어요. 중국에 친척이 있거나 일본에서 들어온 재일교포거나 아니면 미국에 친척이 있거나 해외에 친척이 있는 사람들 명단이 따로 있는 거예요. 그걸 읽어보는 순간에 내가 딱 들었던 생각은 '내가 열심히 해도 당에 입당하는 게 과연 가능할까? 못할 수도 있겠네.' 이 판단이 확 들었던 거예요. 그래서 제가 입당을 포기했죠. 그러는 과정 중에 북한 사회가 어려워졌고, 병원도 어려웠고 해서 아버지 편지를 다시 꺼내 들었던 거죠. 지금 박한길 선생님께서 말씀하신 것처럼 '나는 아무리 잘해도 이용될 수밖에 없겠구나.'하는 생각이 들었어요. 입당했으면 아마 북한 밖으로 안 나왔을 겁니다.

전주람 : 못 나오지 않았을까 하는 생각이 드는데요.

김지은 : 내 나름대로 거기서 자기 가치관을 가지고 살았을 거예요. 입당 못하고 내가 그냥 이용당할 수도 있겠다 싶었어요. 앞에서는 자기 자식을 차별하지 않는다면서도 뒤에서는 자기 자식을 챙기잖아요. 그래서 나는 '안 되겠구나.' 생각을 했죠.

전주람 : 어쨌든지 이게 계기가 돼서 터닝포인트가 되었네요. 그 덕에 어쩌면 여기에서의 삶이 시작되었구요. 그런데 실제로 이곳에서 남한 의사들과 일하면서 어땠어요? 병원 개업하실 때 홍보도 안 하시고 나름대로 자존심과 사명감만을 갖고 운영하겠다는 포부를 비추신 거잖아요. 실제로는 남한 의사들과 일하면서 많이 부딪쳤을 것 같은데요.

김지은 : 의료에 대한 기술, 테크닉은 잘 모르겠어요. 북한에도 대단한 사람이 있고 그렇지 못한 사람도 있으니까요. 한국도 마찬가지잖아요. 다만 제가 개업하면서 느낀 것은 '의료가 왜 상업화되어야 하지?'라는 거였어요. 이 현상을 받아들이기가 어려웠어요. '왜 아픈 사람을 치료하면 됐지, 거기에 홍보를 해야 하나', '왜 상업화가 돼야 하나?', '장사치 같은 모습과 뭐가 다르지?'라는 생각 때문에 굉장히 힘들었어요. 그래서 당시에 개업하자마자 기자들이 이렇게 인터뷰했던 기억이 나요. "뭐가 제일 힘들어요?" 이렇게 물으면 "돈 받는 거요."라고 대답했던 기억이 있습니다. 너무 순진하면서도 웃기기도 한데, 나중에 시간이 지나면서 왜 홍보를 하는지가 이해가 됐죠. 서두에 말씀드렸던 것처럼 내가 정착을 잘해가는 건지 아니면 자본주의화 되어 가는 건지, 이 지점에서 끊임없이 갈등을 하게 됐어요.

그다음에 두 번째로 한국 사람들과 다르다고 생각하는 부분은 간호사들과 격의 없이 지내고 싶다는 거예요. 우리 병원에는 내 수하에 간호사들도 많아요. 간호사는 일찍 와서 청소해야 되고 원장은 늦게 출근하면서 가방을 흔들흔들 하면서 들어와요. 저는 이게 너무 권위적이라고 생각했어요. 그래서 저는 지금도 출근이 빠르지만 늘 간호사들보다 먼저 와서 청소하고 그랬어요. 적어도 제 진료실 방은 제가 청소했어요. 밥 먹을 때도 늘 간호사들과 같이 먹으려고 했는데, 한의사들과 얘기하다 보니까 내가 잘하고 있지 않다는 것을 알게 됐어요. 한국 한의사들도 내가 어떻게 생활하는지 궁금해하실 거잖아요. 그분들이 저에게 어떻게 지내는지 물어봤어요. 그래서 "이렇게 한다." 하니까 "그거 잘못된 거다."고 이야기를 하더라고요. 그래서 제가 "왜요? 간호사들이 청소하는 게 미안하고 내가 권위적이지 않게 하려고 했는데 그게 잘못된 거예요?" 하니까 "원장이 일찍 나와서 청소하고 있을 때 직원이 들어온다면 그 직원은 얼마나 힘들고 눈치 보이겠냐?"는 거예요. 원장 생각에는 간호사들을 도와준다고 생각하겠지만 직원 입장에서는 그게 아닐 수도 있다고 하더라고요. 그 이야기를 딱 들으니까 '내가 내 관점에서만 생각했구나.' 싶었어요. '직원 입장에서는 그게 아닐 수도 있겠네.', '원장이 청소기 돌리면 불편할 수도 있을 거야.'라는 생각을 그때 한 거예요. 나는 모범을 보여야 한다는 식으로만 생각한 거죠. 사람들이 할 수 있는 일을 충분히 할 수 있게 놔두는 것도 미덕이구나 싶었습니다. 대신 환자가 많거나 하루종일 힘들었거나 할 때는 저녁에 갈 때 "택시 타고 가세요." 하고 하루에 2만 원씩 주고 그랬어요. 그런 걸로 보상을 해준 거죠. 내 나름대로는 그게 일하는 직원들에 대한 배려라고 생각했어요. 그리고 트러블이 있을 때는 늘 환자 편이 아니었고 간호사 편이었어요. 환자 앞에서도 무조건 우리 직원 편을 들었고, 이런 것들로 저는 병원 사람하고의 관계를 융화시키려고 했어요.

전주람 : 그러면 교수님. 고향에서는 의사들이 먼저 병원에 나와서 정리하고 그래요?

김지은 : 의사들이 와서 먼저 한다기보다 당번이 있었던 것 같아요. 겨울에 난로 피우니까 난로 피우는 당번도 있고, 청소하는 당번도 있었죠. 저도 청소 당번이 돼서 청소하면 그게 이상하거나 불편하거나 한 적이 없었어요. 개인적으로는 전혀 그게 문제가 되지 않았습니다. 출근이 9시 반까지라고 하면 저는 보통 8시 전에는 병원에 가 있었거든요. 빨랐어요. 일찍 집에서 나오는 편이라 그런 것들이 자연스러웠어요. 오히려 늦게 출근하는 것이 저한테는 꽹장히 불편했던 거예요. 그래서 이런 부분들은 한국하고 다르다고 생각합니다. 그리고 홍보에 대한 부분도 필요하다는 것이 이상했지만 이해가 됐어요. 의료 상업화로 보기보다는 좋은 의료 서비스를 환자들에게 제공하기 위해서는 이러저러한 서비스를 우리 병원에서 한다는 것을 홍보할 필요가 있다고 느낀 거죠. 그 서비스를 제공하는 대신에 거기에 적당한 돈을 받아야 되는데, 환자들이 그 돈에 대한 부담이 생길 거 아닙니까, 그것을 어떻게 하면 없앨 수 있는지 고민 중에 있습니다.

전주람 : 그러면 한국에서는 의대를 보내려고 부모님들이 꽹장히 애를 많이 쓰거든요. 교수님은 의사로서 어떤 철칙 같은 게 있나요? 내가 의사로서 이것만은 꼭 지켜야겠다는 신념이랄까요?

김지은 : 그거는 북한에 있을 때와 한국에 있을 때 생각이 다른 것 같아요. 북한에 있을 때는 '의료는 인술'이라는 말을 많이 했어요. 물론 이거는 문화적인 문구이긴 합니다만. 무슨 말이냐면, 1960년대 초반에 북한에서 회자됐던 '정성 배지(badge)를 달고 정성 운동'이라는 게 있었어요. '의사는 모든 것을 한 달 동안 희생해야 된다.' 그런 식으로 교육받았기 때문에 당연하다고 생각하며 살았죠. 한국에 와서도 '의술은 인술'이라는 견해에 대해 저는 변함이 없어요. 사람을 대상으로 하는 거고, 생명의 가치를 중시하는 직업이기 때문에 사람 목숨을 살리는 것이 기본 모티브가 되어야 합니다.

환자들한테 어떻게 비칠지는 모르겠지만, 의사들은 환자들이 "저 병원에 가면 마음이 편하더라. 저기 가면 굉장히 따뜻한 선생님이 있더라."는 반응을 할 수 있게끔 열성으로 일을 해야 합니다. 저는 항상 병원 문턱을 낮추려고 해요. 진료실 문을 열고 들어오는 환자에게 활짝 웃는 제 모습을 가장 먼저 보여주고 싶어요. 그런 편안한 인식을 주려는 노력을 하고 있어요. 환자들을 대할 때 저는 '이 환자가 나를 믿게 하려면 내가 어떤 마음으로 대해야 하나?, 어떻게 해야 될까?' 하는 마음을 늘 생각하고 있어요.

전주람 : 환자 중심에서 필요한 것을 늘 생각하시네요. 대단하세요. 진짜 그런 의사가 많이 없거든요. 제가 경험해본 의사도 그렇고, 실제로 1시간 기다렸다고 1분 얘기하고 나오는 경우도 있거든요. 워낙에 대기 환자가 많아서 궁금한 것도 못 물어보고 나오는 경우가 많아요. 의사에게 한 마디 말을 붙이기도 어렵습니다. 괜히 물어보면 화내는 의사분들도 있어요. 물어보는 게 잘못은 아니잖아요. 저도 여기저기 아픈 곳이 있어 병원에 가면 잘 고치는 의사보다도 말 한

마디라도 따뜻하게 해주시는 분이 좋더라구요. 꼭 의술로 사람을 고친다는 생각은 저도 안 해요. 어떻게 보면 의사 선생님의 따뜻한 말 한 마디, 부드러운 성품이 환자들에게 치료약이 될 수도 있겠다 싶습니다.

박한길 : 그런데 한의학 기술은 북한이 더 나아요. 체기가 있을 때 침 맞으면 금방 낫거든요. 그런데 여기서는 침도 작은 거를 쓰더라구요. 북한에서는 한의학을 '고려의학'이라고 이름을 바꿨거든요. 북한이 더 나아요.

전주람 : 교수님. 실제로 북한에서는 한의학을 '고려의학'이라고 부르나요?

김지은 : 처음에는 한의학이 아니고 '동의학'이었어요. 그러다가 1993년도쯤에 들어오면서 학교 명칭들을 꽹장히 많이 바꿉니다. 그러면서 '동의학'이라는 이름을 '고려의학'으로 바꾸게 됩니다. 그리고 나중에 공식적으로는 '고려의학'이라고 하지만 외국 사람들의 이름을 붙여서 다르게 표현하기도 했어요. 아무튼 한국에서 한의학에 해당하는 학문은 북한에서 '고려의학'이라 부르는 게 맞습니다.

전주람 : 참 공부할 게 많네요. 처음 듣는 것도 많고요. 정말 좋은 말씀을 제가 듣고 있네요. 지금 시점에서 이런 모임에도 이렇게 흔쾌히 와주시고 하는 것이 또 후배들에게 큰 힘이 될 것 같습니다. 특히 애정 어린 마음이 느껴집니다. 그렇다면 지금 시점에서 스스로 탈북 사건을 돌아보면 어떤 생각이 드시는지 간단히 말씀해 주시고요. 특히 청년들에게 전하고 싶은 말씀을 들려주시면 좋겠습니다.

김지은 : 저는 지금 한국 사회에 와서 시간이 좀 지났지만 잘 정착하고 있습니다. 제 입장에서는 그런 표현이 민망하고 송구스럽기는 합니다만, 그럼에도 불구하고 저는 지금까지 이곳에서 잘 살고 있습니다. 그런데 저는 악착같이 살지는 않았던 것 같아요. 죽기 살기로 입 깨물고 하지는 않았어요. 반드시 미친 듯이 악착같이 살아야만 성공한다는 보장도 없잖아요. 그래서 꼭 그럴 필요는 없다고 봐요. 다만 제가 얘기하고 싶은 거는 꾸준함이에요. 제가 『당신은 선택할 수 있습니다』에서 '선택'이라는 단어를 많이 썼는데요. 누군가가 저한테 선택의 의미가 뭐냐고 묻는다면 저는 "제가 한 선택은 포기하지 않는 선택이었습니다."라고 얘기하고 싶어요.

인생을 살아가는 과정 속에서 우리는 수없이 많은 선택을 하죠. 큰 선택, 작은 선택, 스스로 하는 선택, 떠밀려서 어쩔 수 없이 하는 선택, 많은 선택 등이 그렇습니다. 서두에서도 말씀드렸지만 선택은 늘 올바르거나, 늘 내 마음에 들거나, 늘 희망적이지는 않거든요. 그럴 때 '안 되면 싹 때려치워라.' 이런 마음보다 '힘들면 좀 쉬지 뭐.' 이렇게 "느긋하게 자기 페이스대로 가라."고 말해주고 싶어요. 다른 사람이 앞서가든 말든 상관하지 말아야 합니다. 그런 것을 상관하다 보면 마음이 조급해져요. 그러면 사람은 욕심이 생겨요. 욕심이 생기면 편법을 쓰고 싶어지죠. 그러다 보면 낭패를 보기가 십상입니다. 편법은 또 다른 편법을 불러옵니다. 그래서 저는 그냥 "느긋하게 자기 페이스대로 살아라, 절대 포기하지 말아라."라고 말해주고 싶어요. 그러면 언젠가는 결승선에 도착하게 될 것입니다. 일등이 한 명인데, 제가 꼭 일등을 해야 할 필요는 없거든요. 내 삶의 길을 스스로 빛나게 만들면 된다고 저는 생각하고 있어요.

저는 젊은 친구들한테 "각자 인생을 잘 살라."고 말하고 싶어요. 그리고 절대 포기하지 않는 선택을 하라고 말하고 싶어요. 인생은 마라톤과 같습니다. 마라톤이라는 건 긴 구간을 뛰어야 하잖아요. 출발할 때 스타트를 속도 있게 뛴다고 해서 마지막 결승선이 일등을 하리란 보장이 없어요. 마지막 바퀴에 힘을 낸다 해서 마찬가지로 일등을 한다는 보장도 없어요. 42.195킬로미터라는 긴 구간을 인내하고 끈기 있게 끝까지 완주해야 되는 게 자기 인생길이 아닐까요. 그래서 마지막에 들어온 사람을 보기 위해서 사람들은 운동장에 남아서 끝까지 기다려요. 결승선을 마지막으로 통과한다고 해도 사람들은 그 사람에게 박수를 보냅니다. 꼴등으로 들어왔다고 박수를 보내는 걸까요? 아니죠. 힘든 과정을 중간에 포기하지 않고 이겨낸 것에 대한 찬사를 보내는 거죠. 그 과정에 주는 찬사라고 생각하거든요. 그래서 정말 힘들 때는 그냥 쉬어야 해요. 울고 싶으면 울어야 해요. 자기 감정에 충실해야 합니다. 자기 인생의 목표에다가 초점을 두고 조금씩 나아가다 보면 어느 시간이 지났을 때 자기도 모르게 성장해 있는 것을 발견하게 될 겁니다. 그래서 저는 '포기하지 않은 선택'을 선택하라고 말씀드리고 싶어요.

전주람 : 아유, 정말 감사합니다. 제가 갑자기 청년이 된 느낌이 듭니다. 위로가 되기도 하고 어떤 힘은 얻은 느낌이 듭니다. 마지막으로 한 가지만 질문하고 싶은데요. 그런 에너지는 어디서 나올까요? 바쁘게 지내다 보면 일이 많아서 하루하루 여유가 없으실 텐데요. 교수님은 굉장히 여유 있게 보여요. 바쁜 일상 중에 그런 여유는 어떻게 확보가 될까요? 거기에 대한 요령이나 틀, 또는 조언이 가능할까요?

김지은 : 저는 생각을 긍정적으로 하는 편이에요. 그러다 보니까 힘든 상황에서도 1%의 빛이 보이면 그쪽으로 나아가려고 해요. 그런데도 악착같이 하지는 않았던 것 같아요. 그냥 닥치면 닥치는 대로 묵묵하게 십수 년을 걸어온 것입니다. 그러다 보니 주변으로부터 "저 여자 성공했어."라는 말을 종종 듣습니다. 미친 듯이 열심히 정말 꾸준하게 하는 것이 중요합니다. 그렇지만 건강이 받쳐줘야 하고, 멘탈도 중요하구요. 우리가 번-아웃 상태가 될 수가 있기 때문에 주의해야 합니다.

저는 인생 목표를 보통보다 조금 낮게 잡아야 된다고 생각합니다. 항상 우리는 목표를 높게 잡잖아요. 꼭 그럴 필요가 있을까요. 저는 목표를 높게 잡는 것보다 조금 낮게 잡아요. 그래야 목표가 실현될 확률이 높아지니까요. 여러 가지 일을 한꺼번에 성취하려다 보면 스트레스를 많이 받아요. 그러면 성취를 했다 하더라도 만족감이 떨어져요. 그러니까 성취를 작게 잡으면 만족감이 커질 수가 있습니다. 스트레스가 작아질 수도 있습니다.

예를 들어서 제가 아침 9시 반에 진료를 시작하게 되면, 그 전 두 시간은 병원 나가서 진료할 때까지 조용한 시간을 가져요. 그때 책 보고 논문 쓰고 글 쓰고 그래요. 저는 '뭔가를 해야지.'라고 설정해놓고 이발 악물고 하는 것도 필요하다고 생각해요. 근데 그것보다는 조금 느긋하게 삶을 살아가야 한다고 봅니다. 꼭 성취를 해야 할 것이 있으면 하루에 조금씩 이뤄나가면 됩니다. 한 발짝만 움직여도 돼요. 그래야 지치지 않고 오랫동안 먼 길을 갈 수가 있는 거죠. 내 몸도 힘들고 정신적으로 힘들고 표정도 지쳐가는데 내 주변에 사람이 모이겠어요? 사람의 얼굴 표정이 편안해야 내 주변에도 사람이 많아지는 겁니다. 그래서 모든 것을 나 혼자 잘할 수는 없어요. 그것은 독불장군이에요. 혼자 잘난 사람은 없는 거예요. 주변에 있는 한국 사람들과 친구들과 함께 내 삶을 조금씩 채워나가는 겁니다. 서로 주고받거니 하면서 돕는 거죠. 지금까지 제가 이 자리까지 오게 된 것은 70~80%가 한국 사람들과의 관계 속에서 도움을 받았기 때문입니다.

전주람 : 진짜 너무 좋은 말씀을 해주셨네요. 저는 바쁘고 분주한 일상을 선택해서 살아가는 듯합니다. 그런데 교수님 말씀 들으니까 조금 여유 있게 가도 되지 않을까 생각합니다. 물론 실천으로 이어지기까지는 힘들겠지만요. 마지막으로 오늘 세미나에서 느낀 점을 나누고 마무리하면 좋을 것 같아요. 내 과거를 짚어보고 돌아보는 시간이 돼서 저는 좋았습니다. 선생님들은 어떠셨는지 궁금합니다. 우선 박한길 선생님부터요.

박한길 : 김지은 교수님은 북한에서 의학을 배우셨어요. 그런데 북한에서는 의학 용어를 라틴어로 써요. 그러면 김지은 교수님도 라틴어를 배우셨다는 것인데, 이 점이 대단하다고 생각합니다.

전주람 : 김 교수님은 대단하세요. 의학 공부도 힘드실 텐데, 지금은 또 법학도 공부하고 계시잖아요. 지속적으로 다른 분야에 대해 공부하신다는 게 존경스럽습니다. 그러면 다음으로 최국희 선생님은 어떠셨나요?

최국희 : 성공하신 선배님하고 이런 자리를 갖게 돼서 좋았습니다. 말씀을 들으면서, 저는 일단 '포기하지 말라.'는 것에 공감이 됐어요.

그러니까 교수님 같은 분이 더 많이 나와주셨으면 합니다. 근데 사실 김지은 교수님은 성공한 분이시잖아요. 그렇지만 우리는 보통 성공하지 못하고 달리기만 하는 사람이에요. 지금도 달리는 사람인데 남한 사회에서 성공하려면 탈북민이라는 신분을 속일 수도 있어요. 그런데 그렇게 말하는 순간에 사회적인 인식이 완전히 나빠지더라구요. 성공한 분들은 그렇지 않은데, 보통의 북한 이주민들은 힘들어하더라구요.

근데 제가 제일 안타까웠던 부분은 지금까지도 사회적 인식은 변하지 않는다는 겁니다. 사회적인 변화를 이끌어내기에는 아직도 부족한 점이 너무 많다 이겁니다. 솔직히 박한길 선생님 같으신 분은 봉사를 그렇게 많이 했음에도 불구하고 어디에 이름이 나오거나 하지 않잖아요. 그렇다고 해서 대한민국 분들이 알아주지도 않고요. 아무것도 바라지 않고 사심 없이 봉사로 대한민국에 헌신하고 계신다는 것은 존경할 만한 일입니다. 대단하신 겁니다. 그런데도 솔직히 탈북민이기에 사회적으로 묻히고 있는 상황이라 생각합니다. 열심히 사는 사람들은 많아요. 그렇다고 해서 북한 이주민에 대한 사회적인 인식이 변하기는 어렵다는 겁니다. 열심히 살아오신 김지은 교수님 같은 분이 많기에 사회적 인식이 변할 수도 있습니다.

전주람 : 좋은 말씀해주셔서 감사합니다. 최국희 선생님도 북한에서 연구자로 지내셨어요. 그 경험을 저와 인터뷰 때 말씀해주셨죠. 어쨌든 성공이라는 것은 해석하기 나름입니다. 최국희 선생님의 스토리를 나중에 듣고 싶네요. 그다음으로 아진이는요?

소아진 : 귀한 시간을 내주셔서 너무 감사했어요. 저는 그냥 과거를

돌아보는 시간을 갖게 돼서 좋았어요. 그리고 '긍정적으로 항상 생각하고 사신다.'고 하셨잖아요. 그 말이 제일 마음에 와닿았고 저도 항상 그렇게 살려고 노력해보려구요. 감사합니다.

전주람 : 그래요. 우리 아진이가 많이 성장했네요. 그러면 유화는?

정유화 : 저도 감탄스러운 시간을 가져서 좋았습니다. 진짜 이런 분들이 여기 와서 열심히 산다고 생각하니 부럽기도 했습니다. 저는 그렇게 열심히 살지 않았거든요. 그래서 한편으로는 열심히 사는 분들께 괜히 피해를 끼치지 않았나 걱정스럽기도 합니다. 그래도 항상 긍정적으로 생각하고 계셔서 저는 좋았습니다. 친구들 보면 고등학교에 적응하는 것을 어려워하는 것 같아요. 그래서 퇴학하는 애들이 많아요. 퇴학하면 다른 학교에서 받아주지 않으려고 하니까 더 힘들죠. 그래서 진짜 열심히 하려고 하는데, 선배들이 '탈북인들은 힘들어서 다 나간다. 아무리 학비를 대줘도 그렇게 된다.'라는 이미지를 학생들에게 심어요. 그래서 탈북민은 그런 이미지가 되어 버려서 어떤 한계에 부딪히는 경우가 많아요.

전주람 : 유화는 짧은 시간에 많은 걸 생각했구나. 나중에 한 번 더 모여야 되겠다. 마지막으로 아진이는?

소아진 : 오늘 크게 와닿았던 거는 두 가지예요. 한 가지는 선생님께서 그런 말씀을 하셨잖아요. 남북 갈등, 남북 관계의 갈등으로 인해서 탈북민들은 남한에 대해 편견과 여러 가지 부적응을 보이는 듯합니다. 또 한국분은 탈북민에 대한 편견도 있으니까 '앞으로 내가 좀 그들에게 잘 해야겠다.'는 마인드를 갖는 게 중요할 것 같습니다. 근

데 교수님 말씀 들으면서 교수님은 거기에서 한 단계 더 나가서 한
국 분들이나 우리에게 이렇게 강연을 통해서 인식을 개선하기 위해
엄청 노력하셨잖아요. 저는 이런 생각을 못 해봤거든요. 그냥 저나
주변 사람들한테 조언을 해주고 '나나 잘 이렇게 살아야겠다.' 이런
생각만 하고 있었지 모든 분들을 위해서 이런 걸 할 생각을 못 했어
요. 근데 그렇게 해주셔가지고, 너무 대단하신 것 같구요.

그리고 또 한 가지는 '긍정적으로 사고하고 목표를 너무 높게 세워
서 악착같이 살지 말라.' 이런 말씀을 해주셨거든요. 그냥 한 단계
한 단계 천천히 하는 것이 앞으로의 삶에 도움이 많이 된다는 말씀
이 와닿았어요. 뭔가 목표를 높이 세워놓고 매일 힘들게 살다 보니
까 좀 지치거든요. 근데 이런 말씀은 도움이 됐어요. 감사합니다.

전주람: 김지은 교수님은 후배들의 얘기를 들으니까 어떠세요?

김지은: 일단 너무 저한테는 따뜻한 시간이었고 고마운 시간이었습
니다. 그리고 또 제 이야기가 또 도움이 된다고 얘기해주니까 고맙
습니다. 많은 사람이 저한테 성공했다고 말하면 사실은 민망합니다
만 그래도 열심히 살았다는 것에 대해서는 자부합니다. 그럴 때 저
는 한국 사람들한테 "저만 열심히 산 게 아니라 모든 탈북민이 열심
히 살아요. 다만 제가 가지고 있는 의사라는 이 조건이나 환경이 다
른 사람과 조금 다르게 보일 뿐입니다. 제가 조금 부각되는 것이지
열심히 살지 않는 사람이 없습니다."라고 말을 합니다.

근데 이 사회가 아무리 열심히 살아도 우리를 어렵게 만드는 부분이
있어요. 종종 "시간을 가지고 기다려주세요."라는 말을 많이 합니다.
저는 목표를 높게 정하든 낮게 정하든 개인이 결정하는 거지만 꾸준

하게 뭔가를 해왔다는 것을 말씀드리고 싶어요. 어떤 인터뷰에서 사람들이 저한테 "선생님은 성공이 뭐라고 생각하십니까?" 이렇게 물었어요. 각자 자기가 생각하는 성공이 있을 것 같아요. 우리가 기본적으로 성공하게 되면 돈과 명예, 권력 등을 생각하게 되잖아요. 어린 사람들은 앞으로 돈을 충분히 많이 벌 수 있는 기회가 올 것이고 저 같은 경우에는 어느 정도 나이가 들었으니까 아무리 날뛴다 해도 돈을 잘 벌기는 어려워요. 그렇기 때문에 돈에 치중하지 않는 부분을 성공으로 삼고 싶어요. 그분이 저에게 "성공이 뭡니까?"라고 했을 때 저는 "사회나 여러분 같은 후배들 앞에서 부끄럽지 않은 어른이 되는 것, 그런 어른이라는 말을 듣는 것이 제 성공입니다."라고 답변했어요. 제 목표는 사실 그렇죠.

제가 노력하고 있는 부분에 대해서 여러분과 그 가치를 함께 한다는 마음을 갖는 것, 그리고 자기가 서 있는 위치로 인해 건방지거나 잘난 체하지 않는 것, 부끄럽지 않은 어른으로 자리매김을 하는 것이 제가 생각하는 성공입니다. 언제든지 궁금한 것이 있으면 전화나 톡으로 저에게 문의해도 좋습니다. 그렇게 문답이 오가다 보면 좋은 관계가 형성될 수 있을 겁니다. 오늘 여러분과 같이 한 이 시간은 정말 값졌습니다. 감사합니다.

전주람 : 오늘 김지은 교수님과 귀한 시간을 함께 했습니다. 이 인연을 이어가고 싶습니다. 좋은 모임을 만들어 갈 수 있게끔 시간을 내주셔서 모두 고맙습니다. 오늘은 이 정도로 마무리하겠습니다. 늦은 시간까지 자리를 빛내주셔서 고맙습니다.

남북한의 풍경 조각

Landscape sculptures of
North and South Korea

7

진 행 자: 곽상인

진행방식: 집단토의

일　　시: 2022년 9월 23일

시　　간: 오후 7:00-9:00(약 2시간)

참 가 자: 전주람, 박한길, 최국희, 김경애, 소아진

곽상인 : 5월쯤에 우리가 모임을 시작했는데, 벌써 마지막 회차가 되었습니다. 오늘은 질문할 거리가 좀 많아요. 『평양의 시간은 서울의 시간과 함께 흐른다』라는 책을 다들 보셨겠지만 작가가 전달하는 특정한 메시지보다 이 책에서 인상 깊었던 장면을 위주로 토론을 진행해볼까 합니다. 이 책에 실린 풍경은 대략 최근의 것이기에 의미가 있습니다. 어떤 전문성이 요구되는 책은 아니라고 생각합니다. 그래서 짧게 제 인상적인 것만 발췌했습니다. 그다음에 여러 가지 질문을 같이 나누겠습니다.

이 책을 쓴 진천규 기자는 2017년 10월 6일부터 2018년 6월 23일까지 총 다섯 차례 정도 북한을 방문하는데요. 이때의 흔적을 이 책에 사진과 글로 담았습니다. 북한의 넓은 지역 중에서도 특히 평양을 중심으로 북한 주민의 일상을 포착하는 작업을 했다고 보면 되겠습니다. 최대한 그들의 삶 속으로 들어가 현실적인 풍경을 담아내고자 노력했다고 평가할 수 있겠습니다. 이 책 표지에서 확인할 수 있는 것처럼, 서울의 시간과 평양의 시간은 2018년 5월 5일부로 통일되었다고 합니다. 원래는 2015년에 '일본 제국주의자들에게 맞선다.'라고 하는 명분을 가지고 일본에게 맞췄던 표준 시간을 30분 정도 북한이 앞당겨가지고 시간을 좀 빨리 지나가게끔 했는데, 2018년 4월 판문점 남북정상회담 당시 문재인 대통령과 이야기를 하다가 통일시켰다고 합니다. 당시 문재인 대통령과 정상회담 할 때 김정은 국방위원장이 "남과 북의 시간을 먼저 통일하자."라고 얘기했다는데, 이 제안으로부터 남과 북의 시간이 같아졌다고 합니다.

이처럼 진천규 기자도 마찬가지라 생각합니다. 남과 북이 하나가 되는 통일 염원의 메시지를 책 제목인 '평양의 시간은 서울의 시간과 함께 흐른다'로 표현한 것이라 생각합니다. 이 책에는 진천규 기자의 평양에 대한 평가보다도 풍경을 담은 사진이 풍부하게 실려 있습니다. 특히 가장 최근의 평양 풍경을 보여주고 있기에 의미가 있는 책입니다. 인물과 풍경을 조심스럽게 담아내려는 노력이 돋보였습니다. 그런데 진천규는 북한에서 사진을 찍을 때, 세 가지만 조심하라는 부탁을 한다고 합니다. 첫 번째는 김일성 주석과 김정일 국방위원장의 동상이나 사진을 촬영할 때 신체 일부가 잘리거나 방해물에 가려지는 일이 없이, 온전한 신체가 나오도록 할 것, 두 번째는 건설 노동자를 찍지 말 것, 왜냐하면 초중고를 마치고 대학까지 졸업했음에도 불구하고 국가에서 직업을 어느 정도 지정해주기에 하필 막일을 하는 건설 노동자의 직분을 받았으니까 상처를 받고 사는 사람들일 수 있잖아요. 그래서 가급적 노동자를 찍지 말라고 하더라구요. 세 번째, 남루한 모습 등 초라한 모습을 하고 있거나 등이 굽어져 있고 나이가 든 노인분을 찍지 말라고 했습니다. 아무래도 북한의 낙후된 현실을 보여주고 싶지 않다는 의지겠죠. 이 세 가지를 주의해 달라는 메시지를 북한 당국으로부터 들었다고 합니다. 발전된 평양의 모습만을 보여주고 싶은 북한 안내자의 견해가 아닐까 생각합니다.

그럼에도 불구하고, 저는 인상적인 부분이 있었습니다. 대동강 일대가 그랬는데요. 대동강은 평양의 상징이자 평양을 여러 구역으로 구분하는 중요한 기준점이 되고 있습니다. 우리 남쪽에서도 한강이 있는 것처럼 북한에는 대동강이 있어요. 평양의 핵심적인, 일종의 랜드마크 같은 역할을 하는 공간이 대동강 일대라 생각합니다. 그다음에 대동강을 중심으로 개발되고 있는 평양의 풍경이 사진에 담겨있는데, 그것이 강렬했습니다. 출퇴근하는 사람들과 대동강변에서 일상을 즐기는 북한 주민의 표정도 서울 한강에서 일상을 보내는 우리의 모습과 별반 다르지 않아 보였습니다. 저는 그래서 평양이 전혀 낯설지 않았다는 생각이 듭니다. 휴대전화를 손에 들고 택시를 타거나 마트에서 장을 보는 행위는 생소하게 다가왔어요.

휴대전화가 평양 일부 지역에서만 통용이 되겠습니다만 우리 일상에서 보는 것처럼 자연스럽게 전화를 받고 마트에서 물건을 고르는 장면은 놀라웠습니다. 아울러 북한에 택시가 이렇게 많은지도 몰랐습니다. 최근의 모습에서는 자본의 냄새, 공산주의와 다른 자본주의적인 냄새가 많이 들어있었습니다. '개방'과 '개발'이 연결되는 지점이 보여서 좋았고 인상적이었어요. 평양 시내 학생들의 발랄함도 좋았으며, 특히 음식, 술, 식당(옥류관 등) 문화도 직접 현장에 가서 체험하고 싶다는 생각이 들었습니다. 또 높이 솟아있는 화강석의 대형 조형물들도 어마어마하더라고요.

그다음 백화점 내부 풍경이라든가 초고층 아파트가 있는 '려명거리'도 가보고 싶었습니다. 김일성 종합대학이 인근이 있다고 하는데 거기 교원들이 이 초고층 아파트에서 주로 산다고 합니다. 아파트 내부가 공개돼서 인상적이었어요. 또 젊은이들의 놀이문화를 사진으로 담았는데, 특히 당구를 치는 것, 놀이문화를 즐기는 것, 국책공업종합대학교의 일상이 보인 것, 그럼에도 사회주의 국가이다 보니 정치 구호나 선전 문구가 곳곳에 붉게 큰 글씨체로 쓰여 있는 것도 남한과는 사뭇 다른 풍경이었습니다.

이런 것을 다 담을 수 있었던 진천규 기자는 한국인으로서 단독으로 방송에서의 자유와 취지에 성공한 언론인입니다. 앞서 말씀드렸다시피 천안함 사태 이후로 이명박 정권은 북한에 대한 지원을 모두 봉쇄해버렸죠. 그 여파가 박근혜 정부까지 이어졌고, 그다음에 문재인 정부 들어서서 열렸는데, 다시 현 정부 들어서서 남북 간 관계가 다시 악화된 듯합니다. 전혀 대화가 이루어지지 않고 있기에 그렇습니다. 어쨌든 진천규 기자가 방북에 성공하고 단독으로 2017~2018년 때의 평양을 담은 겁니다.

그런데 저는 이 책에 대해 아쉬움이 있어요. 여러분은 어떤지 모르겠는데 그 아쉬움은 이런 겁니다. 평양에 비해 열악한 환경에 처한 북한의 다른 지역도 있을 법한데 그런 풍경을 기대하기가 어렵다는 것입니다. 아무래도 외지인이기에 평양을 벗어나 다른 지역을 자유롭게 들어갈 수 있는 상황이 아니니까 어쩔 수 없는 한계라 생각합니다. 사진이 없는 것은 충분히 이해가 되지만 최소 다른 지역에 대한 언급 정도는 해줬으면 어땠을까 싶습니다. 평양과 다른 지역의 차이를 설명하는 것도 쉽지는 않겠죠. 직접 가보지 못하는 상황이었으니까요. 그럼에도 평양과 다른 지역을 비교하는 주관적인 설명 또는 객관적인 자료가 추가됐으면 좋았을 겁니다. 평양 호텔에서 바라본 야경, 휘황찬란하게 빛나는 평양 도시, 대동강변이 북한의 전체가 아니기에 아쉽다는 것입니다. 실제 시골 마을로 들어가면 평양에서처럼 휴대폰을 들고 다니는 사람이 있는지, 그 반대편(시골)에서는 일종의 비극이 펼쳐지고 있는 것은 아닌지도 생각해봤습니다.

그리고 이 책에서 또 한 가지 놀라웠던 것은 교회가 있다는 것이었어요. 저 스스로도 '이게 가능한 일인가?'라는 생각을 했어요. 사진을 보면 '봉수교회'라고 소개가 됐었는데, 실제로 교회 운영이 가능한지, 실제로 그 안에서 예수님을 찾으며 기도를 하는 것인지, 신앙이 존재하는지가 궁금했습니다. 책에 실린 사진을 보면 주민들이 모여 예배하는 풍경이 보이는데, 이것이 좀 생경했어요. 한국과 예배 방식은 같은지 등 의문이 좀 들긴 했어요. 최근 들어 기독교 신앙에 대해 당국에서 제재를 없앤 것인지도 궁금했어요. 아니면 평양에서만 암암리에 교회가 진행되는지 등 말입니다. 이 책의 마지막 부분을 보면 남북 간 주요 합의문을 거의 원문에 가깝게 실었더라구요. '서로 협력하자, 싸우지 말자, 서로 도와서 발전하자, 나중에 통일을 이루자.' 같은 메시지였어요.

특히 이 책에 실린 사진을 보면서 여러분은 어떤 생각이 들었는지 궁금했구요. 또 박한길 선생님이나 최국희 선생님, 아진 학생과 경애 학생은 평양에 가본 적이 있는지, 여기 사진에 나와 있는 장소나 풍경을 본 적이 있는지 개인적으로 궁금했어요. 그래서 오늘은 현장감 있는 이야기를 제가 좀 들어야 하지 않을까 싶습니다. 왜냐하면 진천규 기자 같은 경우도 북한에 대한 이야기를 어느 정도 필터링해서 보여주는 것이 아닌가 싶습니다. 순수하게 전달하지 못하는 어떤 정치적 상황이나 함부로 말할 수 없는 제약 조건이 있으리라 판단합니다. 그래서 일정 부분은 편집되거나 걸러낼 수밖에 없었을 겁니다. 이해해요. 저는 어떤 사상의 문제가 혹은 정치적인 문제가 이 안에 개입될 수 있겠다 싶어요. 여러분은 이 책을 읽으면서 어떤 느낌이 드셨나요?

박한길 : 저는 임수경 학생이 1989년도인가요. 그때 평양에 왔던 즈음에 제가 수도건설로 가 있었거든요. '5만 세대 건설'에 나갔었는데요. '광복거리'하고 원형 쌍둥이 아파트 세 개가 있어요. 그 옆에 황만루라고 있고, 그다음에 '칠골 사적지(김부자의 역사를 나타내는 기념비나 게시판)'가 있거든요. 거기 교회 하나 있고 봉수교회 하나 있고요. 그런데 진천규 기자가 이렇게 쓸 수밖에 없는 이유가 있을 겁니다. 아까 곽 교수님이 말씀하신 점에 동의하고 그런 점이 충분히 있다고 생각합니다. 책의 내용이 거의 공감되지만 교회와 교인들이 있다는 것은 보여주기식 쇼에 불과하다고 생각합니다.

곽상인 : 알겠습니다. 제가 생각하는 것과 비슷한 것 같아요. 저도 방금 박한길 선생님께서 말씀하신 것처럼 아무래도 북한의 풍경, 평양의 풍경을 담고 있기도 하지만 정치적인 이유로 인해서 많은 부분이 편집되거나 각색되었다는 느낌을 지울 수가 없네요. 특히 교회에 대한 언급에서도 논란거리가 있겠네요. 박한길 선생님께서도 교회에 대한 연출 논란을 언급하셨구요.

소아진 : 2014년도에 왔어요. 그런데 저는 평양에 못 가봐서 딱히 드릴 말씀이 없어요. 그냥 가보고 싶은 곳, '평양' 하면은 '류경호텔'을 제일 많이 가보고 싶었고요. 이 책에서 되게 놀라웠던 거는 평양 풍경 중에 '평양대극장' 앞에서 프러포즈하는 거 있었잖아요. 장미꽃 쥐고 하는 거? 그거 보면서 북한 남자들도 여자를 되게 아껴주고 여

성의 중요성을 깨닫고 있구나 하는 것을 느꼈어요. 로맨틱하게 변했다는 느낌을 받았어요.

전주람 : 평양 아니어도 프러포즈하고 그런 걸로 들었는데요.

박한길 : 북한에서는 '사랑한다'는 말을 잘 못해요.

소아진 : 혜산에서도 딱히 프러포즈 같은 거는 없는 거 같아요.

전주람 : 그러면 어떻게 고백해요? 결혼할 때라든지 사귀자고 할 때라든지?

박한길 : 서로 "동지", "동무"하는 식이니까 어색하지요. 그리고 평양은 제가 전번에도 말씀드렸다시피 세 개의 TV 채널이 있다고 했잖아요. 개성 TV, 평양 만수대 TV, 중앙방송 TV, 그중에서 외국 영화를 보면 사랑하는 행태를 보여주거든요. 아무래도 이런 문화를 접하다 보니까, 평양만큼은 사랑하는 표현의 방식이 좀 앞섰다고 볼 수 있죠.

곽상인 : 알겠습니다. 혹시 김경애 학생은 평양에 가본 적이 있어요?

김경애 : 아니요. 한 번도 없어요.

곽상인 : 아이고. 함부로 갈 수 없는 곳인가 봅니다. 안타깝네요. 혹시 전주람 선생님은 이 책 보면서 북한의 풍경이 그려지고 있는데, 놀랍거나 새롭다 혹은 내가 생각한 것과 반대다라는 느낌을 받은 부분이 있었어요?

전주람 : 일단 저는 사진이 있어서 책이 좋았어요. 사진 덕분에 지루

하지 않고 잘 읽히고 실물을 보는 것 같아서 '이렇게 생겼구나.'라고 짐작도 할 수 있었어요. 예전에 독일의 한 사람이 북한에 들어가서 촬영한 내용을 담은 영화가 있었거든요. 다큐멘터리 형식으로요. 제목을 잊어버렸는데요. 아무튼 그때 실제로 북한 풍경이 보여서 좋았는데, 이 책에도 유사한 장면이 있어서 좋았어요. 한편으로는 '이게 정말 사실인가?', '어디까지 사실로 믿어야 하지?'라는 의문은 여전히 남아있어요. 다만 북한의 대략적인 분위기를 가늠할 수가 있어서 좋았습니다.

곽상인 : 알겠습니다. 혹시나 놀라웠던 풍경이라든가 색다른 점이 있었나요?

전주람 : 아니요. 놀라웠거나 특별한 것은 없었고요. 교회는 아무래도 보여주기식으로 지어진 게 아닐까 생각을 했습니다.

곽상인 : 대체적으로 공감대가 형성되고 있는 듯합니다. 그중에 하나가 '내용과 사진을 그대로 우리가 믿어야 하는가?'라는 점입니다. 지금 박한길 선생님께서는 고개를 좌우로 왔다 갔다 하시는 것 같은데, 아무래도 본인께서 평양에서 생활하신 경험이 있으시니까 그런 것 같아요. 충분히 선생님의 제스처에 어떤 메시지가 담겼는지 이해가 됩니다. 자세하게 말씀하지 않으셔도 이해가 됩니다. 첫 번째와 두 번째 질문을 묶어서 해도 되겠습니다. 진천규 기자가 소개한 상황과 실제 평양의 상황이 다르지 않나 생각합니다. 그러면 혹시 최국희 선생님은 어떠신가요? 이 책에 묘사된 평양은 어떻습니까?

최국희 : 어릴 때 소학교 들어가기 전까지 계속 평양을 다니긴 했는

데, 그때 기억밖에 안 나네요. 그때 지하철이 있는 게 되게 신기했어요. 어릴 때 지방에는 없었으니까요. 그리고 커서는 답사로 한 번 가봤는데, 답사라는 게 정해진 노선을 따라서 움직이는 거라서 사진만 보고 판단하기가 어렵네요.

곽상인 : 알겠습니다. 어릴 때 지내셨기 때문에 최근 사진을 보면 놀라지 않으셨을까 싶네요. 특히 대동강 주변으로 발전이 이루어지고 높은 건물이 세워지고 하는 점들은 놀라우실 겁니다. 그러면 혹시 북한에서 지하철이나 버스를 타본 경험이 있는지 박한길 선생님부터 말씀이 가능할까요?

박한길 : 북한 평양의 지하철은 단순해요. 서울처럼 9호선까지 있거나 하지 않아요. 1~2호선밖에 없어요. 근데 평양의 지하철은 1970년대쯤 만들어졌는데, 대피용이었어요. 지하로 한 100미터 정도 내려가요. 그다음에 영광역이 있는데, 그게 본평양역이거든요. 그다음에 구궁역이 있는데, 이런 데는 지하철 안이 하나의 박물관 같아요. 모자이크처럼 김일성 영상을 볼거리로 형상했거든요. 지하철은 세계에서 북한이 제일 잘 만들었을 것이라고 생각합니다. 평양의 대중교통은 버스가 있어요. 그런데 버스는 체코슬로바키아에서 만든 거예요. 그다음에 궤도전차가 있거든요. 궤도전차도 체코슬로바키아에서 들여온 거예요. 중국에서 들여온 것도 있고 그래요. 북한은 궤도전차가 활성화되어 있어요.

곽상인 : 궤도전차는 선 따라 지상으로 다니는 거잖아요. 옛날 1930년대 경성거리에서 운용했던 거죠?

박한길 : 예. 근데 그거보다는 더 업그레이드 되고 잘 돼 있죠. 북한 대중교통은 잘 돼 있어요.

곽상인 : 북한 지하철 역사가 책에 몇 장 사진으로 나왔었는데, 바닥이나 벽이 대리석으로 완전히 발라놓은 것 같았어요. 화려하게 잘 만들었다는 생각이 듭니다.

박한길 : 그리고 역이 세 개 있는데, '전승', '승리' 뭐 이런 이름의 역이 있어요. 그곳은 북한에서 자체로 차량을 개발한 겁니다. 자기 기술로 만든 겁니다. 그리고 제가 알기로는 북한에 105층 '류경호텔'이 있거든요. 류경호텔은 전우역에서 바로 내리면 있어요. 그 건물이 피라미드식 105층인데 지상으로는 100층이고 지하로 5층이거든요. 근데 그걸 '속도전 청년돌격대'가 콘크리트하고 철근으로 올렸어요. 제가 알기로는 5년 동안은 외벽을 하지 못했어요. 돈이 없어서요. 5년 후엔가 어디서 자금을 유치해서 그걸 완성했더라고요. 그리고 지금 보니까 북한도 많이 발전했더라고요. 제가 며칠 전에 민주평통 강서지구에서 하는 아카데미에 참가해서 봤는데, 북한의 원래 음악이나 무용 같은 것도 발전됐고, 그다음에 요즘 북한에서는 남한처럼 쌍꺼풀 수술도 하고 있다고 그러더라구요. 발전도 하고 변화도 한 거죠.

곽상인 : 아무리 공산주의 체제를 유지한다 하더라도 그 빈틈으로 자본이 들어가면 북한도 흔들릴 수밖에 없는 것 같아요. 변화에요. 북한하고 중국 경계 지역에 또 장마당이 있잖아요. 이런 공간을 통해서 밀매업 같은 것도 암암리에 진행이 되고 있는 것도 사실이구요. 어쨌든 작은 변화가 북한 체제 내에 있는 것은 사실이겠죠. 그다음

으로 최국희 선생님은 어떠세요?

최국희 : 일단 북한 버스가 여기 남한 버스보다 엄청 커요. 저희는 한 버스에 거의 80~90명 정도는 타요.

곽상인 : 버스 탈 때 운임비를 내나요?

최국희 : 그렇습니다. 그런데 싸죠.

곽상인 : 여기처럼 속도가 빠른 것은 아니죠?

최국희 : 그렇죠. 속도를 빨리 낼 수가 없어요. 아스팔트가 좋지 않으니까 속도를 낼 수가 없는 거예요.

박한길 : '광복거리'나 '통일거리'는 새로 닦아서 괜찮아요.

곽상인 : 알겠습니다. 그렇다면 아진 학생은 북한에서 시골 쪽에 살았죠?

소아진 : 이모 집에서 살았어요.

곽상인 : 그러면 지하철이나 버스를 탄 경험이 있나요?

소아진 : 저도 탔어요. 그런데 어릴 때라 기억이 잘 안 나지만 버스에서 냄새가 많이 났어요. 기름 냄새요. 담배 냄새도 엄청 나요. 안에서 담배랑 피워도 됐었거든요.

곽상인 : 아, 북한에서는 그게 가능해요?

박한길 : 옛날 소리예요.

최국희 : 옛날에 그랬는데, 제가 올 당시에도 그게 가능했죠. 2014년 도에 우리가 왔는데 그때에도 버스 안에서 담배 피워도 공중도덕에 어긋난다는 생각은 안 했어요. "나쁘다, 하지 마라. 여자들 머리나 옷에 담뱃재가 묻어난다."라고 해도 말을 안 들어요.

박한길 : 평양에서는 담배를 버스 안이나 지하철, 그다음에 궤도전차 에서 못 피워요.

최국희 : 저는 평양이 아니라 지방 얘기를 한 겁니다. 평양에는 답사 만 가봤기 때문에 정해진 곳만 가니까 담배를 피우는지 모르다는 얘 깁니다.

박한길 : 지방에서는 운전하면서 담배 피우고 술 먹고 다 했어요.

곽상인 : 우리 한국에서도 1980년대 초까지만 해도 버스 안이나 기 차, 식당 안에서 담배 피우고 했었어요. 이제야 그런 것들이 없어졌죠. 자, 마지막 경애 학생 혹시 지하철이나 버스를 탄 경험이 있나요?

김경애 : 저는 평양에 안 살아가지고 지하철은 못 타고 버스는 좀 타 봤어요. 그때도 버스 안에서 그러는 사람들도 있었어요.

곽상인 : 지방에서는 그게 가능한 일이었군요. 또 특별하게 제재할 수 없었다는 게 놀랍네요. 어쨌든 제 질문은 사진을 보면서 궁금했 던 것들입니다. 전주람 교수님이나 저도 평양을 가본 적이 없기 때 문에 나중에 꼭 가보면 체감할 수 있지 않을까 싶습니다. 사진으로 만 보니까 실제 공간감이나 속도감, 현장감을 느낄 수가 없어서 어 렵네요.

다음으로 북한에서도 차가 있는데 속도를 낼 수 없다고 했어요. 아스팔트가 좋지 않다는 얘기도 했었구요. 북한에도 차가 있으니까 교통사고가 나겠죠. 그러면 우리나라처럼 보험사가 있는지 궁금하네요. 복잡한 일을 보험사가 처리하잖아요. 혹시 그런 게 있나요?

박한길 : 그런 거 없어요.

곽상인 : 그러니까 차량 제한속도가 있잖아요. 그걸 단속하는 CCTV가 있구요. 북한에서도 남한처럼 어떤 제재를 가하는 게 있는지 궁금했어요.

박한길 : 제가 2004년도에 왔는데 그때만 해도 회령 쪽에는 CCTV라든가 그런 건 없었구요. 저도 북한에서 1년 동안 트랙터 학교에서 공부하면서 면허를 땄어요. 그리고 2004년도 북한 건군절에 관리원장이 올려오라고 해서 올라가다가 지방 도로에서 한 바퀴 굴렀어요. 지금도 성형수술한 자국이 있어요. 크게 사고가 났는데도 북한에는 보험이란 게 없어요. 그러니까 어떤 보장이 없는 거죠. 그런데 신호위반을 잡는다든가 하는 규정은 있습니다. 그런데 처벌이 가볍고 거의 넘어가는 경우가 많아서 일상적으로 음주운전하고 그래요. 다리목에는 교통안전이 있어요. 여기 말로 하면 경찰관이죠. 북한 말로는 '보안원'인데 교통보안원이 차를 세워서 음주 검열이라는 걸 해요. 남한에서는 음주측정기를 대잖아요. 거기는 그게 없어서 냄새를 맡아서 판단해요. 걸리면 술이나 담배, 아니면 돈을 주고 풀려나요. 무마되는 거죠.

곽상인 : 특별하게 처벌하는 제도가 없는 셈이네요.

박한길 : 그런 건 없고요. 벌점 대신에 면허증 밑에다 위반이란 표시를 해둬요. 한 대당 6개가 있어요. 그러면 그거 하나씩 잘라내거든요. 그런 방법이 있고 말하자면 아직 북한은 보험 시스템이 없어요.

곽상인 : 알겠습니다. 아무래도 사람 사는 지역이니까 궁금했습니다. 사고처리가 어떻게 진행되는지요. 체제가 없다고 하더라도 사고가 날 텐데 이럴 때는 어떻게 이루어지나 궁금했습니다.

박한길 : 혹시 인사사고가 나면, 그러니까 차로 사람을 쳤다고 하면 '앞바퀴로 쳤나? 뒷바퀴로 쳤나?' 이걸로 형을 집행해요. 10년이면 10년, 7년이면 7년.

곽상인 : 그렇죠. 차가 고장나거나 망가지면 고치면 되는데, 사람이 다치는 인사 사고면 큰일이잖아요. 남쪽에서도 대인사고가 나면 배상과 보상 내역이 커지게 됩니다. 저는 그런 것들이 어떻게 이루어지나 궁금했습니다. 혹시 최국희 선생님은 운전하실 수 있나요?

최국희 : 저는 지금도 운전을 못 해요.

곽상인 : 그러면 경애 학생은 운전합니까?

김경애 : 저는 면허 있어요. 차도 있어서 남한에서 운전하고 다녀요.

곽상인 : 멋지시다. 근데 궁금한 게 남쪽에서는 빨리빨리 달려도 상관없잖아요. 보통 80킬로 이내에서 다니는데 북한에서도 과속이라는 게 있을까요? 남쪽 운전사는 정말 빨리 달리잖아요. 북한에서도 남한처럼 빨리 달릴 수 있는 도로가 잘 닦여 있나요? 그 정도로 속도를 낼 수 있나요? 버스도 천천히 간다고 해서 묻습니다.

박한길 : 북한은 여기를 말하면 고속도로가 잘 안 돼 있어요. 비포장 도로로 되어 있고요. 그렇게 되면 차가 스프링 작용을 해서 따닥따닥 다니면서 곡선을 만들거든요. 비 오고 그러면 도로 구간을 설정해서 공장, 기업소, 농촌 이런 데다가 할당량으로 줘요. "몇 백 미터마다 석비료를 깔아라."고 해요. 이렇게 하면 또 다 동원돼서 석비료를 깔아요. 그러면 아무리 속도를 놔봤자 40~50킬로미터 정도 될 거예요. 도로가 좋은 데서는 60킬로미터 정도구요.

곽상인 : 알겠습니다. 왜 이걸 여쭤봤냐면 기억하실지 모르겠는데, 문재인 대통령이 김정은 국방위원장과 판문점에서 만났을 때 북한 쪽으로 들어가는 과정에서 도로가 없는 부분을 그냥 통과하더라구요. 덜컹거리면서요. 방지턱을 넘어가서 가기에, 이상하다 싶었어요. 그만큼 길이 좋지 않았다는 것이겠네요. 그래도 김정은 국방위원장이 "북한 쪽에 길이 좀 잘 닦여있지 않아서 불편할 수 있으셨겠다."는 말씀을 회담장에서 했던 기억이 나서 제가 여쭤봤어요. 근데 속도가 느껴질 정도로 북한에서도 스피드하게 차가 달릴 수 있는 환경이 마련되어 있는지 궁금했어요.

다음 질문으로 넘어갑니다. '옥류관'에 대해 진천규 기자가 이렇게 써놨더라고요. 176쪽을 보면 '옥류관은 물론, 북한의 모든 음식점에서는 표를 받고 술과 음식을 내어준다.'고 되어 있었어요. 여기서 말하는 '표'라고 하는 것이 '식권' 개념인지, 아니면 기관이나 당에서 지급하는 '쿠폰'인지 아니면 직원들에게만 제공되는 일정의 '복지 포인트' 같은 것인지 궁금했어요. 실제로 우리 같은 경우, 냉면 먹으러 가게 되면 현금으로 만 원 정도를 지불하고 먹잖아요. 두 그릇도 세 그릇도 먹을 수 있고 하는데, 북한에서는 '표'를 준다고 하니까 그게 어떤 의미인지 궁금했습니다. 표를 가지고 술도 사 먹고 음식도 먹고 한다는 건데, 혹시 평양에서만 그런 것인지 지방에 있는 음식점도 그런 것인지 궁금합니다.

박한길 : 제가 알기로는 평양만 그렇게 돼 있을 겁니다. 황금벌 지하철역 옆에 음식거리가 있고, 그다음에 평양, 본평양, 고려호텔 옆에 먹자골목(음식거리)이 있거든요. 그다음에 광복거리, 황만루, 청춘관 이런 게 합영으로 있어요. 마카오와 합영이에요. 그다음에 옥류관, 청류관, 평남면옥이 있어요. 여기 평남면옥은 통일거리에 있는데요. 이건 다 인민방, 그다음에 공장 기업소 이런 데서 돌아가면서 주는 겁니다. 일 잘했다고 주는 거죠. 주면 사람들은 쉽게 먹는데 우리 같은 돌격대에 있던 사람들은 표를 본래 값보다 더 비싸게, 한 10배 정도 비싸게 표를 사다가 먹거든요. 그런데 아무리 남한에 와서 '평양냉면이다, 함흥냉면이다.' 선전해도 북한의 제 맛을 못 따라가죠. 그걸 만들 수가 없어요.

곽상인 : 북한의 평양냉면이 훨씬 더 맛있다는 거네요? 특이한 맛이 있군요.

박한길 : 추운 겨울날에도 냉면을 먹거든요. 그때는 두세 그릇씩 먹었어요.

곽상인 : 그러면 언제 저하고 전주람 박사님하고 같이 냉면집에 한번 가시죠. 제가 좋아하는 곳이 있어서요.

박한길 : 좋은 곳 있으면 소개시켜 주십시오.

곽상인 : 제가 가는 단골집 냉면은 맛있어요. 국물 육수가 좀 독특한데, 어떤 분들은 심심하다고 하더라구요. 향 같은 게 별로 없고 맛있어요. 그러면 최국희 선생님도 혹시 옥류관이라든가 지방에서 파는 음식을 '표'로 드신 적이 있나요? 이 점에 대해 의견이 있으신지요?

최국희 : 네, 그렇게 해요. 음식점이라기보다도 국가에서 경영하고 있는 식당 같은 데가 있어요. 음식점이라고 하는데요. 예로 옥류관의 경우에도 저희가 평양에 갔을 때 단체들에게 파는 하루 냉면 양이 있었어요. 팔아야 하는 개수가 있나 봐요. 그리고 남한에서는 음식점에 가면 먹고 나서 카운터에서 계산하잖아요. 거기에서는 그렇게 안 하고 들어갈 때 수납원이 따로 있어요. 따로 있어서 그분한테 돈을 내고 표를 사는 거예요. 국수 몇 그릇, 술 몇 잔 이런 식으로 해서 팔아요. 말하자면 접대원은 돈을 받을 수가 없어요. 쿠폰만 받아야 해요.
근데 평양은 하루에 표 나가는 수량이 제한돼 있더라고요. 그래서 어떤 분들은 정말 먹고 싶으면 '야매'라고 하죠. 실제로는 싼데 비싸게 팔아먹는 것을 말하죠. 암표와 같아요. 근데 우리 지방은 표가 있어요. 식당 들어갈 때 표를 떼서 들어가요. 그 표에 '술, 국수' 이런 식으로 지정돼 있어요. 그러면 접대원이 표를 보고 식탁에다가 표 개수만큼 음식을 내다줘요.

곽상인 : 어쨌든 돈으로 표를 사야 한다는 거네요. 차라리 표 안 사고 돈으로 해결하면 안 되는 건가 싶네요.

최국희 : 그건 안 되는 거예요. 이거는 국가에서 운영하는 거니까, 국영이니까 어려워요. 평양은 잘 모르겠는데 지방 식당에서 보니까 좀

달라요. 국영은 절대로 접대원이 돈을 못 받게 돼 있어요. 들어갈 때 접수대 같은 데서 표를 받아요. 거기에 표를 떼가지고 들어갔는데 개인집 같은 경우에는 그냥 들어가서 밥 먹고 여기처럼 해요. 개인들이 운영하는 데는 밥 먹고 나오면서 돈을 치르고 하죠.

곽상인 : 국영과 또 사적으로 운영되는 그런 식당도 있다는 거네요. 흥미롭습니다. 아진 학생? 혹시 '옥류관'이라든가 '평양냉면', '청류관'이라든가 '평양면옥' 이런 곳을 가본 적이 있어요? 평양을 가본 적이 없지만 지금도 그 지방에서는 평양냉면을 아직도 파나요? 아진 학생이 살았던 지역에서도 혹시?

소아진 : 평양냉면, 많이 팔긴 해요.

곽상인 : 역시 마찬가지, 표로?

소아진 : 아니요. 그냥 이모가 주는 돈으로 가서 사 먹었어요.

곽상인 : 그러면 거기는 국영이 아니라 일반 시민들이 운영하는 곳인가요?

박한길 : 제가 올 때만 해도 2004년도인데, 옥수수 1kg에 300원 했거든요. 근데 회령 역전 화물 그쪽에는 국숫집이 하나 있는데, 그게 너무 잘 됐어요. 근데 한 그릇에 500원 했어요. 그때는 진짜 맛있더라고요. 지방국수도요.

곽상인 : 500원이라는 게 우리나라 돈으로요?

박한길 : 북한 돈 500원이요.

곽상인 : 500원이면 어느 정도인가요? 우리나라 돈으로?

박한길 : 우리 돈으로 하면 어떻게 봐야 하나? 어쨌든 뭐 북한은 화폐가 옥수수 아니면 쌀이거든요. 옥수수가 300원, 350원 할 때고 쌀이 500원 이럴 때니까 냉면이 500원 하더라고요. 그 500원짜리 냉면을 진짜 잘하더라고요.

곽상인 : 쌀 가격이 500원이라고 했는데, 그렇다면 500원에 준하는 쌀은 몇 kg정도 되나요?

박한길 : 쌀 1kg을 말하는 거에요.

곽상인 : 1kg. 1kg에 500원이었으면 10kg면 5천 원이었네요. 그럼 저렴했네요. 확실히 북한이 저렴하네요. 우리는 10kg정도만 해도 15,000원에서 2만 원 정도 했을 것 같은데요.

박한길 : 담배 한 갑이 300원에서 500원 했으니까요.

곽상인 : 그러니까요. 그러면 경애 학생은?

김경애 : 저는 평양냉면 안 먹어봤어요.

곽상인 : 어떡하나? 제가 모시고 갈게요.

김경애 : 좋아요.

곽상인 : 알겠습니다. 북한의 거의 모든 음식점에서는 기본적으로 표가 있어야 하는군요. 국가에서 운영하는 경우는 표로 사먹고, 사적으로 운영되는 가게들은 현금으로 음식을 사먹을 수가 있겠네요. 이

런 식으로 정리하면 되겠습니다. 박한길 선생님 말씀하신 대로라면 남쪽에서 아무리 잘한다 해도 그쪽 음식 맛을 따라갈 수 없다는 거네요. 어떤 맛인지 궁금하긴 하네요.

박한길 : 육수가 특별해요.

전주람 : 육수가 꿩고기를 원료로 한 거 아닌가요?

박한길 : 그거는 명절마다 장군님(김정일, 김정은)이 꿩을 보내줘서 그걸로 요리를 만드는 거죠. 꿩 완자를 해가지고 냉면에 다 넣거든요.

곽상인 : 그게 이제는 물량이 딸려서 지금은 닭으로 교체가 되었다고 하더라구요. 약간 화제를 전환해서 그렇다면 북한에 계실 때 가장 즐겨 드셨던 음식이 무엇인지요? 그다음 어떤 음식이 가장 기억에 남는지, 그리고 만약에 여러분이 다시 북한으로 돌아간다면 어떤 음식을 진짜 먹고 싶은지 궁금합니다. 하나 정도는 있지 않으실까 싶습니다. 혹시 그런 기억이 있으신지요?

박한길 : 저는 북한에서 제일 맛있게 먹었던 게 인조고기밥이라고 하는 겁니다. 그게 뭐야 하면은 기름을 짜내고 콩 두박으로 만든다고 하더라고요. 근데 여기 와서도 북한 음식을 하는 사람들이 있어서 유부초밥이나 두부 초밥, 그다음에 이걸 먹어봤는데 맛을 못 내더라고요.

곽상인 : 제가 탈북청년이 운영하는 연남동 북녘식당 '친친'이라는 곳을 가 봤거든요. 혹시 가보셨는지?

박한길 : 아직 못 가봤습니다.

곽상인 : 거기 가보면 인조고기도 팔고 그러더라구요. 온면도 팔고 감자 지짐도 있고, 녹두지짐도 있구요.

박한길 : 부침개?

곽상인 : 네. 부침개가 있어서 한번 가서 먹어봤던 적이 있는데, 저는 개인적으로 육수 맛이 저랑 안 맞았어요. 좀 독특하다고 해야 할까요? 약간 비릿한 맛이 났어요.

박한길 : 평양에서 제가 유명하게 잘 먹은 거는 평양 단고기집에서 파는 개고기였어요. 원래 이름이 개고기인데, 김일성이 고기가 달다 해서 단고기라고 했다고 하더라구요. 그런데 진짜 맛있어요. 보신탕하고는 상대가 안 돼요.

곽상인 : 알겠습니다. 여기 여성분들의 표정이 좋지 않습니다. 화제를 전환해야 하겠습니다. 최국희 선생님. 기억에 남는 음식이나 참 맛있었던 요리에 대한 기억이 있으신지요?

최국희 : 저희는 고향이 양강도여서 저희 지방에서는 감자가 주 농산물이거든요. 그래서 양강도에 감자 전분이 많이 나와요. 북한으로 말하면 '농마'라고 해요. 그냥 감자전분 생각하면 됩니다. 여기서도 맛을 내는 집은 있는데, 그다지 그래요. 그래서 그걸 가장 먹고 싶은 음식으로 꼽습네다.

곽상인 : 농마국수 하면 연남동에 있는 북녁식당 〈친친〉이 생각납니다. 저도 탈북민이 운영하는 식당에 가봤거든요. 거기에 농마국수가 있어서 인상적이었습니다. 농마가 서구의 피자나 이탈리아 요리 같

은 겁니다.

소아진 : 저는 북한에서 먹었던 삼겹살이 여기보다 더 맛있어요.

곽상인 : 거기에서는 고기가 귀하지 않나요?

박한길 : 아니에요. 시장에서 판매해요.

소아진 : 저희는 특히 이모부가 고기를 너무 좋아하다 보니까요. 그 다음으로는 토끼 고기가 맛있어요.

전주람 : 맛이 어때요?

소아진 : 귀여우니까 잡아먹는다는 게 좀 불편한데요. 그런데 귀여운 데 먹을 때는 맛도 있으니까 즐거웠죠.

박한길 : 지금 먹으라면 못 먹어요.

소아진 : 맞아요. 지금은 못 먹을 것 같아요.

곽상인 : 저는 먹어본 적이 없어서요. 토끼 고기가 맛있다고 하는데, 저는 맛을 그릴 수가 없을 것 같거든요.

김경애 : 저는 북한에 있을 때 집밥을 많이 먹었던 것 같아요.

곽상인 : 집에서 하는 밥? 반찬 같은 게 있는 밥?

김경애 : 일상적으로 콩나물이나 채소를 많이 먹어요. 언니도 채소를 제일 좋아해요. 그렇다고 채식주의자는 아닙니다. 먹을 게 없어서 그런 겁니다.

곽상인 : 제 개인사를 잠깐 말씀드리자면 어머니가 작년에 돌아가셨어요. 어머니가 잘해주시던 음식 중에 오징어볶음이 있어요. 오징어볶음. 그 맛을 서울에서 찾기가 어려워요. 그래서 어머니가 돌아가시고 나니까 제일 아쉬운 거는 엄마가 해주는 오징어볶음을 못 먹는다는 것입니다. 제가 이기적이죠? 그다음에 어머니가 해주신 무 된장국이 있어요. 무에다가 된장을 풀어서 굴을 넣어요. 석화라고도 하는 굴을 넣어서 끓이는데 그게 정말 맛있어요. 서울에서는 이와 유사한 음식을 본 적이 없어요. 근데 고향에서 그 음식은 정말로 일품이었거든요. 그 두 가지 음식을 어머니가 돌아가셔서 먹을 수 없다는 게 참 슬픈 일이죠. 입맛의 고향을 잃어버린 듯한 느낌 있잖아요. 제 심정이 그래요. 그럴 때마다 참 그립다는 생각이 듭니다.

박한길 : 근데 저 최국희 선생님께 물어볼 게 있는데요. 북한에서 제일 기억나는 게 언 감자떡 있잖아요. 언 감자로 떡을 만들거든요. 혹시 국희 선생님, 얼린 감자 생각나세요? 맛있죠?

최국희 : 네. 언 감자떡 맛있어요. 감자를 일부러 얼리는 것은 아니고요. 감자는 썩어도 먹고 얼려서도 먹고 그래요. 그게 주식이니까 그래요. 양강도 지방은 거의 다 주식이니까요. 움에다 저장하는 거예요. 근데 추위에 따라서 감자가 많이 얼 수도 있고 그렇지 않을 수도 있어요. 눈이 많이 왔을 때는 잘 안 어는데, 눈이 적게 왔을 때는 어는 거예요. 그러면 그 언 감자를 어떻게 하냐면 이래요. 그러니까 언 감자를 녹이면 물이 나오면서 껍질을 발라져요. 그러면 그걸 또 다시 말려요. 말려서 그걸 또 가루 내거나 우려서 먹어요. 그 과정이 되게 힘들어요.

박한길 : 근데 엄청 맛있어요.

전주람 : 먹어보고 싶다. 냉장고랑 다르잖아요. 자연에서 얼리고 하니까. 대박이겠네요.

곽상인 : 공이 많이 들어가야 해요. 시간도 많이 들어가고요. 그러니 맛이 있을 수밖에 없겠죠.

전주람 : 옛날에 동치미 같은 거를 항아리에다가 담갔다가 퍼서 주면 맛이 일품이었죠. 자연적으로 언 거랑 냉장고를 이용해 기계적으로 언 거랑 다른 거 같애요.

곽상인 : 완전 달라요. 안에 들어가 있는 얼음의 양태도요.

박한길 : 갑자기 고향이 그리워지네요.

곽상인 : 알겠습니다. 자, 이제 세 개 남았습니다. 북한 려명거리 73층. 박한길 선생님은 여명거리를 혹시 가보신 적이 있을까요?

박한길 : 저는 못 봤습니다.

곽상인 : 네. 73층 초고층이 지어진 것도 인상적이었습니다. 그다음에 진천규 기자의 책을 보면 73층을 짓는데 1년 남짓 걸렸다고 하더라구요. 물론 양생법 같은 것을 써서 콘크리트를 빨리 건조시킬 수 있는 기술 덕분이라고 하더라구요. 그런 기술을 이용했다는 게 인상적이었습니다. 여기 근처에 김일성 종합대학에서 일하시는 분이 많이 거주한다고 하더라구요. 그러면 아파트촌이 일 년 정도만에 만들어졌다고 하면 북한에도 부동산 시장이 있지 않을까 궁금합니다. 아

파트를 사고팔 수 있는지 궁금했어요.

박한길 : 다른 데는 모르겠는데 회령에서는 집을 팔고 사는 아파트가 있어요. 그런데 평양에서는 안 되지요.

곽상인 : 그죠. 또한 집 평수는 실제 평수의 개념이 아니라 방이 몇 개냐를 구분하는 단위로 변화되었어요. 직책보다도 식구가 몇 명인데, 그럼 방이 두 개가 필요할 경우는 방이 두 개 있는 방을 배정하고 이런 식으로 운영이 된다라고 봐야요.

박한길 : 아파트 지으면 우선 지역에서 살던 사람들을 제1순위로 하도록 돼 있더라고요. 그다음에 과학자, 예술인들도 특별대우를 해주니까 아파트에 배정해더라구요.

곽상인 : 한편으로 보자면, 우리 남한의 경우에는 부동산으로 투기를 많이 하잖아요. 그런 거를 염두에 두면 북한의 경우는 합리적인 배분이 이루어지는 것은 아닌가 하는 생각도 드네요. 공산주의라고 해서 다 나쁜 것도 아니고 자본주의라고 해서 다 좋은 것도 아니네요. 우리 남한에도 집이 없고 갈 곳 없는 노숙인들도 많아요. 그런 분들을 위해 공공주택을 지어서 살 수 있게 해주면 어떨까 싶네요. 월 임대료도 싸게 배정해서 환경을 개선해주는 거죠. 남쪽 돈으로 환산해도 몇 천 원밖에 안 되는 그런 임대료라면 훨씬 좋지 않냐는 생각이 듭니다. 사진으로 봤을 때 평양에 있는 아파트는 충분히 괜찮았어요. 실제로는 다르겠지만 사진상으로는 나쁘지 않다는 생각이 들었어요. 지방의 주거 환경과 평양의 주거 환경은 물론 다를 거라고 생각됩니다만 그 배분의 방식이 합리적일 수 있겠다 싶네요. 남한에

서는 아파트 가격을 올리는 데 치중하고 있습니다만 북한은 그렇지 않다는 게 놀랐습니다.

자, 어쨌든 이 책에서는 많은 내용을 담아내기보다 우리가 최근에 볼 수 없었던 북한의 풍경을 많이 보여주고 있어서 인상적이었습니다. 아까 전주람 교수님도 그런 측면에서 동의한 것 같아요. 그럼에도 불구하고, 저도 서두 발언에서 말씀드렸습니다만 평양의 화려한 부분만 일방적으로 강조되었다는 느낌을 지을 수가 없네요. 평양이라고 하더라도 덜 발전된 곳도 있고 낙후된 공간도 있을 법한데 그런 부분들이 잘 드러나지 않았다는 점이 어떤 형평성 측면에서 어긋나지 않았나 싶습니다. 더군다나 지방은 아예 다 배제되어 있습니다. 서술하는 방식에서도 지방에 대한 언급은 없습니다. 박한길 선생님께서도 말씀하셨듯이 이게 정치적인 이데올로기 문제로 인해서 기자가 모든 내용을 다 담지 못하거나 어떤 시스템으로부터 제재를 받았거나 자기 검열이 이루어졌다면? 그렇다면 우리는 이 책의 정보를 어디까지 믿어야 하냐는 부정의식이 생길 수도 있겠습니다.

우리가 지금까지 봐왔던 책들보다 훨씬 더 가볍게 읽히는 것 같습니다. 전문적인 내용이 들어가 있는 것도 아니고 한정된 평양 지역에서 바라본 풍경이라 그렇습니다. 대동강 일대, 류경호텔, 주체사상탑 같은 것들이 인상에 남습니다. 화강석으로 완성된 대형 모형 같은 것들도 머릿속에 자리하네요.

오늘로 〈2022년 남북청년 소모임 지원사업〉이 종결됐습니다. 그동안 정말 고생 많이 하셨습니다. 혹시 하고 싶은 말씀이 있으시면 한 말씀씩 하시죠. 지금까지 함께했던 시간을 회상하면서 이런 것들은 기억에 남고, 저런 것은 아쉬웠다 그런 부분이 있을 겁니다. 자연스럽게 얘기하면서 마무리했으면 좋겠습니다. 다들 정말 고생 많이 하셨는데 후일담처럼 못다 한 이야기를 나눌 시간을 갖도록 하겠습니다. 이제는 책과 관련 없이 하고 싶은 얘기를 자연스럽게 하는 시간이 되면 좋겠습니다.

전주람 : 네, 교수님. 고생 많으셨어요. 저는 개인적으로 좋았습니다. 이렇게 책을 읽고 자신의 경험과 의견을 공유하는 시간을 갖는다는 것이 좋았습니다. 이런 기회가 또 많이 생겼으면 합니다. 제 개인의 삶을 돌아보면 연구만 하는 일상을 살고 있습니다. 그래서 좀 더 다양한 책을 접하고 다양한 사람들과 이야기를 나누고 싶었습니다. 돌이켜보면 독서세미나가 진행되는 동안에도 여러 게스트가 참여해주셨습니다. 김지은 교수님과 리사 링이 생각납니다. 좀 더 다양한 사람이 참여하는 모임이 되기를 희망합니다. 물론 한국여성정치연구소가 아니어도 저희끼리 모여서 이런 세미나를 운영하는 것도 좋을 것 같습니다. 그런데 자율적으로 모이다 보면 자기 생활을 하기 바빠서 안 모여지는 게 사실입니다. 그래서 약간의 강제성을 띠기 위해서 기관의 도움을 받는 것도 좋다고 생각합니다. 아쉬운 것은 프로그램을 운영할 예산이 넉넉하지 못했다는 것입니다. 이런 점은 기관에서 보완해주셨으면 합니다. 저는 이 정도로 하구요. 다른 분들도 소감을 얘기해주면 좋겠습니다.

소아진 : 아쉬웠던 부분은 제가 일이 많아서 모임에 충실하게 참석하지 못했다는 점입니다. 다시 기회가 주어진다면 보다 열심히 참석해볼게요. 그리고 또 한 가지는 제가 비판적 태도를 가져야 하는데, 교수님이 책의 내용을 다 정리해주시고, "이건 이렇다, 저건 저렇다."

고 평가해주시니까 제 생각이 없어진다는 것이었어요. 교수님이 정리해주면 편하긴 한데 한편으로는 제 생각이 없어지더라구요. 교수님 말씀을 따라가는 것은 좋은데, 교수님과 만약 다른 생각이 들더라도 반박하기가 어려웠어요. 교수님 말씀이 늘 옳다고 생각하게 되니까 그게 아쉬웠습니다. 그래도 어려운 부분을 잘 정리해주셔서 쉽고 재밌게 따라올 수 있었습니다.

전주람 : 아진이가 책을 다 읽고 참여하면 달랐을 거라 믿어요.

소아진 : 맞아요. 반성합니다. 시간이 없다 보니까 주로 앞 부분만 읽게 되더라구요. 그래서 중간 이후부터는 내용을 잘 몰라서 죄송했어요. 그래도 교수님이 알려주시니까 좋았습니다. 매주 이렇게 만나서 얘기하니까 그건 좋았어요. 새로운 사람도 만나서 즐거웠고 재밌고 그랬죠.

김경애 : 저는 이 모임을 통해서 기억에 남는 때가 첫 모임이랑 세 번째 모임이었어요. 그때 장점을 몇 가지 알아보라고 하셨잖아요. 그래서 되게 자신감이랄까 자존감이 높아진 것 같아요. 주변 사람들이 저를 어떻게 생각하는지도 알게 되어서 좋았던 시간이었어요. 세 번째 시간에는 '리더'에 대한 책을 읽었잖아요. 리더란 어떤 사람이고 앞으로 어떻게 해야 되는 사람인지 그 개념이 섰던 것 같아요. 예전에는 추상적으로 리더는 훌륭한 사람이라고만 생각했는데, 책을 보니까 구체적으로 설명이 되어 있어서 좋았습니다. 그 점이 도움이 많이 됐어요. 그리고 저는 북한에서 태어났지만 박한길 선생님이랑 최국희 선생님과 다른 세월을 산 것 같아요. 세대가 다르니까 어쩔 수 없죠. 그래서 옛날 북한의 일상도 엿볼 수 있어서 좋았습니다. 이

모임을 하면서 많이 도움이 됐어요.

전주람 : 활동을 더 많이 넣었더라면 좋았을 법했네요. 세미나 중간 중간에 활동을 더 했더라면 하는 아쉬움이 남습니다. 자기 탐색이나 성격 테스트 같은 것은 재밌잖아요. 남한 사회 문화나 정치, 경제, 생활 문화, 이런 거에 대해서 같이 논의하는 게 좋았던 것 같습니다. 다음 최국희 선생님은요?

최국희 : 책을 완독하기가 참 힘들어요. 완독한 책이 거의 없는 것 같아요. 저는 이 모임을 통해서 책 내용을 이해하는 게 재밌었습니다. 책 내용을 이해하는 것만으로도 만족할 수 있었어요.

전주람 : 맞아요. 끝까지 읽지는 못해도 대략의 내용을 살펴볼 수 있었으니까요. 그리고 여러 사람의 얘기도 듣고 하니까 흥미로웠을 겁니다. 혹시 기억에 남는 게 있을까요?

최국희 : 기억에 남는 것은 게스트 두 분이 참가했을 때였어요. 리사 하고 김지은 교수님이 참석했었을 때 완전 좋았어요. 우리 모임이 갖는 영향력을 확인할 수가 있어서였습니다.

전주람 : 재미있었어요. 그죠. 외국인, 그리고 전문적인 한의사하고 얘기를 나눌 기회가 없잖아요. 그런 측면에서 좋았습니다. 또 박한 길 선생님?

박한길 : 저는 태어난 것도 다르고 고향도 다르고 환경도 다르고 모든 것이 다른 세대가 만나서 공감할 수 있는 이야기를 이끌어냈다는 것이 흥미로웠습니다. 기억에 남는 것은 역시 호주에서 온 리사와

얘기를 나눌 수 있었다는 겁니다. 외국인과 같이 이야기하니까 특색이 있었어요.

전주람 : 앞으로도 외국인을 더 섭외해야겠네요. 혹시 아쉬운 점은 없었나요?

박한길 : 글쎄요. 딱히 없네요. 이런 독서 모임이 좋은 거 같아요. 책은 '말 없는 선생님'이라고 하거든요. 책을 읽게 되면 수양을 쌓는 데 도움이 되는 것 같아요.

전주람 : 맞아요. 끝까지 못 읽었더라도 읽으면서 배우고, 또 곽상인 교수님 말씀 들으면서 정리가 되잖아요. 또 여러 선생님의 다양한 생각을 들을 수가 있어서 좋았습니다. 이 자체가 배움의 기회가 됐어요. 곽 교수님이 같이 해주시고, 끝까지 재미있게 말씀을 해주셔서 고마웠습니다. 곽 교수님. 지금까지 세미나를 운영해오시면서 어떤 생각이 드셨나요?

곽상인 : 저는 우선 전주람 교수님께 고맙다고 말씀을 드리고 싶습니다. 항상 저에게 아이디어를 주시거든요. 그러다 보니 저도 깨닫는 게 있어서 같이 참여하게 되고 그래요. 저도 사실 우리 학교에서 독서 모임을 운영하고 있어요. 독서 모임을 개인적으로 좋아하니까, 또 책 읽고 하는 것을 좋아하니까 가능했던 일 같습니다. 교수자의 입장이 되어서 지식을 전달하는 것도 흥미로웠습니다. 제 일상에 대한 이야기를 하는 것도 좋고 또 인생에 대한 이야기를 하는 것도 좋았어요. 또 박한길 선생님과 최국희 선생님은 제 인생의 선배님이시잖아요. 두 선생님이 겪은 북한에서의 경험담은 큰 도움이 됐습니

다. 공교롭게도 제가 소설을 전공하고 있거든요. 그래서 저런 이야기를 소설로 풀어내면 참 좋겠다는 생각도 했습니다.

그 다음으로 같은 공간에서 살았지만 또 다른 생각을 안고 살아가는 젊은 세대들의 감각을 엿볼 수가 있어서 좋았습니다. 특히 김경애 학생과 소아진 학생을 보면 이런 생각이 들었습니다. 젊은 세대, 2022년을 살아가는 젊은 세대의 감성을 공유하고 있다는 생각이 들어서 긍정 에너지를 얻어 갑니다. 더불어서 감성적인 에너지도 같이 받은 입장이라 감개무량하죠.

책에서 봤던, 이론적으로 봤던 경험 세계와 제가 습득했던 세계, 또 실제 공간에서 살았던 사람들의 이야기를 들었던 것의 차이는 천양지차입니다. 그러니까 북한에서 이런 경험을 하고 왔는데 독서모임을 통해서 북한 이야기를 또다시 회상해야 하니까 불편할 거라 생각했거든요. 사실 재미가 별로 없으면 어떡하나 걱정했습니다. 앞으로 더 흥미롭게 독서세미나가 진행이 되려면 남북한의 문화를 비교하는 책이 중심이 되었으면 좋겠다는 생각을 했습니다. 혹시 나중에도 이 모임이 지속된다면 그런 부분에 신경을 써야 하겠습니다.

또한 리사 링과 김지은 의학 박사님이 오신 것이 좋았습니다. 우리가 알고 있는 또 다른 탈북인들의 현장을 엿볼 수 있어서 그랬던 것 같아요. 물론 리사는 다른 경우입니다만. 어쨌든 유명인이 됐건, 일반인이 됐건 우리 모임에 참석하지 않은 엑스트라를 가끔 초청해서 그들의 생생한 목소리를 들어보는 것도 나쁘지 않겠다 싶었습니다. 세미나 초반에 리더에 대한 얘기를 할 때 자기가 갖고 있는 역량을 평가하기도 하고 상대방에게 평가받는 게 좋았습니다. 제가 일방적으로 강의를 하고 나머지 분들이 청강하는 그런 형태가 아니라 실제로 청강하는 분들도 현장에서 내가 할 수 있는 뭔가를 기록할 수 있는 참여의 장을 마련한 것은 좋았습니다. 그런 참여 활동 같은 것을 더 집어넣으면 좋겠다는 생각입니다. 강의 자체가 다이내미컬하게 역동력으로 운영이 되려면 이런 점을 보완해야 할 것 같아요. 현장체험도 중요합니다. '남북통합센터'를 같이 견학한다든가 연남동에 있는 북녘 식당을 가본다든가 하는 실제 체험이 중요합니다. 그러려면 비용 문제가 해결되어야 하는데, 이 예산을 확보하는 것도 좋겠습니다. 실제로 엑스트라 비용이 많이 발생했거든요. 현장학습 비용, 세미나 자료집, 복사용지, 교통비, 다과비 등 이런 문제가 해결되어야 보다 왕성한 독서세미나가 되겠죠. 이런 점이 보완되면 다음 회기는 보다 훌륭한 독서모임이 되지 않을까 싶어요. 이런 정도까지만 말씀드리겠습니다.

전주람 : 역시 정리를 너무 잘해주셨어요. 다음에 누가 할지는 모르겠지만 아이디어를 모아서 다음 회차를 준비하는 것도 좋겠습니다. 그러면 선배님 되시는 최국희 선생님이랑 박한길 선생님이 아진이나 경애에게 해주실 말씀은 없나요?

박한길 : 저는 대한민국에 올 때 만 34살이었어요. 조금만 더 빨리 왔으면 좋았을 걸 하는 아쉬움이 있어요. 제가 서울***대 1년 다녔는데 만 35세 되니까 지원이 안 된대요. 그래서 꿈을 접었어요. 저는 후배들한테 하고 싶은 말이 뭐냐면, '목표를 높게 정하고 마음껏 배우고 열심히 꿈을 펼치라'는 것입니다. 남한은 그것이 가능한 공간이잖아요. 누구나 열심히 하면 성공하잖아요. 저는 응원하겠습니다.

최국희 : 저도 온 지 얼마 안 되는 것 같은데, 열심히 살고 있어요.

제 개인적인 경험을 말씀드리면 45살 때 한국에 와서 지금까지 큰 성공도 못 하고 살고 있지만, 그런대로 잘하고 있다는 생각이 들어요. 제 생각은 이렇습니다. 목표를 너무 높게 잡지 말라는 겁니다. 목표를 너무 높이 잡지 말고 내가 할 수 있는 목표를 하나씩 넘는 게 더 중요하다는 겁니다. 할 수 있는 걸 하나 넘으면 다음 산을 넘기가 쉬운데, 처음부터 높이 잡으면 그다음으로 넘어가기도 힘들어요. 그러다 보면 트라우마가 심하게 옵니다. 실현이 가능한 목표를 낮게 세우라고 말하고 싶어요.

김경애 : 역시 선배님이신 거 같아요. 제가 원하는 거를 딱 말씀해 주셔서 고맙습니다. 저는 다른 거 바라는 게 없거든요. 부모한테도 내가 지금 이렇게 살고 있는 거를 보여주고 싶어요. 그래서 부모님께 "너 잘하고 있어. 괜찮아." 이런 말을 듣고 싶어요. 그런데 지금까지 저는 그런 말을 못 들었어요. 그런데 이 자리에서 선배님들한테 응원의 메시지를 들으니까 감사합니다. 앞으로도 열심히 살겠습니다.

전주람 : 네, 좋습니다. 마지막으로 박한길 선생님과 최국희 선생님이 아진이에게 한 말씀 더 해주시겠어요?

박한길 : 또요? 우리 아진이나 경애 씨나 젊은 세대들한테 목표를 잡고 살아가라고 말하고 싶어요. 실패하더라도 '실패는 성공의 어머니'라는 점을 기억했으면 해요. 실패를 기반으로 해야 사람은 업그레이드가 될 수 있거든요. 실패를 두려워하지 말고 그렇게 되기를 응원합니다.

최국희 : 이번에 여기 참가하는 출석률을 보고 좀 실망했어요. 이 모임이 다른 모임이랑 대비해보면 편하고 좋은 모임이에요. 한 달에 한 번씩 만났고 교재를 두 교수님께서 정리해주시고 설명도 해줬잖아요. 그런데 아진이가 자주 빠져서 좀 아쉬웠습니다. 소소한 데서 자기하고의 약속을 지키는 것이 중요해요. 그런 마음을 놓지 않았으면 합니다.

그런데 칭찬을 해주고 싶은 것도 있어요. 대학에 다니고 지금까지 자신을 지키고 있다는 것만 해도 대단해요. 앞으로는 이유 불문하고 이런 모임에 잘 참가해줬으면 해요. 자기를 케어하는 것도 중요하거든요. 이 모임이 주는 영향력을 알았으면 합니다. 내 자신을 이끌어내는 능력을 키우는 것은 매우 중요해요. 일단 몸을 담갔으면 끝까지, 마지막까지 가야 해요. 아진이가 조금만 더 분발했으면 좋겠어요.

전주람 : 어머니의 잔소리 같기도 한데, 아무래도 집안 조카다 보니까 쓴소리가 나온 것 같아요. 애정 어린 잔소리로 받아들이면 좋겠습니다.

김경애 : 이런 활동을 통해서 교수님과 이런 모임을 갖는 기회가 생겨서 좋았습니다. 교수님께서 책 정리도 잘 해주셔서 고마웠습니다. 확실히 '교수님은 교수님이시구나.'라는 느낌이 들었어요. 요약을 너무 잘 하시는 거에요. 그런 걸 보면서 많은 영향을 받았습니다.

곽상인 : 부족한데 칭찬해주셔서 고맙습니다. 반가웠습니다.

전주람 : 저도 마찬가지입니다. 모두 정말 반가웠습니다. 끝나니까

아쉽네요. 또 다른 자리에서 못다 한 얘기 나눠요. 늦은 시간까지 참
여해주셔서 고맙습니다.

독서세미나 기본 자료

1회: OT, 워크시트를 활용한 '나−타인'의 이해

2회 초록빛의 '청춘': 김열규, 『그대, 청춘』, 비아북, 2010.

3회 리더(leader)를 리드(lead)하기: 존 맥스웰, 『리더십, 불변의 법칙』, 홍성화 옮김, 비즈니스북스, 2010.

4회 북한과 마주한 푸른 눈동자: 이기범, 『남과 북 아이들에겐 국경이 없다』, 보리, 2018.

5회 내가 살던 북한은: 쥘리에트 모리요·도리앙 말로비크, 『100가지 질문으로 본 북한』, 조동신 옮김, 세종서적, 2018.

6회 선택할 수 있는 당신: 김지은, 『당신은 선택할 수 있습니다』, 정한책방, 2021.

7회 남북한의 풍경 조각: 진천규, 『평양의 시간은 서울의 시간과 함께 흐른다』, 타커스, 2018.

부록: 김지일 노트

COVID-19 팬데믹 이전, 나는 극적으로 인천공항에 발을 디뎌 한국 생활을 시작할 수 있게 됐다. 대부분이 자유를 찾아 한국에 오는 반면, 내 여정은 꽤 달랐다. 해외에서 일을 하다가 어쩔 수 없이 한국에 오게 되었다. 이 지면에서 내 개인사의 세부적 사항을 보안 관계상 공개할 수는 없지만, 나는 학문적 우수성으로 알려진 북한의 제1고등중학교 학생이었다. 스파르타 교육을 즐기시던 아버지 덕택에 나는 늘 전교 1등의 자리를 차지했다. 그런 덕분에 나는 북한에서 비교적 만족스러운 생활을 했다. 그렇게 평탄한 삶을 살다가 내가 북한 보위원의 부조리에 맞서는 일이 발생했다. 이 부분 역시 보안 문제로 자세한 설명이 어려우나, 만약 그런 일이 발생하지 않았더라면 나는 아직도 북한 정권에 충성하는 삶을 살고 있었을 것이다. 예기치 않는 과정을 거치면서 한국에 도착했을 때, 나는 앞으로 무엇을 해야 할지에 대한 고민을 할 수밖에 없었다. 처음에는 목적 없이 남한 사회에서 방황했지만, 그렇게 청춘을 허송세월하는 게 아까워, 이곳에서 내 삶을 구축하는 방법과 감각을 익히기 시작했다.

이 '북한기록문학' 프로젝트에 참여하게 된 것은 나에게 영광스럽고 또 의미 있는 일이다. 북한을 기록한다는 것은 한편으로 이 남한 사회에서 내 자리를 역설적으로 찾는 방법을 모색하는 것과 동궤에 놓인다. 그만큼 희망과 미래 비전이, 이 기록문학에 담겨 있으리라 생각한다. 이러한 연구과제에 관심을 갖던 중, 전주람 교수님을 만나 '북한문학시리즈' 동참을 결정했고, 곽상인 교수님을 만나 이야기를 나누면서 거창한 목표에 도달할 수 있겠다고 확신했다. 아직은 남한 사회보다 북한 사회에 더 친숙한 사람이기는 하지만, 내 진솔한 경험을 공유하는 것도 의미가 있는 일일 것이다. 녹음된 인터뷰를 반복해 들으면서 선후배들과의 대화를 통해 과거를 다시 접하게 되었다. 이러한 상호 작용은 종종 고향에 대한 추억을 불러일으켰다. 이 과정에서 나는 북한 사회에 대해 부정확하거나 잘못된 진술이 있을 경우, 공동저자에게 피드백을 제공했다.

내 여정과 행적을 돌이켜보면 북한에서의 '나'와 남한에서의 '나'가 만나는 지점들이 있다. 따라서 이 책이 내 현재와 과거를 잇는 다리 역할을 한다고 생각한다. 우연한 만남과 공유된 추억에서 탄생한 이 프로젝트는 이해와 화해를 향한 작은 발걸음이 될 것이다. 이 기록 작업을 통해 우리는 북한이주민들의 실제 경험을 재확인하고 북한의 일상을 보다 정확하게 묘사할 수 있으리라 믿는다. 이를 통해 남북 간 공감과 이해가 깊어지길 바란다. 비록 작은 시작이지만, 이 책이 그 첫걸음이 될 수 있기를 기대한다.

저자 소개

곽상인(gwaksi@hanmail.net)

1976년 전남 진도에서 출생했으며, 현재 서울시립대학교에서 학생들에게 (인) 문학을 비롯하여 다양한 형식의 글쓰기를 가르치는 교수로 재직 중이다. 2002년 제2회 〈사이버문학상〉에 단편소설 「타래」로 입선했으며, 「상처에서 벗어나거나 혹은 공존하거나(1-2)」(『시와 산문』, 2017년 겨울)로 평론 데뷔를 하였다. 2024년부터는 통일부 제24기 통일교육위원으로 활동하고 있다. 주로 현대소설에 나타난 인물들의 심리 분석을 연구했으며, 최근에는 소설과 영화, 문화현상 및 북한이주민과 관련해 연구를 진행하고 있다. 「현대소설에 나타난 문신(tattoo)의 유형과 그 의미」, 「채만식 수필에 나타난 근대 공간 속 타자들의 질병」, 「영화 〈국제시장〉에 나타난 시간과 기호의 서사」 등등 여러 편의 논문을 발표한 바 있으며, 저서로는 『이병주』(공저, 2017), 『절박한 삶』(공저, 2021년 서울대학교 다양성위원회 선정도서), 『20대에 생각해보지 않으면 후회할 것들』(공저, 2022), 『소통·창의·공감의 글쓰기』(공저, 2022), 『북한이주민과 정체성 내러티브』(공저, 2024), 『북쪽 언니들의 강점 내러티브』(공저, 2024), 『북한이주민과 미시환경』(공저, 2024) 등이 있다.

전주람(ramidream@hanmail.net)

1979년 서울에서 태어났으며, 성균관대학교에서 가족학(가족관계 및 교육, 가족문화)으로 박사학위를 취득하였다. 서울시립대학교 교육대학원 교수학습·상담심리 연구교수로 2017년 7월부터 2019년 6월까지 재직했으며, 현재는 서울시립대학교 교직부 소속으로, 학생들에게 〈심리검사를 활용한 심리치료〉와 〈심리학의 이해〉를 가르치고 있다. 아울러 서울가정법원 상담위원으로 2014년부터 최근까지 활동 중이며, 2022년부터는 통일부 통일교육위원으로도 활동하고 있다. 지속적인 연구 관심사로는 가족관계, 강점과 자원, 문화 갈등, 남북사회문화 등이 있다. 주요 논문으로는 「50대 부부갈등을 겪는 중년 부부의 변화 유발요인과 호르몬 변화에 관한 가족치료 사례연구: KBS 1TV 생로병사의 비밀 〈뇌의 기적: 회복과 관계〉 출연 부부 사례」, 「Understanding career－designing experiences of North Korean immigrant youths in South Korea」(공동), 「A Focus Group Interview Study on the Self－care of North Korean Female Refugees Using Photovoice」(공동, 2022 한국이민학회 우수논문상) 등 50여 편의 논문을 썼다. 저서로는 『절박한 삶』(공저, 2021년 서울대학교 다양성위원회 선정도서), 『20대에 생각해보지 않으면 후회할 것들』(공저, 2022년), 『21세기 부모교육』(공저, 2023 세종도서 선정), 『생생한 사례로 살펴보는 건강가정론』(공저, 2023), 『북한이주민과 정체성 내러티브』(공저, 2024), 『북쪽 언니들의 강점 내러티브』(공저, 2024), 『북한이주민과 미시환경』(공저, 2024), 『북한이주민과 사회복지』(2024 학술원 우수학술도서 선정) 등이 있다. 2016년 KBS 〈생로병사의 비밀 : 뇌의 기적〉 600회 특집에 부부상담사로, 2021년 KBS 〈통일열차 일요초대석〉에 출연하였다.

김지일(kkmlsa2021@naver.com)

1993년 평양에서 태어났으며, 북한의 제1고등중학교 졸업 후 17살 되던 해부터 10년간 군복무를 하였다. 이 기간에 중동지역으로 파병되어 북한의 대외무역 건설사업소의 의사 겸 통역사로 활동하였다. 또한 중동지역의 북한 무역대표의 권유를 받아들여 그의 수행비서 겸 부대표로 근무하다가 북한의 계급, 계층에 따른 신분사회의 모순을 직접 경험하였다. 그때 북한체제에서는 희망이 없겠다는 판단이 들어 입남(入南)을 결심했다. 현재 한국사회에 정착하여 대학교에서 회계학과 북한학을 동시에 전공하고 있으며, 교수자의 길을 걷고자 학업에 집중하고 있다. 아울러 2021년부터 국방부 강사로, 2024년부터는 통일부 통일교육위원으로 활동하고 있다. 이 책의 저자인 전주람, 곽상인 교수님과 함께 〈북한기록문학〉 10권 시리즈에 동참하여 출간 작업을 진행하고 있다. 북한정세에 밝은 판단력을 지녔기에, 감수자 역할도 병행하고 있다. 지속적인 연구 관심사로는 남북 분단과 국가론, 북한의 인프라, 시장경제를 위한 북한 경제법, 북한이주민들의 정체성, 한국의 저출산과 북한이주민, 한국사회, 북한사회 등이 있다.

북한기록문학 시리즈 1
공감을 넘어, 서로를 잇다

초판발행	2024년 8월 15일
지은이	곽상인 · 전주람 · 김지일
펴낸이	노 현
편 집	조영은
기획/마케팅	조정빈
표지디자인	Ben Story
제 작	고철민 · 김원표
펴낸곳	㈜ 피와이메이트
	서울특별시 금천구 가산디지털2로 53, 210호(가산동, 한라시그마밸리)
	등록 2014. 2. 12. 제2018-000080호
전 화	02)733-6771
f a x	02)736-4818
e-mail	pys@pybook.co.kr
homepage	www.pybook.co.kr
ISBN	979-11-6519-942-5 93180

copyright©곽상인 · 전주람 · 김지일 2024, Printed in Korea

정 가   17,000원

박영스토리는 박영사와 함께하는 브랜드입니다.